《对话名老中医东部篇》
编委会

主　编　高彦彬

副主编　南　征　杨爱东　郭建文　赵　琦　张勉之

　　　　　刘　炽　滕秀香　杨　倩　曲剑华　司徒红林

　　　　　张秋云　周　滔　王尚全　王耀光　李正富

　　　　　倪　青　李　明　王文娟　刘绍能　李柳宁

　　　　　黄旭春　侯海晶　张涛静

编　委（按姓氏笔画排序）

　　　　　马　丽　王文娟　王尚全　王绍坡　王莺洁

　　　　　王耀光　井含光　卢家言　司徒红林　曲剑华

　　　　　刘　炽　刘世林　刘绍能　刘甜甜　刘慧敏

　　　　　齐卓操　安成飞　孙旗策　杜宇琼　李　明

　　　　　李正富　李柳宁　李益萌　杨　岚　杨　倩

　　　　　杨爱东　吴苏婉　邹大威　张　茹　张力文

　　　　　张秋云　张勉之　张涛静　周　滔　周　薇

　　　　　庞　晴　单晓萌　孟　元　赵　琦　赵　晰

　　　　　赵海燕　南　征　侯海晶　倪　青　高　琦

　　　　　高彦彬　郭　婧　郭建文　黄旭春　曹晓静

　　　　　梁嘉俊　韩　涛　熊述清　滕秀香

顾 问（按姓氏笔画排序）

王小云　石学敏　危北海　刘伟胜　孙树椿

严世芸　李佃贵　杨霓芝　张大宁　陈彤云

范永升　林　兰　林　毅　周耀庭　南　征

姚乃礼　柴嵩岩　钱　英　高益民　黄文政

禤国维

《大医传承文库》
顾 问

顾 问（按姓氏笔画排序）

丁 樱	丁书文	马 骏	王 烈	王 琦	王小云	王永炎
王光辉	王庆国	王素梅	王晞星	王辉武	王道坤	王新陆
王毅刚	韦企平	尹常健	孔光一	艾儒棣	石印玉	石学敏
田金洲	田振国	田维柱	田德禄	白长川	冯建华	皮持衡
吕仁和	朱宗元	伍炳彩	全炳烈	危北海	刘大新	刘伟胜
刘茂才	刘尚义	刘宝厚	刘柏龄	刘铁军	刘瑞芬	刘嘉湘
刘德玉	刘燕池	米子良	孙申田	孙树椿	严世芸	杜怀棠
李 莹	李 培	李曰庆	李中宇	李世增	李立新	李佃贵
李济仁	李素卿	李景华	杨积武	杨霓芝	肖承悰	何立人
何成瑶	何晓晖	谷世喆	沈舒文	宋爱莉	张 震	张士卿
张大宁	张小萍	张之文	张发荣	张西俭	张伯礼	张鸣鹤
张学文	张炳厚	张晓云	张静生	陈彤云	陈学忠	陈绍宏
武维屏	范永升	林 兰	林 毅	尚德俊	罗 玲	罗才贵
周建华	周耀庭	郑卫琴	郑绍周	项 颗	赵学印	赵振昌
赵继福	胡天成	南 征	段亚亭	姜良铎	洪治平	姚乃礼
柴嵩岩	晁恩祥	钱 英	徐经世	高彦彬	高益民	郭志强
郭振武	郭恩绵	郭维琴	黄文政	黄永生	梅国强	曹玉山
崔述生	商宪敏	彭建中	韩明向	曾定伦	路志正	蔡 淦
臧福科	廖志峰	廖品正	熊大经	颜正华	禤国维	

《大医传承文库》
编委会

总 前 言

名老中医经验是中华医药宝库里的璀璨明珠，必须要保护好、传承好、发扬好。做好名老中医的传承创新工作，就是对习近平总书记所提出的"传承精华，守正创新"的具体实践。国家重点研发计划"基于'道术结合'思路与多元融合方法的名老中医经验传承创新研究"项目（项目编号：2018YFC1704100）首次通过扎根理论、病例系列、队列研究以及数据挖掘等定性定量相结合的多元融合研究方法开展名老中医的全人研究，构建了名老中医道术传承研究新范式，有效地解决了此前传承名老中医经验时重术轻道、缺乏全面挖掘和传承的方法学体系和研究范式等问题，有利于全面传承名老中医的道术精华。

在项目组成员共同努力下，最终形成了系列专著成果。《名老中医传承学》致力于"方法学体系和范式"的构建，是该项目名老中医传承方法学代表作。本书首次提出了从"道"与"术"两方面来进行名老中医全人研究，并解析了道术的科学内涵；介绍了多元融合研究方法，阐述了研究实施中的要点，并列举了研究范例，为不同领域的传承工作提供范式与方法。期待未来更多名老中医的道术传承能够应用该书所提出的方法，使更多名老中医的道术全人精华得以总结并传承。本书除了应用于名老中医传承，对于相关领域的全人研究与传承也有参考借鉴作用。基于扎根理论、病例系列等多元研究方法，项目研究了包括国医大师、院士、全国名中医、全国师承指导老师等在内的 136 位全国名老中医的道与术，产出了多个系列专著。在"大医传承文库·对话名老中医系列"中，我们邀请名老中医讲述成才故事、深入解析名老中医道术形成过程，让读者体会大医精诚，与名老中医隔空对话，仿佛大师就在身边，领略不同大医风采。《走近国医》由课题组负责人、课题组骨干、室站骨干、研究生等组成的编写团队完成，阐述从事本研究工作中的心得体会，展现名老中医带给研究者本人的收获，以期从侧面展现名老中医的道术风采，并为中医科研工作者提供启示与思考。《全国名老中医效方名论》汇集了 79 位全国名老中医的效方验方名论，是每位名老中医擅治病种的集中体现，荟萃了名老中医本人的道术大成。"大医传承文库·疑难病名老中医经验集萃系列"荟萃了以下重大难治病种著作：《脑卒中全国名老中医治验集萃》《儿科病全国名老中医治验集萃》《慢性肾炎全国名老中医治验集萃》《慢性肾衰竭全国名老中医治验集萃》《2型糖尿病全国名老中医治验集萃》《慢性肝病全国名老中医治验集萃》《慢性阻塞性肺疾病全国名老中医治验集萃》《免疫性疾病全国名老中医治验集萃》《失眠全国名老中医治验集萃》《高血压全国名老中医治验集萃》《冠心病全国名老中医治验集萃》《溃疡性结肠炎全国名老中医治验集萃》《胃炎全国名老中医治验集萃》《肺癌全国名老中医治验集萃》《颈椎病全国名老中医治验集萃》。这些著作集中体现了名老中医擅治病种的精粹，既包括学术思想、学术观点、临证经验，又有典型病例及解读，可以从书中领略不同名老中医对于同一重大难治病的不同观点和经验。"大医传承文库·名老中医带教问答录系列"通过名老中医与带教弟子一问一答的形式，逐层递进，层层剖析名老中医诊疗思维。在师徒的一问一答中，常见问题和疑难问题均得以解析，读者如身临其境，深入领会名老中医临证思辨过程与解决实际问题的思路和方法，犹如跟师临证，印象深刻、领悟透彻。"大医传承文库·名老中医经验传承系列"在扎根理论、处方挖掘、典型病例等研究结果的基础上，生动还原了名老中医的全人道术，既包含名老中医学医及从医过程中的所思所想，突出其成才之路，充分展现了其学术思想形成的过程及临床诊疗专病的经验，又讲述了名老中医的医德医风等经典故事，总结其擅治病种的经验和典型医案。"大医传承文库·名老中医特色诊疗技术系列"展示了名老中医的特色诊法、推拿、针灸等特色诊疗技术。

以上各个系列的成果，期待为读者生动系统地了解名老中医的道术开辟新天地，并为名老中医传承事业做出一份贡献。

以上系列专著在大家协同、团结奋斗下终得以呈现，在此，感谢科技部重点研发计划的支持，并代表项目组向各位日夜呕心沥血的作者团队、出版社编辑人员一并致谢！

总主编　谷晓红
2023 年 3 月

前　言

名老中医是中医群体中的杰出代表，代表着当代中医学术和临床发展的最高水平，是引领中医药事业发展极为重要的力量。名老中医的学术思想和临床经验的传承，在中医药人才培养、科学研究、教育教学、成果转化等方面发挥着极其重要的作用，是实现中医药文化创造性转化、创新性发展的重要举措，是传承精华、守正创新、推动中医药传承创新发展的十分重要的工作。

我们承担了国家重点研发课题《东部地区名老中医学术观点、特色诊疗方法和重大疾病防治经验研究》，以"道术结合"为指导思想对东部地区（京津冀、上海、广东、浙江）、不同层次（国医大师、全国名中医、全国名老中医）、不同流派（燕京医学、海派中医、岭南医学）30余位名老中医学术经验开展了道术结合的传承研究。名老中医之"道"指的是为医之道、为人之道、为师之道、为学之道，体现在名老中医文化精神、思想道德、价值观念、思维方式、学术观点等方面，是抽象的、隐性的；名老中医之"术"主要指名老中医的诊疗技术，包括辨证施治方法、诊疗技术、用药特点、核心方药等方面，是具体的、外显的；"道"偏于思想和理论，是"术"的升华，"术"偏于具体行为和实践，是"道"的体现。"道"统"术"，"术"助"道"，二者之间互相影响、互相促进、互相转化、互相结合、展现了名老中医全人发展的风采。

本书以访谈录的形式，采自真实的第一手资料，全景式地呈现名老中医的群体鲜活形象。在访谈中，我深切感受到了名老中医群体在传承创新发展中医的道路上的刚健有为、自强不息、坚韧不拔、不断创新的中华文化精神；厚德载物、开放包容、大医精诚、心有大爱的人文情怀；对中医文化、中医理论、中医疗效、中医发展的坚定信念。他们对传承中医、报效国家、服务人民、服务社会的强烈责任感和使命感深深地感染着我，名医大家的道德风范、高山仰止，永远激励着我前行。

本书记录了22位名中医的访谈录，分为名医简介、名医寄语和名医访谈三部分。名医简介是对名老中医的基本介绍，名医寄语是精炼总结了名老中医对青年学子提出的期望和鼓励，名医访谈主要包括名医之路、职业认同、学成中医、擅治疾病、传承发展等方面。名老中医的治学方法、独到创新的学术观点、丰富鲜活有效的诊疗经验、对中医传承发展的精辟见解，对发展中医药事业具有指导意义和借鉴意义。

在本书出版之际，衷心感谢各位名老中医的大力支持，衷心感谢石学敏、张大宁、禤国维、柴嵩岩、李佃贵、严世芸、陈彤云、林毅、南征、钱英、危北海、孙树椿、黄文政、范永升、林兰、周耀庭、高益民、姚乃礼、刘伟胜、王小云、杨霓芝、高彦彬工作室站的密切配合，感谢国家重点研发计划——基于"道术结合"思路与多元整合方法的名老中医经验传承创新研究（NO.2018YFC1704100）课题二东部地区名老中医学术观点、特色诊疗方法和重大疾病防治经验研究（NO.2018YFC1704102）的资助，和同道的同心协力！并向为本项工作提供支持的所有人士表示衷心的感谢！

高彦彬
2023 年 1 月

目　录

第一章 ● 石学敏

　　石学敏（1938—），男，汉族，天津中医药大学第一附属医院名誉院长、中国工程院院士、第二届国医大师。石学敏院士是第五批国家级非物质文化遗产"针灸"项目代表性传承人，中医药国际贡献奖、中国针灸传承贡献奖、天圣铜人奖的获奖者。他致力于针灸学术交流和推广，在国内建立58个针灸临床分中心，先后赴世界100余个国家及地区讲学和诊疗，救治海内外患者数以万计，深受患者信赖、同行及国际友人的赞誉，为中医针灸走向世界做出突出贡献。被誉为"鬼手神针""针灸外交家"，创立的"醒脑开窍"针刺法、"石氏中风单元疗法"，在世界级医学难题"中风病"治疗领域迈出了一大步。先后发明"脑血栓片""丹芪偏瘫胶囊"等药品，再结合"醒脑开窍"针刺法，针药并用，创立了"中风单元"疗法，为治疗脑血管病开创了新的思路。至今，共主持完成包括国家"973计划"项目在内的科研课题43项，其中获国家科技进步奖1项，省部级科技进步奖33项（次），国家教委及天津市教学成果奖3项，获国家专利6项。发表论文百余篇，出版《中医纲目》《脑卒中和醒脑开窍》《石学敏针灸学（英文版）（法文版）（西班牙文版）》等著作50余部。他业医58载，80多岁高龄仍坚持在一线工作，为广大患者解除病痛，为广大学生传道授业，培养硕士、博士、博士后等数百名专家学者，学生遍布国内各地和世界各国。石学敏院士是天津中医药大学第一附属医院针灸学科带头人，至今从医逾60年。从20世纪70年代初开始研究世界公认的三大疑难病之一——中风病（脑梗死、脑出血）的针灸治疗，创立"醒脑开窍"针刺法，开辟了中风病治疗新途径。1990年，因为石学敏教授的贡献突出且巨大，国家授予其中青年有突出贡献专家的称号。1991年开始，石学敏教授享受国务院政府特殊津贴，后于1999年成为中国工程院院士。2008年荣获世界中医药学会联合会"中医药国际贡献奖"；2014年当选第二届"国医大师"；2016年荣获中国针灸学会"中国针灸传承贡献奖"；2017年荣获世界针灸学会联合会"天圣铜人"学术突出贡献奖。

名医之路——刻苦学习、立志从事针灸事业

访谈者：您是怎么走上中医之路的？

石学敏：西青区位于天津市的西南面，是一个水网交织、植被繁茂的鱼米之乡，我出生在西青区大寺镇石各庄村一户农民家庭，兄弟姐妹共七人，我排行第二。那时，在灾难深重的旧中国，老百姓过着受尽欺压的贫苦生活，虽然我的家境贫寒，但兄弟姐妹们非常勤奋，互相谦让，而且都有着自己的事业，我的大哥在酿酒方面有着很深的造诣。

我从小就特别好动脑子琢磨事儿，凡事总爱问个为什么。7岁那年，当地传染病暴发流行起来，死了很多人，当时我被带到了姑妈家"避难"。我想：这个病为什么这样难治，我长大了要当一名医生，为乡亲们治病，解除乡亲们的病痛。新中国成立后，我上了高中，我的班主任是一名知识非常渊博的老师，对我选择人生道路起了很大作用。中学毕业时，天津市刚刚出现了中医药的高等教育学府——天津中医学院（今天津中医药大学），班主任建议说："中医纳入正式高等教育这是有史以来第一次，历史上中医都是师傅带徒弟，我不反对这种一代带一代的手工业模式，但这种模式不如高等教育能培养出高级人才。高级人才的培养必须得有复合型的教育，培养新型的现代中医而且也教授西方医学，这样培养出来的学生将来不但在国内，即使在国际上也会起作用。"我当时就觉得老师的话非常有道理，知道中医药博大精深，有许多理论方法需要去继承发扬。我听从了班主任的意见，报考了天津中医学院，成为了天津中医学院首届大学生。我没有忘记班主任的嘱托，也没有辜负班主任的希望。出于对这位老师的感谢，以后的每年各种节日，我都会去拜访我的指路恩师。老师的一席话在我脑中留下了深深的印记，随着年龄增长，青年时代的这些记忆在我脑海中越发清晰、宝贵。在天津中医学院读书时，我每月仅有15元生活费，除了用于基本生活以外，我几乎都用来购买了书籍，有时星期天的一整天都是在古籍书店里度过的。我在学习中如饥似渴，勤于思考，有时为了弄明白医古文中的一个名词，请教老师，查遍资料，不弄明白决不罢休。阅读范围不仅是教科书，还包括大量参考书，经常读书到夜里一两点才睡。在大学的第一年我成为全校第一个全优生。我不仅是班里的团支部书记，而且还是篮球校队队长，打篮球不但让我锻炼出了强壮健康的身体，也造就了我无畏无惧、果敢顽强、执着进取的性格。

任何高超的本领都不是一朝一夕练成的，针灸也一样。我学针灸的时

候，回到宿舍，舍友们就互相扎针。要练到什么程度，一把毛边纸叠得很厚，天天拿针扎，从一开始扎都扎不动，一直要练到一针下去直透纸背。用各种针刺手法去扎，练得手都脱层皮，这样练下来，纤细的银针在手里就好像变魔术一样：针进入患者皮下可以提起皮肤，但针不出来，而且针在里面调方向患者也不感觉痛，这样的针术用到患者身上才会出现神奇的效果。

1962年，从天津中医学院毕业后，我来到一附院工作，成为一名中医内科医生。当时，院领导找我谈话，让我去当行政领导，我觉得踏踏实实做住院医师是应该做的工作。两年以后，我被派到北京参加卫生部（现国家卫生健康委）举办的全国针灸研修班深造。这是卫生部为加强对外交流而举办的培养针灸高级人才的研修班，当时参加授课的老师都是名医、针灸专家，我能够得到全国中医界前辈名师的指点，受益良多。我钻进针灸学术知识的宝库里汲取着营养，对针灸产生了强烈的兴趣，最终走上了从事针灸之路。在中医学针灸领域里还有许多空白点，针灸学要跟上科学技术的发展有大量工作要做，在研修班里我刻苦研修，博采众家之长，造诣渐深，使我立下毕生从事针灸事业的志愿。

学术创新——理论结合临床创立"醒脑针刺法"

访谈者：您是如何创立"醒脑针刺法"的？

石学敏：1972年，我创立了治疗中风病的大法"醒脑开窍"针刺法，随后历经这五十余年的临床与基础研究，形成了以"醒脑开窍"针刺法为主的中风病综合诊疗体系。

对脑府功能的深刻理解：历史上对中风病之病因病机的探讨大致经历了三个阶段。《黄帝内经》（以下简称《内经》）中无"中风"之名，相关记载所论各有不同。汉唐时期，论证多为外因，《金匮要略》明确提出"中风"病名，且以外风为因。宋元以来，倡人体"脏腑气血阴阳失调"之内因学说。随着西医的传入，人们对中风病因病机有了进一步的深刻认识，尤推张伯龙、张山雷、张锡纯。"三张"以脑贫血、脑充血、脑髓空论中风，明确中风的病位在脑，属脑府。纵观历史，中医对中风病病因病机的认识由表及里、由浅入深，但尚不够精准和具体。具体言之：第一，对脑的功能认识不足，虽知"脑为髓之海""脑为精明之府""头为诸阳之会"等，但未意识到脑的复杂结构和各种支配功能。既往医家把脑的功能归纳为心的功能之延伸，认为

"心为君主之官"，而不识脑为人体之最高统帅，主宰五脏六腑。并将"神"的功能局限在思维等精神活动方面，而忽略了"神"在语言、五官、内脏及全身运动等方面的中枢作用。脑与全身各部均有着密切联系。从组织结构上讲，脑"散动觉之气"，通过脊髓联系躯干、四肢和内脏。《彻剩八编·内镜》曰："脑散动觉之气，厥用在筋，第脑距身远，不及引筋以达四肢，复得颈节脊膂，因遍及焉……导气于五官，或令之动，或令之觉。"从人身气血运行上讲，脑通过经络与脏腑肢骸相系，气血循经络上行濡养脑，并在脑的支配下，再通过心脏的泵血功能将血液输送至全身；从人体功能上讲，内至脏腑、外至肢节均依赖脑功能的正常发挥，例如《灵枢·海论》所言："脑为髓之海……髓海有余则轻劲多力，自过其度；髓海不足，则脑转耳鸣，胫酸眩冒，目无所见，懈怠安卧。"可见，脑总摄全身，并形成了以脑为核心、内脏四肢皮肉为次的整体。我在继承古代各家理论的基础之上，结合自身在多年的临床实践中对"脑"和"神"的深刻领悟，明确提出了"脑主神明"论。

关于"神"之内涵的论述：如上文所言，神有广义与狭义之分。广义的神，泛指人体一切外在功能活动的表现，是各种功能活动产生的外在征象；狭义的神，专指人的精神意识活动。神，在人而言是整个生命活动的主宰，具体内容可以从以下几方面理解。

神系指人的精神、意识、思维活动：一是思维活动，诸如意、志、思、虑、志等。神识正常发挥其作用，则神清思敏，反应如常，记忆清晰。反之，神失运转则出现神志、思维异于往日。临床亦可见失眠、健忘、反应迟钝，甚或神魂颠倒、精神恍惚、意识模糊或丧失而见昏迷、晕厥、不省人事等，正如经文所说："神伤则恐惧自失""意伤则悗乱""魂伤则狂妄不精""魄伤则狂，狂则意不存人""志伤则喜忘其前言。"二是五志或七情的变化。中医学认为，情动于外而神舍于内，情志的变化依赖于神的运握。两者互相为用，神当其职则情志皆存，随时而消。在病理上，又互为因果，互相累及，情伤是病变的基因，神伤是病变的归宿。当情志伤郁，化邪内淫，舍及神空时，则神离其位，运筹无度，从而出现哭笑无常，恐惧悲哀，忧思气结，伤人毁物，正如《素问·调经论》所言："神有余则笑不休，神不足则悲。"

神系指主宰人体生命活动的能力：人之生命有诸多变化，而所有的精神以及器官乃至个体的活动都是神的作用。值得注意的是五脏所藏之神（即神、魂、魄、意、志），虽然属于意识思维和精神活动的范畴，但这种功能活动又与人体的四肢、肌肉、骨骼的运动有着紧密的联系。神气盛实，则脏腑及气血阴阳调和，精神强劲，活动灵便；若神气羸弱，各功能失和，脏腑不用，功能尽失；若神有所伤，可出现各种精神意识活动方面的改变，如惊恐不安，甚则晕厥卒倒，神迷不治，也会影响到人体各种功能活动。《灵枢·本神》云："神伤则……破䐃脱肉""意伤则……四肢不举""魂伤则……当人阴伤而挛筋，两胁骨不举""魄伤则……皮革焦""志伤则……腰脊不可以俯仰屈伸。"明确指出神伤不仅可以导致人的神志方面的变化，而且也可以直接影响各器官、肢体、筋肉的功能。一言以蔽之，机体表现于外的"形征"及功能活动都由"神"主宰。

提出"窍闭神匿"之病机：在中医学中，普遍认为中风病的病因病机可分为以下四条：①气血上逆，上蒙元神；②阻滞经络，蒙蔽清窍；③气血上逆，心神昏冒；④外风引动痰湿，闭阻经络。《素问·调经论》中有云："血之与气，并走于上，则为大厥，厥则暴死，气复返则生，不返则死。"指出了气血上逆是上逆颠顶之意。"上蒙元神"乃脑之"元神"，"心神昏冒"实际上是指脑所主的神昏冒不明。气血不通，阻滞于经络，脑神无所养，则清窍受蒙。从对中风病机的认识来看，中风一病发生发展的关键并非是外风，其临床表现亦非外风传变过程中由表及里的阶段证候，临床治疗也鲜有用祛风解表之剂而奏效者，可见外风致病的特点在中风病形成过程中从始至终都未能得以体现，但外风作为一诱因，对中风病病理过程的转运施加着一定的影响。至于痰湿闭阻经络乃系痹证，当有疼痛，而中风的半身不遂无疼痛之症，可见痰湿闭阻经络也并不是形成中风病的最终病理机制。结合中风病的病位在脑，我们认为"痰湿闭阻经络"，当进一步发展为"痰湿闭阻脑部经络"，致清窍不利，神明受扰而中风。

创立醒脑开窍针刺法：我基于中风病的总病机为风夹火、痰、瘀血上扰脑窍，"窍闭神匿、神不导气"，发为中风，创立了醒脑开窍针刺法。"醒脑开窍"针刺法取得疗效的因素有很多，其中严谨的针灸处方原则就是获效的关键性因素之一。处方除了穴位的选用，需要重视的还有针刺操作的规范化。临证时主穴具有君主之功用，能醒脑开窍、调神导气，这是"醒脑开窍"针刺法异于传统针刺方法的要点之一。

针刺治疗中风病经验——醒脑开窍

访谈者：您是如何运用"醒脑开窍"针法治疗中风病的？

石学敏： 我在运用"醒脑开窍"针法治疗中风等急危重症时，在临床上强调"醒脑"即"醒神、调神、安神"，形成了以脑统神、以神统针、以针调神的学术思想。具体经验如下。

1. 中风先兆

治法：醒脑开窍，息风防闭。

取穴：上星、百会、印堂、肩髃、曲池、足三里、阳陵泉、完骨、天柱。

加减：眩晕加头维、风池；夜眠不安者，加四神聪、神门；烦躁者加合谷、太冲。

操作：上星，平刺 0.5～1 寸，施平补平泻手法 1 分钟；百会，斜刺 0.3～0.5 寸，施平补平泻手法 1 分钟；印堂，斜刺 0.3 寸，施雀啄手法 1 分钟；肩髃，直刺 1～1.5 寸，施提插泻法，以麻胀感达肘关节为度；曲池，屈肘取穴，直刺 1～1.5 寸，施提插泻法，以麻胀感到达食指为度；足三里，直刺 1～1.5 寸，施提插泻法，令麻胀感达足踝部；阳陵泉，直刺 1～1.5 寸，施提插泻法，令麻胀感沿小腿外侧至足外踝；风池，直刺 0.5～1 寸，施捻转补法 1 分钟；四神聪、神门，直刺 0.3～0.5 寸，施捻转补法 0.5 分钟；合谷、太冲，直刺 0.5～1 寸，施呼吸泻法 1 分钟。天柱、完骨，直刺 1～1.5 寸，施捻转补法 1 分钟。

2. 中经络

治法：醒脑开窍，疏通经络。

取穴：内关、人中、三阴交、极泉、尺泽、委中、风池、完骨、天柱。

加减：手指握固，加合谷、八邪；上肢不能伸者，加曲池。

操作：先刺双侧内关，直刺 0.5～1 寸，施捻转提插泻法，施术 1 分钟；人中，向鼻中隔下斜刺 0.3 寸，施雀啄手法，以眼球湿润或充满泪水为度；三阴交，沿胫骨后缘进针 1～1.5 寸，针尖向后斜刺与皮肤呈 45°角，施提插补法，至患侧下肢抽动 3 次为度；极泉，在原穴下 1 寸处，直刺 1～1.5 寸，施提插泻法，以患侧上肢抽动 3 次为度；尺泽，直刺 0.5～1 寸，施提插泻法，以患侧前臂及食指抽动 3 次为度；委中，仰卧位直腿抬高取穴，直刺 0.5～1.5 寸，施提插泻法，以患侧下肢抽动 3 次为度；合谷，直刺 1～1.5 寸，刺向三间处，施提插泻法，以患侧食指伸直为度；八邪，直刺 0.5～1 寸，施提插泻法，以患侧手指抽动为度；曲池，刺法同前；完骨、天柱，直刺 1～1.5 寸，施捻转补法 1 分钟。

3. 中脏腑（闭证）

治法：开窍启闭。

取穴：内关、人中、十宣、风府。

操作：内关、人中，刺法同前；十宣，以三棱针点刺，挤压出血，每穴出血量 1～2mL；风府，低头取穴，直刺 1.5～2.5 寸，施提插泻法，令麻电感到达全头。

4. 中脏腑（脱证）

治法：回阳固脱，醒神开窍。

取穴：内关、人中、气海、关元、神阙、太冲、内庭、气舍。

操作：内关、人中，刺法同前；气海、关元、神阙，用雷火针或隔盐灸、隔姜灸、隔附子饼灸法，持续时间 4～8 小时，不以壮数为限；太冲、内庭，直刺 0.5～1 寸，施捻转提插相结合的补法，施术 1 分钟；气舍，直刺 1～1.5 寸，施捻转补法，连续运针持续 1～3 分钟，待其恢复自主呼吸，而呼吸较弱且有间歇时，继续运针，直至呼吸均匀。

5. 中风后遗症

治法：调神醒脑，矫偏和络。

主穴：内关、上星、印堂。

（1）口眼㖞斜

配穴：风池、太阳、颊车、迎香、地仓、下关、合谷。刺络拔罐选下关、颊车、四白。

操作：风池，针尖刺向对侧内眼角，进针 1.0～1.5 寸，施平补平泻手法 1 分钟；太阳，沿颧骨弓内缘进针 3～3.5 寸，透向颊车；迎香，斜刺 0.5～1.5 寸，施捻转泻法；下关，进针 1.5 寸，捻转泻法；地仓，横刺 3～3.5 寸透向颊车；地仓至颊车，沿阳明经筋部 1 寸 1 针，深度 0.3～0.5 寸，施提插泻法；合谷，捻转泻法。刺络拔罐，是在常规消毒后用三棱针点刺 3～5 点，用闪火法加罐，出血量 5～10mL，隔日 1 次。

（2）失语

配穴：风池、百会、金津、玉液、廉泉、通里。

操作：风池、百会，刺法如前述，金津、玉液，用三棱针点刺放血；舌面用 2 寸毫针点刺出血；廉泉，直刺 1～1.5 寸，施合谷刺法，以胀感到达舌根及喉咽部；通里，直刺 0.5 寸，施捻转泻法。

（3）上肢不遂

配穴：风池、肩髃、极泉、尺泽、曲池、合谷、八邪、外关。

操作：风池、极泉、尺泽，刺法同前；合谷，针刺方向先透向大指，继透向三间处，施提插泻法，以患侧大指、次指抽动3次为度；八邪、曲池、肩髃，刺法同前；外关，直刺1～1.5寸，施提插泻法。

（4）肩关节痛

配穴：天鼎、肩髃、肩内陵、肩外陵、肩贞、肩中俞、肩外俞、阿是穴。

操作：天鼎，直刺，1～1.5寸，施提插泻法，令触电感直达肩肘或手指；肩髃、肩内陵、肩外陵、肩贞，直刺1～1.5寸，施捻转提插泻法；肩中俞、肩外俞，均横刺1～1.5寸，施捻转泻法；痛点刺络拔罐方法同前。

（5）下肢不遂

配穴：环跳、委中、三阴交、阳陵泉、昆仑。

操作：委中、三阴交，针刺方法同前；环跳，直刺2～3寸，以触电感传至足趾为度；阳陵泉，直刺1～1.5寸，施提插泻法，令触电感传至足趾为度；昆仑，直刺0.5寸，捻转泻法。

（6）足内翻

配穴：解溪、丘墟、照海、筑宾、昆仑。

操作：解溪，直刺0.5寸，施捻转泻法；丘墟透照海，直刺2.5～3寸，施捻转泻法；筑宾、昆仑，直刺0.5～1.5寸，施提插泻法。

（7）失明

配穴：风池、天柱。

操作：风池，针尖方向与双目系对角相交，直刺1～1.5寸，施捻转补法；天柱，直刺1～1.5寸，施捻转补法。

（8）便秘

配穴：丰隆、左水道、左归来、左外水道、左外归来。

操作：先取双侧丰隆穴，直刺1～1.5寸，施捻转泻法；左水道、左归来、左外水道（左水道外开1.5寸）、左外归来（左归来外开1.5寸），均直刺1.5～3寸，施捻转泻法1分钟，留针20分钟，在留针期间，每隔5分钟运针1次。

（9）癃闭

配穴：中极、秩边、水道。

操作：中极，直刺1.5～2寸，施提插泻法，令胀感传至会阴；秩边，直刺2.5～3寸，针尖方向透向水道，施提插泻法，令胀感达前阴。

（10）小便淋沥

配穴：关元、气海、太溪。

操作：关元、气海，直刺 1 ～ 1.5 寸，施呼吸之补法，而后置 1 寸艾炷于针柄上，施温针灸，每次 2 ～ 3 炷；太溪，直刺 0.5 寸，施捻转补法 1 分钟。

取穴依据：脑卒中，中医称之为中风。始见于《内经》所言的仆击、大厥、薄厥、偏枯、偏风、身偏不用、痱风等，描述了中风的病因与不同阶段的主要临床表现。尽管如此，《内经》还没有形成完整的中风病证治理论，对其病因、病机及症状尚无系统的论述。后代医家进一步认识到中风病的发生主要在于年老体衰，阴阳逆乱，直冲犯脑，使中风病的致病机制、证治规律日臻完善。积多年临床与研究认为，中风乃"上实"，即脑窍闭塞，其因皆为肝肾的亏虚，即"下虚"。中风病患者平素多存在下焦肝肾等脏的阴阳失调，又受外界各种诱因的影响，以致积损正衰，气血运行不畅，夹痰浊上扰清窍；或精血不足，阴虚阳亢，阳化风动，血随气逆，夹痰夹火，横窜经络，上蒙清窍；或外伤跌扑，气血逆乱，上冲颠顶，闭阻清窍，窍闭神匿，则神志惯乱，突然昏仆，不省人事；神不导气，则筋肉、肢体活动不利，喎僻不遂，日久气血涣散，筋肉失濡，故肢体痿软废用，经脉偏盛偏衰，故挛急僵硬。依据"窍闭神匿"病机，立"醒脑开窍"大法，在治疗上，以开窍启闭，改善元神之府——大脑的生理功能为主；在取穴上，以阴经腧穴为主，重在手法取穴上。基于"窍闭神匿"病机和"启闭开窍"针刺法的确立，行针施术以"泻法"为主，经反复实验，创立了针刺手法的四大要素，经多年临床验证疗效尤著。人中作为醒脑急救之要穴，为历代医家所推崇，故采用雀啄法泻人中可开窍启闭，醒元神，调脏腑。内关穴为心包经之络穴，具有宁心调血安神之效。三阴交可补三阴，益脑髓，调气血，安神志。极泉、尺泽、委中可疏通经络，运行气血，改善肢体运动功能。其中，人中为君，内关、三阴交为臣，极泉、尺泽、委中为佐使，以调元神，使之达明；顺阴阳，使之平衡；理气血，使之冲和；通经脉，使之畅达。

针刺治疗精神疾患经验——调神启闭

访谈者：请您谈谈针刺治疗精神疾患的经验？

石学敏：随着社会压力的增大，精神疾患发病率越来越高，给社会、家庭及个人都带来了沉重的负担，关于精神类疾患的治疗也使医者倍感棘手。以下谈一谈我通过调神启闭治疗精神疾患的体会。郁证、癔病、不寐，究其病机，气机郁闭、神窍失宣、情迷志乱是为关键。正如朱震亨所说："气血冲和，百病不生，一有拂郁，诸病生焉。"治法为开窍启闭、宣发神气、调神定志，可以针对病机，直达病所，使心神复明，神转志移，动则精神饱满，静则志定神宁。"醒脑开窍"针法的变通应用，对诸如神经衰弱、癔病，以及强迫症、抑郁证、焦虑症等各种神经、精神疾患，主治广泛，疗效确切。

1. 郁证

郁证是由于情志不舒，气机郁滞所致，以心情抑郁，情绪不宁，胸部满闷、胁肋胀痛、或易怒易哭、或咽中如有异物梗阻等症为主要临床表现的一类病症。其病因主要是情志内伤，肝失疏泄，脾失健运，心失所养及脏腑阴阳气血失调。治疗重点在于调神启闭，疏解肝郁。

治法：疏调气机，醒神开窍，补血安神。

取穴：内关、人中、太冲、心俞、肝俞、脾俞、膈俞、百会、四神聪、足三里、三阴交。

操作：内关，捻转提插泻法，进针0.5寸；人中，向鼻中隔方向进针0.2～0.3寸，雀啄泻法；太冲，捻转泻法，进针0.5寸；足三里、三阴交，捻转补法，进针1寸；四神聪，进针0.3寸，平补平泻法；心俞、膈俞、肝俞、脾俞，捻转补法，进针0.5～1寸。

取穴依据：中医学认为"郁病虽多，皆因气不周流，法当顺气为先""凡郁病必先气病，气得流通，郁于何有"，因此以疏通气机为郁证总的治则。郁证是临床较为常见的病种，也是针灸治疗效果显著的病种之一。尤其在调神方面，收效迅速。但临床上治疗应审其病因，辨虚实，实则泻之，虚则补之。内关为心包经之络穴，可振奋心阳，人中为督脉、手足阳明之会穴，为人体阳经之总汇，又为诸阳之首，二穴合用可振奋人体阳气，以达醒神之功；足三里为阳明经下合穴，阳明经为多气多血之经，针之可补血安神；百会、四神聪亦可外提阳气、镇静安神；太冲为肝经原穴，可疏理气机，心俞、肝俞、脾俞、膈俞为背俞穴，针之亦可养心补血。诸穴相配以达治疗目的。

2. 癔病

癔病发病多由情志因素所诱发，病机关键在于心窍闭阻，心神郁逆。临床表现变化多端，症状繁杂，主要表现为包括精神意识、运动感觉及自主神经和内脏等功能障碍方面的症状。

治法：醒脑开窍，镇肝息风。

取穴：主穴，取内关、人中、风府；配穴，癔病性发痉取百会、阳陵泉、太冲，癔病性郁证取百会、四神聪，癔病性吞咽不利取天突，癔病性晕厥取合谷、太冲，癔病性呕吐取天突、中脘。

操作：风府，坐位低头取穴，针尖对结喉方向进针1.5～2寸，轻提插泻法，以针感向全身放窜为度，不留针；内关，进针1～1.5寸，施捻转提插泻法，针感放射到手指；人中，向鼻中隔斜刺，进针0.2～0.3寸，然后捻转360°，再做雀啄手法，每次约15秒；天突，向下进针，与胸骨柄相平行，针1.5寸深，施捻转平补平泻手法；合谷、太冲，进针1寸，均施捻转泻法1分钟；中脘，直刺2～3寸，施捻转泻法1～2分钟，不留针。

取穴依据：本病从病机上讲，不外心神失宣，机变不行而致。中医学视神志所伤为其重要内因。各种精神活动都和心神密切相关，同时也都必然会影响躯体的各种功能。因本病症状繁杂，临床辨证类型较多，故历代治疗立法各异。我认为本病病机关键在于心窍闭阻、心神郁逆，治疗当以醒脑开窍为主则。以人中、内关为主穴，辅以对症选穴，疗效尤佳。应当强调，本病虽常见，但须排除各种相关的器质性疾患，防止误诊。

3. 不寐（神经衰弱）

治法：安神、镇静、宁心。

取穴：主穴，取神门、三阴交、安眠。配穴，心肝火旺加刺行间、风池、阳陵泉；脾胃失和加刺脾俞、足三里；心肾不交加刺肾俞、太溪；气血两虚加刺脾俞、肾俞、足三里。

操作：神门，直刺0.3～0.5寸，施捻转补法1分钟；三阴交、安眠，直刺0.8～1寸，施捻转补法1分钟；足三里、太溪、脾俞、肾俞，直刺0.5～0.8寸，施捻转补法；风池，向印堂方向刺0.8～1寸，施捻转泻法；行间、阳陵泉，直刺0.5～1寸，施捻转提插泻法。以上针刺施术后留针20分钟。

取穴依据：不寐又名"目不瞑""不得卧""不能眠"等，是临床常见病种之一，历代医学著作对本病多有论述。《灵枢·大惑论》说："卫气不得入于阴，常留于阳，留于阳则阳气劳，阳气劳则阳跷满，不得入于阴则阴气虚，故目不得瞑矣。"《针灸甲乙经》云："胃不和，则卧不安，此之谓也……惊不得卧，善断水气上下五脏，游气也，三阴交主之。不得卧，浮郄主之。"通过多年的临床研究发现，针刺治疗不寐能加强大脑皮质的兴奋和抑制过程，调整中缝核5-羟色胺递质系统，引起运动从属时值增大，即大脑皮质抑制过程加深，恢复大脑皮质神经过程的平衡，从而改善睡眠。不寐系情志内伤，多脏受累所致，病机的关键在于心神被扰或心神失养。治疗当以宁心、安神、镇静为主，以神门、三阴交、安眠为主穴。神门为手少阴心经之原穴，功可宁神安寐；三阴交为肝、脾、肾三经之交，可培气血生化之源，育阴除烦，加刺治疗不寐的经验效穴安眠，旨在疏调脏腑、宁心安神。本法主辅相配得当，以交通心脾、心肾为长，故收良效。

回首过往与寄语后学

访谈者：回首过往，您有何感想？

石学敏：1956 年，新中国成立了正式中医教育的院校，当时我面临医学与财经两种选择，我的老师根据我的性格鼓励我学习中医。我听取了老师的意见，选择了中医进行学习。中医院校的教育非常全面，对中医与西医两方面的知识都需要进行学习。从中国医学史就可以看出，几千年来中国人的健康都由中医维系，从名医大家到乡村医生都值得我们学习。中国有很多大医家，黄帝、岐伯等虽属托名，但确实代表了当时那个年代的学术水平。到后来的张仲景、孙思邈等，中医思想逐渐更加贴近临床，他们毫无疑问都对我们产生了巨大的影响。

访谈者：作为一名优秀的中医，应该具备什么素质？

石学敏：我个人认为需要注意以下几点。

第一，尊古不泥古。在前人的基础上进行发展，比如说望闻问切有其理论基础及参考价值，但并非诊断的唯一手段。

第二，中医不论是内治法还是外治法都要进入量学研究，不可过于宏观。针刺手法若不加以量化，容易给人以杂乱无章的印象。需进行研究，对其细化、量化，有证据支持。将中医的研究传承给下一代，下一代才能踩着"巨人"的肩膀，对中医进行更深入的研究，传承精华。《针灸大成》是针灸的临床著作，对其的传承也要去伪存真，去其糟粕，取其精华。这也是我们对手法量学进行研究的原因。对手法量学的严格要求可以使针法的疗效可重复、可传承，非标准化的东西难以传承。这相当于对中药的量化研究，中药的剂量也非常重要。要细化，加强实验验证，增加动物实验的相关研究。

第三，立足临床，多做临床。医学是一门实践的科学，必须要依托于临床。

第四，对于过去临床及实验中失败的经验进行总结，找出新的规律。

访谈者：您如何看待医生这个职业？

石学敏：医生是一个神圣的职业。日本将医生称为"鬼手"，中国将医生称为"神手""圣手"。在临床中，要关注患者的身心健康，很多疾病是功能性的而非器质性的。在现代，全球范围内，医生这个职业是让人羡慕的职业，是很多学生选择的第一职业。医患关系是一种简单又复杂的关系。对于患者，我们要尽到医生的责任，对于患者的病情进行诊治要尽心尽力。但与此同时也要警惕社会上一些讹诈医生的不良行为，注意保护好自己。

名医寄语

第一句话：每一个学中医的人，不论是什么学历，都应记住："中医"虽然前面有一个"中"字，但医学本不应有中、西之分。我们应该把中医研究好、应用好，把"中"字去掉，使其成为世界医学。

第二句话：既然学习了中医，就要真正掌握好中医临床的技艺，为世界人民健康做贡献，这是世界的趋势。

（石学敏国医大师传承工作室　赵琦整理）

第二章 ○ 张大宁

张大宁（1944—），男，第二届国医大师，国际欧亚科学院院士，中央文史馆馆员，天津市中医药研究院名誉院长，首席专家，主任医师，教授，博士生导师，博士后导师，中国中医科学院学部执行委员，中医肾病学国家授衔专家，首批享受国务院政府特殊津贴专家，国家卫生和计划生育委员会公共政策咨询专家委员会委员，国家中医药管理局中医药改革发展专家咨询委员会委员。20世纪90年代至今，连续担任中央保健医生，负责中央领导的医疗保健工作，被中央授予优秀中央保健医生。兼任中国中医药研究促进会会长，中华中医药学会副会长、肾病分会主任委员，天津市中医药学会会长。

张大宁教授是中医肾病学奠基人，科学、严谨地规范了"中医肾病"的概念、范围及辨证论治的基本规律，使"中医肾病学"从中医内科学中科学地分离出来，形成一门系统完整的中医临床学科。他提出"心-肾轴心系统学说""肾虚血瘀论与补肾活血法"等理论，已被中西医学术界所公认。擅长慢性肾炎、慢性肾衰竭、糖尿病肾病、泌尿系感染等病种的诊治。他研制的"新肾康宁胶囊""糖肾康胶囊""肾衰排毒胶囊""补肾止血胶囊"等20余种制剂，广受海内外肾病患者赞誉。先后完成多项国家"十五""十一五""十二五"课题，荣获省部级科技进步一等奖4项、二等奖及其他奖项十余项，同时主编了我国第一部《实用中医肾病学》，以及《中医肾病学大辞典》等学术著作十余部，发表论文百余篇，在中西医学术界产生了重要影响。因为张大宁的卓越成就，"国际天文联合会"把中国科学院发现的8311号小行星命名为"张大宁星"，这不仅是中国，而且是世界上第一颗以医学家名字命名的小行星，同时，"张大宁星"也被列入世界吉尼斯大全。张大宁身上不乏荣誉的光芒，可他并没有因此停下前进的脚步，他毕生勤求古训，融会新知，博极医源，格物明理，致力于推广中医药精髓，铺就了一条"大医精诚"之路。

名医之路——从医之德，律己之心

访谈者：您是怎么走上中医之路的？

张大宁：我出生在中医世家，我父亲就是中医大夫。在我小的时候，因为我父亲在家里开诊所，我除了每天看父亲看病，还经常跑去中药房玩，有些药小孩是可以吃的，像枸杞子、桂圆肉这些，所以我从很小的时候就接触到了中医和中药。再加上我父亲让我学一些国学的东西，儿时的我就能熟练背诵《三字经》《弟子规》，熟读《论语》《中庸》《老子》等经典，长大后，通过自己对经典的感悟，加上父辈的期许，使我走上了行医之路。

我父亲是一个做学问的人，每天除了看病，就是在书房里念书，有时还背，父亲对我的影响是最早的，也是最大的，他做人、寻医的态度，学问学识，都对我有很大的影响。此外，天津市有很多名医，我也虚心地向他们学习，像哈荔田哈老、何世英何老，我都跟他们学习过，他们的医德、医术也都影响了我。我最崇拜的人是张仲景，因为我认为张仲景奠定了中医学独特诊治体系、辨证论治的基础和典范，中医学今天之所以使用辨证论治这套方法主要是来自于张仲景的《伤寒杂病论》，因为《内经》里边对于辨证论治的论述是很少的，所以说我最崇拜的也是我认为在中医学领域贡献最大的应当是张仲景。我曾请范曾先生给我书房取名，范曾问我："你认为对中医学贡献最大的、对你影响最大的是谁？"我说："是张仲景。"所以范曾给我书房起的名字是"景行庐"，"庐"就是书房的意思，"景行"就是紧跟着张仲景的意思。张仲景是我最崇拜的，也是我学习的偶像。

访谈者：您是如何理解大医精诚的？

张大宁："作为一名中医大夫，必须把医德摆在最高的位置"，这是我经常对学生讲的话。用精湛的业务水平和厚道的做人典范，践行所谓"大医之德"。孙思邈《千金要方·大医精诚》中的"大医"指大大夫、大专家、大师，是每个大夫终生追求的目标。如何成为大医？需"精诚"两点。"精"是医术要精，"诚"是心术要诚。换句话说，医德要好，心术要诚，医术要精，技术要好，又能治病，又要有与人为善、有大慈大悲的心态，德艺双馨，方可为"大医"，所以要想成为一个好的大夫，两者都很重要的，缺一不可。"凡大医治病，必当安神定志，无欲无求，先发大慈恻隐之心，誓愿普救含灵之苦，若有疾厄来求救者，不得问其贵贱贫富，长幼妍媸，怨亲善友，华夷愚智，普同一等，皆如至亲之想。"这应该是我们每一个学医者的行医信念，更是一生都要遵守的行医之本。

医生影响着患者的一生，一个医生应该了解自己所肩负的责任，这样才能做一个好医生。我总说："从个体上、现象上讲，是患者求医生；但从整体上、内涵上讲，是医生求患者。世界上是先有的患者，后有的医生。一个医生永远不能脱离患者，不懂得这个道理的医生，永远不会是个好医生。"患者把所有的期望值都寄托在医生身上，如果医生没有高尚的医德，是不配做一名合格的医生的。我六十多岁出门诊的时候，是从星期三早上八点看到星期四早上四五点钟，看两百多患者。那时候电视台采访问我："您是不是有奖金？"我说："没有啊。""那您是不是觉悟高？"我说："也不是什么觉悟，就是看到那么多急切的患者，有时患者还在那跪着，我就迈不开这腿，从患者身上迈过去回家，我迈不出这一腿。"所以我看20多个小时，整个医院里边这个人山人海，我是真累得动不了啊，但是我仍坚持每星期一查房，星期三出门诊到星期四。作为一个好大夫，必须拿患者当自己的父母，这个还跟演员把观众当为衣食父母不一样，我们是给患者治病的，还不是衣食父母。把患者视为我们的亲人，这样才能成为一个好医生。

学好中医——读好经典、不断实践

访谈者：现在中医学生及中医师既要学中医，又要学西医，您认为如何学才好？

张大宁：我认为，中医大夫首先要系统完整地学习掌握中医的理论体系及临床技术体系，在此基础上掌握一定的和临床有关的西医学知识。中医学是一门独立于现代医学之外的系统完整的医学科学体系。换句话说，中医学它自成一门医学体系，它和现代医学是根本不同的，它的基础理论，它的病理、生理、病因、诊断、治疗完全是独立的，它的临床分科是系统完整的，所以我觉得现在的年轻大夫学习中医，主要任务是系统地掌握中医学的知识，而不是急于掌握一些现代医学的东西。当然，作为临床大夫必须要掌握一些现代医学知识，但是你首先是一个中医大夫，要先系统完整地把中医的东西掌握下来，在这个基础上再掌握一定的和临床相关的西医学知识，但不能喧宾夺主。因为现在实际上我们中医人很多，中医人才也很多，中医学院校每年要招收很多学生，但是缺乏的是系统完整地掌握中医知识的人。这部分人越来越少，而大部分人掌握一点儿西医，掌握一点儿中医，他几乎搞不清楚到底是什么样？自己也很迷茫，没有方向，这个实际上使得中医容易断代。闻道有先后，术业有专攻，中医大夫跟西学中的大夫不一样，西学中的大夫首先是掌握西医的知识，然后再学习了解一部分跟他专业有关系的中医的东西。我们搞肾脏病，也必须懂一些西医的肾脏病的知识，但是不可以喧宾夺主，否则的话，中医实际上是有断代的危险。所以学习中医，我经常劝年轻人一定要认真地、踏实地把中医学本来的东西掌握好，这是我们的要领。

访谈者： 您觉得应该如何看待和学习中医经典呢？

张大宁： 说到学好中医，我认为中医人必须要认真读经典。我认为中医的经典是这四部——《黄帝内经》《伤寒论》《金匮要略》《神农本草经》。经典本身必须是一本书才叫经典，那什么书能作为经典呢？我写的书叫经典吗？肯定不是，必须是重要的书。有很多重要的书，只是重要的书还不行，它必须在这门学科的建立和发展当中起到重要的推动作用、历史性的作用，这才能成为经典。中医学本身作为一门系统学科的建立，是在春秋战国到西汉这个时代。为什么说它是中医学建立的时代呢，第一，出现了《黄帝内经》。《黄帝内经》是一部十余万字，系统完整地论述中医学生理、病理、诊断、治疗、药物、方剂的一本书，换句话说，它是奠定中医学这门学科基础的一部著作。这部著作的产生，标志着中医学从医学零散的经验升华为一门科学。会一些中医药的经验不构成中医学，换句话说，一个老农知道哪个草药能治病，但他不是大夫，他仍然是老农，因为必须系统地掌握中医学理论之后才能成为医生，而这门理论形成的标志就是《黄帝内经》，所以《黄帝内经》能成为经典。第二，中医学的诊治原则是独特的，它是辨证论治，不是辨病论治，而辨证论治虽然在《内经》当中有所涉及，但是很少，凤毛麟角，而正式奠定辨证论治基础的是《伤寒杂病论》，张仲景对于外感病用六经辨证，对于杂病用脏腑辨证，这都是张仲景奠定的，所以张仲景这两部书，实际上是一部书，应当列为经典。而中药和方剂的基础是《神农本草经》。《神农本草经》中 365 种药分上、中、下三品，不仅论述了每种药物的性味归经、功用主治，而且它讲七情和合、君臣佐使、煎药方法，换句话说，它既是中药的基础，又是方剂学的奠基，所以它是经典。以上这四部书应当列为经典。

中医大夫必须要念经典，经典本身它的内容渊博、博大精深，这个是现在很多人还没有完全掌握的，它还在有效地指导临床，包括这次新冠肺炎。在新冠肺炎期间，国家中医药管理局和市里向我提出了一些咨询，我提出三点：根据《内经》，第一是"避其毒气"，第二是"治其毒气"，第三是"扶助正气"。"避其毒气"，中西医是一样的，戴上口罩是避其毒气，隔离患者也是避其毒气；"治其毒气"，我使用的是小柴胡加石膏汤加麻杏石甘汤，加上鱼腥草、穿心莲这类治疗肺热的药；第三点是"扶助正气"，《内经》讲"邪之所凑，其气必虚。正气存内，邪不可干"，所以正气是非常重要的，年轻人感染率就比较低，老年人就高，因为正气的关系。所以我曾经出过一个方子，以玉屏风散为主，加上补肾活血的药制成制剂。所以说合格的中医首先要熟读经典，其次才是熟练运用于临床。

一个中医大夫不但要熟读经典，而且要熟知自古以来的各种中医著作。从《黄帝内经》到新中国成立前，总共有12000余种中医古籍，这个不可能都读，但是重点的书一定要念。所以我总讲：第一，年轻人要注意，"风声雨声读书声，声声入耳"。要念书，坐下来，踏实地念书，不念书不行。第二，要不断地实践。脱离了患者的医生，那不是医生，世界上是先有的患者，后有的医生，从个体上讲是患者求医生，实际上从总体上讲是医生求患者，因为医生的经验是从患者身上所取得，要不断地实践。第三，在学习和实践基础上，要不断地向别人学习。不一定都是大师、名医，三人行必有我师，要向很多人学习，谁有方法治病就跟谁学习。第四，要有灵感。医者意也，意是意境的意，就是在大量读书、大量实践、大量学习的基础上产生了灵感，继而产生了一个飞跃和升华，就能成为一个好大夫。

理论结合临床，奠基中医肾病学

访谈者：您是如何理论结合临床，奠基中医肾病学，提出新理论及新治法的呢？

张大宁：在我看来，病症的临床疗效是中医立足的根本，不能一味地读书学理论，能拿出有效的治疗方法才是关键。在长期的中医肾病临床实践基础上，我提出了"心—肾轴心系统学说""肾虚血瘀论和补肾活血法"等理论，在"补肾活血法"的基础上，通过大量临床病例分析，发现不同疾病、不同病症，不但存在着"肾虚血瘀"的共性，而且随着病程的延长、病情的加重及年龄的增长，腑气不通、浊毒内蕴，都存在着不同程度、不同方式的"蓄毒"现象，对其原因及机制的研究目前尚停留在"小分子毒性物质""细胞代谢产物""体内电解质失衡""重金属及某些化学物质中毒"等假说阶段，但也成为普遍存在的病理学基础。而"排毒"同"补肾活血法"一样，也是一个非特异性的治疗大法。不论是通过调节五脏的各自功能，还是利用六腑"以通为用"的特点，"排毒"将是一个治疗各类慢性疾病的共同原则新思路。所以，我提出了"补肾活血、通腑、排毒三合一"的概念，在治疗各类肾病中，"补肾—活血—排毒"的思路贯穿始终。

访谈者：如何理解肾虚血瘀是慢性肾病的基本病机？

张大宁：慢性肾病，包括原发性和继发性肾病的共同表现，是慢性进行性肾实质损害。换句话说，无论原发性还是继发性，最终殊途同归，会进入慢性肾衰竭这样的一个过程。慢性肾病（CKD）分为 5 期，我们把慢性肾衰竭归纳到 CKD 的后期这样一个阶段。慢性肾病从开始发病到终末期，贯穿它全过程的最基本的病机是肾虚和血瘀，换句话说，它一旦进入慢性肾病阶段，一开始它就具备了肾虚血瘀这一特点，一直到终末期全过程，它的基本病机是肾虚血瘀。当然开始是轻的，是逐渐加重的，但是在这个基础病机的基础上，不同的阶段伴有不同的病机，而这个病机属于这个阶段特殊的兼症的病机，所以补肾活血法贯穿着 CKD 的全过程。当然，如果说，在开始它可能伴有一些脾虚，伴有一些湿浊，过了一个阶段，蛋白也多了，肿也严重了，可能就伴有脾虚湿犯，水湿泛滥，精关不固，到了肾病综合征阶段了；再后来，又出现眩晕耳鸣，这时伴有肝阳上亢；再往后走肌酐也高了，脸色也变了，这时肾虚血瘀加重了，有恶心吐逆，这时伴有浊毒上扰。但是它的基本病机是不变的，变化就是肾虚逐渐加重，血瘀加重，所以补肾活血法贯穿在慢性肾病诊疗的全过程。

访谈者：您治疗慢性肾病的基本治法及核心方药是什么？

张大宁：我认为肾虚血瘀是慢性肾病的基本病机，补肾活血法是贯穿于慢性肾病全过程的基本治法。补肾常用黄芪、五味子、补骨脂，因为这三味药都是补肾的。

我讲过黄芪，虽然咱们《中药学讲义》再三强调它是入脾和肺，但实际上我讲过，《神农本草经》里根本没有讲它健脾和补肺气，就两个字：补虚。陶弘景在《名医别录》里解释黄芪是很精彩的，他认为黄芪是补五劳羸瘦，"劳"是虚劳，"五"是五脏，也就是说黄芪这味药肝、心、脾、肺、肾俱补；"羸瘦"是恶病质，瘦的非常厉害。黄芪既可以补气，又可以补血，既可以补阴，又可以补阳，所以李时珍把黄芪作为补药之首。在《本草纲目》里，李时珍解释为什么这味药叫黄芪。黄芪，以其色黄故曰黄；芪，人到七十岁时叫耆（后来写作"芪"），换句话说，过去人活七十古来稀，七十就是一家的老爷子，那意思就是说黄芪是补药这家族当中的老爷子，所以《本草纲目》讲黄芪是补药之首，所以今天我讲黄芪是一个五脏阴阳气血皆可以补益的一味重要的补药。宋代以前都用炙黄芪，宋代以后改为两种，既有秘制黄芪，又有生黄芪。以朱丹溪为首，《丹溪心法》中玉屏风散，首用生黄芪。他说，黄芪可以补肺固表、防止外感，咱们慢性肾病的患者非常怕感冒，一感冒病情就反跳，所以咱们用生黄芪。补骨脂，四神丸组成药味之首。五味子既可以补肾，又可以固涩。所以这三味药作为慢性肾病补肾的一个首选的三味药。

活血常用丹参、川芎。丹参一味，功同四物。丹参，中药学讲义上讲是微寒，我个人的看法是温性，不是微寒。血为液体，得温则舒，遇寒则凝，遇热则妄行，好比说妇女来经的时候游泳着凉了，月经就打住了，所以王清任才有少腹逐瘀汤。少腹逐瘀汤是温经活血，血府逐瘀汤是行气活血，补阳还五汤是补气活血，不同的活血之法。血遇热则外流，水开了就溢出来了，所以各种急性的血液病都是用凉血止血药，选用赤芍、牡丹皮、紫草，犀角地黄汤，都是凉血止血。所以咱们在整个过程中，补肾活血法是基础，而且随着病情的加重、进展，补肾药物的剂量、活血药物的剂量会增加，所以我用黄芪有时 90g，有时 120g、150g、180g，因为病情的程度不一样。川芎特点是活血中之气、气中之血，一味药体现一个法，体现行气活血法，它跟桃仁、红花、三棱、莪术不一样，可行血中之气、气中之血，上下无所不到，无所不通，所以川芎的特点，它是一味药体现一个法。比如说我写桃仁、红花、三棱、莪术，这不叫一个方子，这是四味药，它没体现法，中医的方子必须有法，有法才有方，无法不成方，所以咱们学古人不是学方子，学的是法，遵法而不泥方，有法就是方，一味药也可以成为一个方子，五味药也可以不是一个方，是五味药堆砌的。补肾活血法所提出的这五味药，贯穿着慢性肾病的整个过程，所以在这整个的慢性肾病全过程是以补肾活血法为基础，在此基础上，根据不同的阶段、不同的人群、不同的兼症，然后兼用不同的药物。

到慢性肾病后期，出现浊毒上扰用大黄，因为大黄可以荡涤肠胃、活血化瘀，而且可以降浊排毒，推陈致新，安和五脏，这是《神农本草经》当中最精彩的总结。大黄这味药推陈致新、安和五脏，把体内陈腐的东西推出来，生成新的，然后安和五脏，稳定体内的内环境，所以用于尿毒症是最恰当的。尿毒症是肾功能的衰竭而导致体内代谢废物不得排泄而出现的内环境的紊乱，包括电解质平衡的紊乱、水液代谢的紊乱、酸碱平衡的紊乱，而大黄恰恰能推陈致新、安和五脏，《神农本草经》的论述是很精彩的。在慢性肾病整个过程体现补肾活血法的基础，然后针对不同的兼症，采用不同的治法，这就是我对于慢性肾病的看法。

传承中医，发展中医

访谈者： 您认为如何才能传承好中医，发展好中医？

张大宁： 我认为只有完整地继承，才能科学地发展中医。2007年3月两会期间，我在汇报发言时曾讲过这样一段话："中医学，从学科的属性上讲，它属于自然科学当中应用科学的范畴。但由于它在形成、发展过程中的特殊历史背景和条件，使其具有浓厚的传统文化的底蕴和内涵，从而形成一整套独立于现代医学体系之外的完整的医学科学体系。""中医药学有着自己一整套对于人体生理、病理、诊断、治疗、预防、保健等方面独特的认识，有着自己一整套完整的临床分科，是世界已有科学体系中的一个重要分支。"完整地、系统地继承中医学是我们这一代中医药工作者的神圣职责，只有完整地继承，才能科学地发展中医。不谈继承的发展固不可取，固步自封地停留在两千年前的保守思想更是不可取的。中医学好比是一本完整的书，有前言、目录、开篇、故事发展高潮和结尾，所以，无论是中医学子还是中医大夫，都要把这本书完整地读下来，也就是说中医需要传承下去，念这本书的人万不能断章取义。现在存在的问题是年轻一代中医学子对于如何能完整地继承中医学还没有准确的方向。我再三强调，中医学要完整地继承。

张大宁： 中医学在传承中发展。中医学是建立在长期经验积累的基础之上，但是在经验的基础上它又采用了一些古代的哲学思想，例如阴阳五行学说、精气学说。中医学运用这些古代哲学思想对临床的丰富经验进行分析和归纳，从而升华出中医学的一种独特的理论体系。这一经验在传承中呈发展趋势，而非衰减。例如中医学的经典《黄帝内经》《伤寒杂病论》《神农本草经》等，在两千年的传承中也是在发展，而且有了很大的发展。比如清代的温病学说，实际上是张仲景《伤寒论》的发展。当时人们已发现张仲景的《伤寒论》不能完美地解释温病，于是在其基础上，叶天士、吴鞠通等医家结合自己的临床经验，逐渐形成了温病学说。

中医肾病学是中医内科学一个独特的临床分支，虽然其形成是近几十年的事，但在中医学几千年的历史中，其理论阐述、临床经验、方药方法等可以说是浩如烟海，博大精深，不仅存在于数以万计的名家著作中，更散在于数以万计的老中医手中，不仅是中医学的精华，更是包括现代医学在内的整个医学学术界的精华所在。所以，更要完整地、系统地继承好中医，并在此基础上，科学地、全面地发展好中医肾病学。

张大宁：国家高度重视中医传承、中医传承需老师徒弟一起努力。现在国家中医药管理局、中华中医药学会非常重视"中医传承"，把这项工作放到了很高的位置，通过设置传承奖、高徒奖，鼓励了老中医把经验传承给徒弟。我认为这项决策非常英明。中医讲传承，传承是老师、徒弟一起努力。学生们跟随我出诊、抄方，其间我也会抽出一些时间给学生们讲课。有时师生围坐，有时准备一块小黑板，讲课会从天人合一、阴阳五行、精气元气等概念入手，也会从《神农本草经》讲到《本草纲目》。我经常告诉学生，中医对病机的判断一定要精准，对药物的理解一定要精到，药方一定要精简。我的徒弟有100多位，大都是医院的年轻大夫和院校博士，我的儿子张勉之也在其中。张勉之和徐英把我的学术思想、临床医理整理成《张大宁临证医案选》一书，对临床起到重要指导作用。为了研究补肾活血法，2011年，张勉之申请成立了"中华中医药学会补肾活血法分会"，每次学术年会的参会者都有四五百人。2017年，中国中医药研究促进会张大宁医学工作委员会在天津成立。

名医寄语

第一，作为大夫要厚德、敬业、吃苦、学习，做人要宽厚，这是非常重要的。作为大夫最基本的标准是厚道，做人要善良，在这基础上，要敬业，要能吃苦，要不断学习，医生的成长是不断学习的过程，需要读很多的书。我将近耄耋之年，快80岁的人，仍然手不释卷。我每天都看书，书房是我最喜欢的地方，在这里可以博览群书，寻找一个又一个问题的答案，我每天工作即使再晚，也都要在书房学习到深夜。几十年来，我阅读的书籍已有一万余册，并且收藏了诸多明清年间珍贵的中医古籍。"宝剑锋从磨砺出，梅花香自苦寒来。"所以现在的年轻人，我希望，风声雨声读书声，声声入耳。现在社会比较浮躁，人心也浮躁，要静下心来，安神定志，无欲无求，先发大慈恻隐之心，誓愿普救含灵之苦，必须要先要坐下来念书，要有好的道德，敬业、吃苦、学习，这个是我对年轻人的一个要求。

第二，中医大夫要术业有专攻，中医人必须以中医为主。其实，现在很多中医院校的学生和一些年轻的中医大夫缺少的就是对中医学这门学科的了解，没有从根本上全面掌握中医学这门学科，只是支离破碎地掌握一些皮毛。实际上中医学就像一本完整的书，有封面，有前言、目录，有文章的开始，有发展、有高潮、有结尾，习中医者必须从头至尾地把这本书学完，才有可能掌握这本书的内容，而不是支离破碎地断章取义。作为中医大夫要术业有专攻，必须把自己的专业搞好，然后再掌握一些现代医学知识，这样就能成为一个好的医生。

（张大宁国医大师传承工作室　张勉之整理）

第三章 ◎ 褟国维

禤国维（1937—），男，广东佛山市三水区人，第二届国医大师，首届中国中医科学院学部委员，享受国务院政府特殊津贴专家，广州中医药大学首席教授、博士生导师、主任导师。中华中医药学会皮肤科分会顾问，广东省中医药学会名誉会长、顾问，广东省中医药学会皮肤病专业委员会名誉主任委员，广东省中医药学会外科专业委员会名誉主任委员，广东省中西医结合学会皮肤病专业委员会顾问，广东省医学领军人才。全国第二、三、五批老中医药专家学术经验继承工作指导教师，第一批中医药传承博士后合作导师。

1993被评为广东省名中医，2001年被评为全国优秀教师，2006年获得中华中医药学会首届中医药传承特别贡献奖。2007年被中国医院协会、中华医学会、中国医师协会等授予"和谐中国十佳健康卫士"称号，是该年度中医界唯一获得此项荣誉的专家。2013年被中国医师协会、医师报社推选为当代大医精神代表，2019年获得全国中医药杰出贡献奖。从医六十年，学术精湛，疗效显著，被誉为"皮肤圣手"。在学术上提倡"平调阴阳、治病之宗""解毒祛邪，以和为贵"等观点。擅长脱发病、痤疮、荨麻疹、湿疹、红斑狼疮等皮肤病和疑难病的诊治。对中医补肾法的理论有深入研究，应用补肾法治疗皮肤病和疑难病取得满意的疗效。获得国家中医药管理局、广东省科技厅、广东省中医药管理局、广州中医药大学科技进步奖等奖项多项。致力于中医药理论基础研究，借助基因组学探讨系统性红斑狼疮中医"证"的研究；发展中西医结合皮肤病治疗体系，注重辨证与辨病相结合，推动皮肤病中西医结合学术体系的发展；系统总结了中医皮肤病外治法，归纳为外用药物十八法、针灸十五法和其他疗法三大类，形成了较完整的皮肤病外治法体系。

名医之路——创新发展岭南皮肤病学

访谈者：您是怎么走上中医之路的？

禤国维：我出生在广州一个普通的市民家庭，我与中医的缘分从小就开始了。新中国成立前直至新中国初期，广州有两个中医馆最多的地方，一个是现在的和平路，一个是龙津路，我居住的地方是中医馆林立的龙津东路。那时街坊邻里和要好的小学同学家里有不少人从事中医行业。那时的医馆都是楼下看病，楼上住人。我到同学家玩，必定要经过诊室。正是一次次去同学家串门，我接触到了中医中药，不知不觉间，中医能治病救人的信念埋入了我的心底，我对中医的感情就在这种氛围里慢慢建立起来了。从广州市洞神坊小学毕业后，我有幸进入著名的广雅中学度过了初中和高中时光。在广雅中学快读完高中时，我就下定决心考中医大学。1957 年，我如愿以偿地进入了广州中医学院这座中医的殿堂，也就是现在的广州中医药大学，开始了我的中医人生。在大学 6 年期间，我勤学中医经典，广采现代新知。广州中医学院的人才培养目标是通晓中西医学的现代中医，因此开的中医课程占70%，西医课程占30%。这种培养方式使我们打下了全面的医学理论基础。在中医学习方面我十分注重背诵，年轻时背诵下来的内容，至今仍不会忘记，即使在刚刚睡醒朦朦胧胧的状态下，我都能马上背出来熟悉的中医药经典歌诀。

访谈者：是什么原因让您选择了中医皮肤病学？

禤国维：我 1963 年大学毕业，那时国家还包分配。我被分配到千里之外的湖南长沙当一名住院医师，任职于刚刚建立的湖南中医学院第一附属医院，从事中医外科。在独立开展临床工作中，我很快发现传统中医药对很多疾病的治疗有其特色和优势，在解剖结构和手术技能方面则现代医学理解得更深入。为了更好地服务患者，在 1970 年，我被派往湖南省人民医院进修普通外科，使我对现代西医外科技术的应用和掌握得到了进一步的提高。当时医院对进修学员是有规定的：一年的进修期必须有两个月要出门诊，其余的十个月必须要到病房。在出门诊的两个月，我大有收获。湖南省人民医院的皮肤科门诊是西医的，诊室刚好就在我出诊的中医外科旁边。中医的外科包括了皮肤科、肛肠科、乳腺科等。遇到疑难杂症，疗效不好的时候，西医的皮肤科主任就喜欢叫我去以中医药的方法诊治一下，效果竟然还不错。通过对专科的特点进行认真地研究对比，我体会到中医对皮肤病的治疗优势较明显，于是我决定日后专攻皮肤病的专业方向。

　　1976 年，我已经成为湖南中医学院一附院中医外科的业务骨干。当时从好朋友处得到消息，广东省中医院的外科发展得不错，但皮肤科还没有独立出来，很需要人才充实医院的医疗队伍，发展中医优势专科。经过再三思量，我决定回到广东省中医院，帮助家乡发展中医的皮肤科事业。刚到广东省中医院的时候，肛肠科已经从外科独立出去了，但皮肤科依旧还没单独成科。此时，中山一院、中山二院、广医一院及省人民医院已经有皮肤科门诊，我马上与另一位同事"联名上书"要求成立皮肤科门诊和病房，把皮肤科从大外科中独立出来。我们的请求很快得到了医院领导的同意和支持，后来我被委任为皮肤科副主任。

　　虽然省中医的皮肤科在国内中医医院中是成立得较早的，但刚开始时我们只拿到了 8 张床位，还要跟肛肠科共用一个病房。不过，这种情况并没有持续多久，因为岭南高温潮湿，到了夏季皮肤病高发，并且严重病例不少，对于住院的医疗需求较多，皮肤科病房很快就收满了患者，病房的同志们都投入了繁忙的医疗工作。在大家的努力下，皮肤科慢慢明确了自己的发展方向：在做好一般皮肤病治疗的基础上，要把重大疑难疾病作为研究重点。我们通过科研立项重点研究系统性红斑狼疮、性传播疾病等难题，并获得多个奖项。

　　在之后的日子里，我们广东省中医院人在改革开放的大潮中共同经受锻炼，找到了自己努力的方向。我们始终把患者的利益放在首位，把为患者解除病痛看成自己的神圣职责。广东省中医院给了我们广阔的探索天地和科研空间，我逐步形成了自己的学术理念。在大家的共同努力下，创新发展了岭南皮肤病学，建立了岭南皮肤病流派传承工作室，被国家中医药管理局确定为中医学术流派传承工作室建设项目，相继建立了省级中医皮肤病研究所，禤国维国医大师传承工作室。广东省中医院皮肤科逐步发展壮大，成为了国家级重点学科和国家区域中医皮肤科诊疗中心，是全国中医皮肤科门诊量最大的单位之一。

融合中西医之长，一切为患者着想

访谈者：临床上您如何选择中西医诊疗技术？

禤国维：我认为中西医各有所长，临床要融合中西医之长，一切为患者着想。我经常对年轻医生说：医生是高尚的职业，医者必具仁道、仁义、仁人之心，做医生心中就要永远装着患者。中医和西医各有所长，不管你是中医、西医，能治好病就是好医师。当然，我是学中医的，我一定以中医为主。患者来了，我首先从中医方面予以考虑，可有些病如红斑狼疮，不是单凭哪种医学能说清楚的。在急性发作期，首先肯定要用点西医的激素，在把病情控制住以后，我们就以中医为主了。最后有一部分我们完全用中医来解决问题了。中西医结合治疗红斑狼疮，效果还是比较令人满意的。另外对于红斑狼疮，要深入了解患者的病情就必须用现代的检验方法，如 ANA、dsDNA、补体的检测，有助于了解红斑狼疮的发展情况和疾病预后。这些现代手段是化学家发明的，西医可以用，中医同样可以用。不管中医还是西医，关键是一切为患者着想。像大家熟悉的高血压，中医的降压效果比较慢，患者血压很高你还坚持中医疗法那就很可能会发生中风了，所以须加强西医的方法，把血压降下去。但高血压总是伴有很多并发症，用中药调理它，防止并发症，提高他的生活质量，何尝不好呢？所以我的观点是这样：中医有中医的优点，西医有西医的优点，我们要把二者融合起来。我非常乐观地看待中西医结合的发展前景和未来趋势。

中医学思维古老而常新

访谈者：您在临床中是如何认识中医学思维模式的？

禤国维：我认为中医学从创立之初，就内蕴自身独特的思维逻辑方式，如阴阳论、五行论、天人一体观等，这种思维建立并根源于中国古代朴素的哲学基础，其思想光辉一直蕴藏在浩瀚的中医典籍之中，并传承至今。随着时代生产力的变革，中医思维也一直顺应时代的发展而不断地丰富与完善。近年来，中医思维学的概念愈发在各种学术场合被提及，成为中医学术研究者的共识专业概念，并在不断地研究中，演变为一门融合中医学、中国古代哲学、中国传统文化等多学科精粹的新的独立学科。探微中医思维，特别是中医临证思维，对中医未来的发展有重要指导价值。我结合行医体会，将中医临证思维归纳为整体思维、辨证思维、平衡思维、共性思维、模式思维。

1. 整体思维

访谈者：禤老师，何为整体思维模式？

禤国维：整体就是统一性和完整性。人类社会及科学技术发展到今天，系统、可持续、整合、集成、组织等概念方兴未艾，大到世界政治经济、国家管理，小到企业组织运作、医学保健，对整体的认识和把握总是解决问题的焦点。中医是一门系统的科学，中医在其起源至发展的每个阶段，都以整体思维认识人体，认为人与天地万物，自身形体与内神，内在的五脏六腑、经络、气血津液和七情等之间，均存在细微紧密的联系与沟通。整体观是中医理论的基础，是古代唯物论和自然辩证法思想在中医的体现，它贯穿于中医生理、病理、诊法、辨证、治疗、预防养生等整个理论体系之中。

中医自始至终将人体置于天地宇宙之间，人与自然相互统一。《素问·宝命全形论》曰："人以天地之气生，四时之法成""天地合气，命之曰人。"《灵枢·五癃津液别》亦云："天暑衣厚则腠理开，故汗出……天寒则腠理闭，气湿不行，水下流于膀胱，则为溺与气。"人为社会中人，人体的变化同样与社会人文环境密切相关，中医主张"中知人事""治病亦不失人情"，《黄帝内经》中讲"凡欲诊病者，必问饮食居处，暴乐暴苦，始乐后苦，皆伤精气，精气竭绝，形体毁沮"即是体现。这种宏观一体的思维决定了中医独特的诊病治病的思路。中医重视宏观机体表现于外的异常征象，运用望闻问切合参构思，把分散的表征与病机组合成具有整体联系的综合证候，从宏观认识上总体把握病情，进而系统指导治疗。对于养生，古代医家顺应自然，兼顾形神一体，五脏一体，形成了独具特色的整体养生观。正如《素问·四气调神大论》所言："夫四时阴阳者，万物之根本也。所以圣人春夏养阳，秋冬养阴，以从其根，故与万物沉浮于生长之门。"《灵枢·本神》曰："故智者之养生也，必顺四时而适寒暑，和喜怒而安居处，节阴阳而调刚柔。如是则僻邪不至，长生久视。"作为中医思维的首要思维，整体观对中医基础理论的建构起到了主导的作用。

2. 辨证思维

访谈者： 褚老师，何为辨证思维模式？

褚国维： 辨证思维是中医的另一纲领性思维，体现了中医在整体认识下又注重具体的、个体化差异的观念，注意了人体的复杂性、非线性特点。中医十分重视自身的理论体系在个体化中的应用，中医的思维逻辑蕴含在解决各种具体化问题的过程中。在长期的临床实践中，中医逐渐形成了基于四诊基础的辨证论治的诊疗思想，探索出辨证性质的概念、判断及推理模式，构建了矛盾分析式的辨证逻辑体系。在科技欠发达的古代，人类对自身组织结构了解甚微，中医即在实践中运用矛盾分析方法，在对立统一中把握生命运动在不同层次、不同方面及不同阶段的运动变化规律。张仲景的六经辨证，张景岳、程钟龄等医家的八纲辨证，温病学派的三焦及卫气营血辨证等，均是中医具体问题具体分析的智慧体现。

中医辨证思维以"阴阳"为总纲和逻辑开端，以阴阳学说的对立制约、依存互根、消长转化和动态平衡观作为对立统一思维律。《易经·系辞》曰："一阴一阳之谓道。"认为整个世界由阴阳两大势力组成，二者对立又统一，是构成世间一切事物内部共同具有的相互对立而又相互消长的两种基本因素，它最早提出了中国哲学以阴阳为主的辨证思维，继而被中医所接受和吸收，《黄帝内经》及后世医家典籍均借助了阴阳这一概念和命题来认识和说明人体的生理和病理，并被不断充实和弘扬，成为后世各种中医辨证学说创立的思想基础。在阴阳的理论指导下，中医辨证分型论治可全面把握患者的机体特性，掌握疾病的发展规律、严重程度和总体预后判断，选择适当的治疗时机和方法。中医的辨证思维是在整体思维下，统一人体与自然的关系，在明辨脏腑、经络、七情等因人制宜的要素基础上，因时制宜、因地制宜，如《灵枢·顺气一日分为四时》中所论"春生、夏长、秋收、冬藏，是气之常也。人亦应之"，《素问·五常政大论》所论"西北之气，散而寒之，东南之气，收而温之""是以地有高下，气有温凉，高者气寒，下者气热"，皆是中医辨证思维广泛而具体的应用体现。

3. 平衡思维

访谈者：禤老师，何为平衡思维模式？

禤国维：阴阳是中医辨证的总纲，决定了中医对人体"阴平阳秘"的生理状态和阴阳失和的病理状态的认识，如《素问·生气通天论》所言"阴平阳秘，精神乃治；阴阳离决，精气乃绝""凡阴阳之要，阳密乃固，两者不和，若春无秋，若冬无夏，因而和之，是谓圣度"。阴阳调和，则"正气存内，邪不可干"，人则无病；阴阳不和，则引起人体气血运行紊乱，脏腑经络功能失调而百病丛生。因此，调和阴阳，使机体平衡和谐，是中医治疗的基本原则。

"以平为期""阴平阳秘"是中医平衡思维的代表，中医自始至终都以此理念指导理论的发展。《素问·至真要大论》所言"谨察阴阳所在而调之，以平为期"，目的是根据正邪的盛衰、阴阳之虚实，用相应的方法调整人体功能，以达到平和、协调、稳定的状态。中医的平衡思维并非一成不变的僵化平衡，中医从来没有孤立静止地看问题，中医认为的人体平衡是一种动态平衡模式。《道德经》早已提出"万物负阴而抱阳，冲气以为和"，就指出阴阳在动态平衡中衍生万物。不论是中医阴阳平衡，还是现代的"内环境稳态"，都是一种动态的平衡。动态平衡是所有系统的基本特征。

另有医家指出，人体的动态平衡仅处于理想状态下，现实中人体受多种因素影响，常处于非平衡状态。如朱丹溪提出了"阳常有余""阴常不足"的理论，认为阴、阳是动态增减的；张介宾则提出"阳非有余""真阴不足"论。这种非平衡态并不是病理表现，而是一种使人体趋向于某种病理反应的生理状态。"天人相应"认为人体的系统处于开放状态，故人体内环境会随其所处的年龄、地域及社会关系的不同而有所偏颇。如中医体质学说即根据年龄、性别等因素，将人分为多种体质类型：小儿多为纯阳之体，女性多为血虚体质；岭南之人，多为阴虚火旺体质；西北之人，多为燥盛体质，皆是此例。

访谈者：请您举例说明平衡思维指导临床的例子？

禤国维：平衡是五种思维的精髓，它贯穿于探索证候共性、实施辨证论治、实现整体和谐的全过程。无论是生理性的不平衡，还是病理上的不平衡，中医平衡思维皆对其发挥指导作用，灵活运用理、法、方、药辨证辨病施治，用药物之偏性纠正机体之偏性，"寒者热之""热者寒之""虚则补之""实则泻之"，调整"太过"与"不及"，从而逐步实现阴阳平衡。中医的优势就在于调整阴阳而不破坏人体正常平衡，具有双向调节作用，故只要辨证用药得当，就不会出现温阳而伤阴、补阴则损阳的现象。对皮肤病来说，大部分疾患是由于外邪侵袭加之正气内虚所致，故调和正邪是疾病诊治的首要任务。但在不同疾病的不同时期，正邪所占主导地位有所区别，即要求我们在临床中要根据不同疾病所处的阶段进行恰当调整，祛邪不伤正，扶正不留邪，调和双方力量对比，以达到祛邪扶正的目的，使疾病向痊愈的方向转化。对于一些结缔组织病、免疫性疾病，由于长期或不恰当使用激素及免疫抑制剂，患者可能出现免疫功能、代谢功能及自主神经功能的变化和紊乱，从中医辨证看，多属阴阳失调，采用补益肺脾肾、调和阴阳——"阴中求阳，阳中求阴"的方法，利用补阴药的气化和补阳药的生化功能，对机体阴阳调节起协同作用，实现阴阳动态平衡的重建，往往可改善病情。另外，中药的四气五味、升降沉浮等理论，是体现中药药效作用的重要方面，药物的偏性可推动机体的阴阳自和机制，从而产生治疗效应。故在遣方用药方面，既要重视整剂中药君臣佐使关系的调和，又要注意药味和剂量的配比，以免纠偏太过。

4. 共性思维

访谈者：褚老师，何为共性思维模式？

褚国维：中医是一门经验科学，其理论随着社会和实践的不断发展进步而逐步创新提高。中医一开始就是从整体观的角度看待事物，随着临床经验的增多及认识的加深，逐步演变出辨证论治的思维认识。共性思维则是以整体、宏观的视角，辅以辨证论治的理论依据，从具有千差万别特征的事物中，总结临床相似事件，发现其共同特征和特性，从而用某种类似的方法来帮助指导这类事件处理的思维方法。体现中医共性思维的就是证候理论，异病同治则是以此思维为基础的特色治疗方法。

证候是中医在长久的临床实践中对疾病的生理病理变化进行整体性的概括，并可随着机体的功能改变而呈动态变化。中医证候从宏观表征对机体状态进行认知和分类，注重整体把握人体功能状态，因而存在其共性的内在基础。根据望闻问切所获得的临床资料，提炼其总属性、病理部位、疾病性质及正邪力量对比等共性特征，概括为阴阳、表里、虚实、寒热八纲，结合细分的脏腑辨证、六经辨证、卫气营血辨证等，形成证候，并作为论治的依据来指导临床疾病的诊断、治疗、调养及预防。

长期临床实践发现，许多疾病往往具有相似的病因病机，故在辨证的基础上，可将其划分为同一证候类型，治法亦相似，即异病同治。许多皮肤病，如湿疹、荨麻疹、银屑病等多为风湿热毒郁结肌肤而发病，临床多辨证为风湿热证，治法为解毒化瘀、利湿通络；痤疮、脂溢性皮炎等多由肾阴不足、相火过旺引起，多归于肾阴虚证，治法是滋肾泻火、凉血解毒；斑秃、脂溢性脱发、产后脱发等因多数伴有腰膝酸软、耳鸣目眩、遗精滑泄、失眠多梦等症状而多属肾气不足证，治以益气固肾养血；难治性免疫性皮肤病，如红斑狼疮、硬皮病、皮肌炎等多病程长，反复发作，耗竭肾元，往往导致肾阳亏虚证、肾阳虚水泛证，治疗上多用温阳补肾之法；另有部分患者精神压力大、忧思过度，郁久化火，暗耗阴精，发为阴虚内热证，治法则为滋阴降火。

5. 模式思维

访谈者：褚老师，何为模式思维？

褚国维：中医主张以灵动、发展的眼光来看待和解决问题，但并不否认和排斥模式思维的作用。模式是人类学习知识的途径，也是从古至今人类通过大脑、书籍等各类载体承载、继承人类文明的要求，是人类思维在长久进化中的结果。中医作为一门经验学科，数千年的经验积累必然要求其探索出一套适合自己的理论模式结构。历代医家总结出丰富的临证经验，在模式思维的指导下，将零散的、无序的经验智慧知识片段进行抽象化、框架化、标准化、系统化，通过反复实践形成了固定的思维格式，且被后人不断改造发展已形成的模式，并形成某种成熟的模式知识链，使之能够被后世容易准确模仿和掌握学习，使其在历史的长河中得到长久的传承。

中医模式思维的产生，是一个从低级到高级的过程。中医十分擅长利用模式框架来解释、说明中医理论。最初中医的模式结构为"阴阳"这一简单矛盾框架，后来发展为木火土金水五行理论，由于对个体及微观方面的指导有限，后世又不断"添砖加瓦"，形成脏腑、气血津液、经络穴位等模式，将复杂凌乱的临床诊疗论述精炼成条理清晰的纲要性指南。中医证候学—中医辨证论治的关键环节，是模式思维的突出体现，它完全根植于中医诸多辨证学说，融合汇通临床四诊所见，形成一套完整的诊疗模式体系，使中医思维逻辑更加清晰，极大促进了中医的发展。给模式命名或口诀化，是形成模式思维的一种有效办法。作为中医的重要武器——中药，在理论方面亦有许多建树，《药性赋》《汤头歌诀》等中医典籍化繁为简，利用歌诀的形式使数千种中药及复方能被轻易及精确地掌握。这种模式思维同其他学科思维有极大不同，很大程度上简化了理论知识，促进了中医理论知识的结构优化，促成传授方式的转变，丰富了中医的内容，为中医的发展和广泛传播奠定了坚实基础。

提出解毒法和补肾法治疗疑难皮肤病

访谈者：禤老师，您是如何提出解毒法和补肾法治疗疑难皮肤病的？

禤国维：我在临床上综合运用气运动、脏腑、气血、正邪等四种平衡态模型，依据八纲病理，提出了解毒法和补肾法治疗疑难皮肤病。

访谈者：禤老师，您对"毒"是如何理解的？解毒法治疗疑难皮肤病的核心方药是什么？

禤国维：现代社会中人造的各种污染，包括工业废物、农药、化肥、食品添加剂、宠物皮毛，以及噪声、通讯的电磁波、超高频率等，形成了许多过去没有的新的致病因素，均属于"毒"邪的范畴。"毒"邪导致的疾病越来越多。毒邪致病往往难以用单一的六淫邪气解释，通常表现为六淫兼夹错杂的临床特征。毒的病理性质在八纲中相对属于邪实。对于"毒"邪所致病症的治疗，一是用针对毒邪的药物直接解除之，包括用清、消、汗、下、吐等方法，使毒邪通过汗液、尿液或通过消化道等排出体外，即祛邪法；二是调节机体自身的抗毒能力，以抵御毒邪对人体的损伤，即扶正法。

我结合岭南地域特点，因地制宜，在临床实践中以祛邪法为原则构建了"皮肤解毒汤"，由乌梅、莪术、土茯苓、紫草、苏叶、防风、徐长卿及甘草组成。方取乌梅滋阴解毒，莪术祛瘀解毒，土茯苓利湿解毒，紫草凉血透疹解毒，苏叶解鱼虾毒，防风祛风解毒，徐长卿通络解毒，甘草善解药毒。全方关键在解毒，解除外犯之毒与内蕴之毒，使毒邪随脏腑、经络、血脉中气的运动而趋于体表的孔窍，随汗液、大便、小便排泄而出。随证可根据各种毒邪之轻重加减药物，如知母配乌梅可加强滋阴解毒之力；石上柏、九节茶配莪术可加强活血解毒之力；川萆薢、白鲜皮、绵茵陈配土茯苓可加强利湿解毒之力；生地黄、重楼（蚤休）、半边莲、鱼腥草配紫草可加强清热凉血解毒之力；蒲公英、葛花配苏叶可加强解食积酒毒和鱼虾毒之力；苦参、地肤子、白蒺藜配防风可加强祛风解毒之力；当归、川芎、地龙干、全蝎配徐长卿等可加强活血通络解毒之力，临床根据患者病情变化随症加减即可。"皮肤解毒汤"可广泛适用于难治性皮肤病的治疗。

访谈者：禤老师，您对补肾法是如何理解的？您是如何运用补肾法治疗疑难皮肤病的？

禤国维：补肾法是扶正法的代表之一。所谓久病及肾，肾虚常见于慢性疾病。疑难皮肤病经年不愈，常见肾虚，因此运用补肾法治疗尤为重要。肾是水火之脏，肾虚往往是肾的阴阳两虚，是许多疑难皮肤病久治不愈的重要因素。运用"阴中求阳，阳中求阴"的方法平调肾阴肾阳，往往可取得满意的疗效。补肾法的优势在于调整阴阳而不破坏人体正常平衡，具有双向调节作用。故只要辨证用药得当，就不会出现温阳而害阴、补阴则损阳之现象，即避免出现要么增强，要么抑制，难以两全的尴尬。对于一些免疫性疾病，由于不适当滥用肾上腺皮质激素及免疫抑制剂，使许多接受过这些药物治疗的患者出现免疫功能、代谢功能及自主神经功能紊乱，多属中医的阴阳失调，可采用"阴中求阳"和"阳中求阴"的方法治疗，调和肾中阴阳，阴阳调和则脏腑、经络、血脉中气的运动恢复平衡态，从而能够排出毒邪，往往可奏效。

　　在健康状态下，肾中的阴阳相互依存，处于"负阴而抱阳"的状态。在水火不济的失衡状态下，肾阴亏虚，肾阳无所依附，出现阴虚火旺；或者肾阳亏损，不依附于肾阴，出现阳虚外越。如临床常见系统性红斑狼疮患者，往往表现出面部红斑，口舌生疮，舌质嫩红，尺脉细弱，此时治以滋阴补阳法。临床常用六味地黄汤加减，视病情需要少佐知母、黄柏或肉桂、附子，使水火相济，阴平阳秘。

　　我认为对一些疾病病因病机的认识，不能长期停留在前人的认识上，而应在前人认识的基础上结合当代的因素有所发挥和发展。我还认为随着现代经济的迅猛发展，环保设施未能及时跟上，化肥、农药、动植物生长素的大量运用，出现了空气、水源环境等的污染，人们工作、生活节奏的加快，新的致病微生物的出现，等等，都使现在的病因病机更加复杂或发生新的变化，中医学也要与时俱进，不断发展，走现代化之路。这种病因病机学说的发展为认识当代许多疾病拓宽了视野和思路，为临床疗效的提高奠定了基础。我依据岭南的地域、气候特点，时代经济的发展和自然环境的变化，建立了特点鲜明的脱发、痤疮、性病、SLE 专科，深受患者的欢迎。

　　如痤疮是多发于青少年面部的常见皮肤病，中医传统认为该病是由于肺胃血热上熏头面所致。在长期的临床实践中，我提出痤疮（粉刺）主要致病机制是肾阴不足，冲任失调，相火妄动，采取滋阴育肾、清热解毒、凉血活血之法，取得总有效率93%的较好疗效。我主持广东省科委科学基金课题——《中药消痤灵治疗寻常痤疮的临床与实验研究》，获广东省中医药科技进步奖，并于《广州中医药大学学报》发表了《中药消痤灵治疗痤疮的多中心随机对照研究》等数篇论文。又如中医对脂溢性皮肤病多限于从风、湿、热、血虚辨治，我在长期临床中发现本病以肾阴虚证多见，皮脂当属中医"精"的范畴，属肾所藏。肾阴不足，相火过旺，虚火上扰，迫精外溢肌肤、皮毛，则皮脂分泌增多，热蕴肌肤、皮毛则生痤疮、脱屑，热郁化风则皮肤瘙痒、脱发。根据这个病因病机，采用滋肾阴、清湿热的原则，以加味二至丸平补肝肾、益阴血、安五脏、清湿热，治疗脂溢性皮肤病取得了较好疗效。再如我在临床上运用桔梗的经验。《神农本草经》记载桔梗："味辛、苦，微温，主胸胁痛如刀刺，腹满，肠鸣幽幽，惊恐悸气。"现代研究认为该药具有抗炎、镇痛、免疫调节等作用。我在临床常用于治疗带状疱疹及其后遗神经痛，收到满意的疗效。

我在皮肤病治疗上强调"平调阴阳、治病之宗""解毒驱邪，以和为贵"等学术观点，并形成了比较系统的"中医皮肤病外治法体系"。同时，我致力于中医药理论创新研究，不断学习和吸收现代科学和现代医学的新知识、新技术，开拓创新，并以此丰富和发展中医的理论和治疗方法。如借助基因组学探讨中医"证"的研究。在系统性红斑狼疮（SLE）证的临床研究中，我认为"证"的产生归根到底是由于个体的差异，基因组认为不同的个体具有不同的 DNA 序列，这种 DNA 序列的多态性决定了个体的差异，这与中医的证不谋而合，所以研究 SLE 证可从基因组学的角度出发，通过基因测序，来找出基因的定位，研究基因所表达的蛋白质的功能，完善证的研究。

临床重视病证结合提高临床疗效

访谈者：禤老师，临床上您是如何运用病证结合的诊疗模式的？

禤国维：我注重中医辨证与西医辨病相结合，推动皮肤病中西医结合学术体系的发展。中医辨证与西医的病理、药理相结合论治，先用现代医学手段和方法明确是什么疾病，然后按中医辨证分型论治，既能掌握疾病的内在规律、严重程度和预后，又能选择适当的治疗时机和方法，两者结合，更为完善。以慢性荨麻疹为例，西医认为过敏是本病的主要问题，但往往难以找到过敏原，抗过敏是治疗的重要环节，而中医采取辨证论治的整体观是提高疗效的关键，在治疗中选用符合辨证需要又有抗过敏作用的药物来组方，常常取得明显的疗效。我通过临床实践及对现代药理的研究，总结归纳出某些中药在辨证精当、大法既明之前提下适当配伍运用，组成药对，有减少其副作用而专取所长，又有相互作用而产生特殊的疗效。如麻黄与牡蛎治风寒型慢性荨麻疹，麻黄辛温，具有疏散风寒、宣肺之效，又可疏风止痒，散邪透疹；牡蛎咸寒，质地重坠，具有重镇安神、平肝潜阳、收敛固涩、制酸止痛之功用。二药伍用，共奏散风解表、敛阴止痒之效，牡蛎之敛又可防麻黄宣透太过。现代药物研究显示，麻黄具有抗过敏作用，其水提物和醇提物可抑制嗜酸性粒细胞及肥大细胞释放组胺等过敏介质；牡蛎为高钙物质，其水煎剂中含 Ca^{2+}，而 Ca^{2+} 有抗过敏、止痒的作用。二药同用具有协同效应。我一直积极研究和探索传统中医学的优势所在，致力于在皮肤病的整体或某个环节、某个侧面充分发挥中医的优势，提高中医的临床疗效，使中医与现代医学交相辉映，不断探索中医现代化之路。

中医思维与现代科技结合提高临床诊疗水平

访谈者： 褟老师，您认为中医学思维如何与现代科技融合？

褟国维： 中医学思维古老而常新。古代中医学在"阴平阳秘"的启发下，通过人体临床试验发现了丰富的医药宝藏，现代医学工作者有责任挖掘和丰富这一宝藏。现代医学将人体的平衡态理解为神经—内分泌—免疫网络的稳态。站在平衡思维的角度，中医学和西医学并没有不可通融的鸿沟。平衡思维既需要宏观整体定性认识，也需要微观局部量化认识作为其科学基础。古代中医体悟了阴、阳、表、里、寒、热、虚、实等整体性平衡，建立了行之有效的辨证论治体系，至今仍然在临床发挥着不可替代的作用。这正是中医学传承守正之所在。但是由于古代科学技术背景的局限，在微观局部量化平衡方面的认识则是空白。现代科技为解决微观局部量化问题提供了非常有效的工具，比如超声波、CT、磁共振、分子生物学技术、介入治疗等各种技术，为发现和治疗病灶提供了有力的工具。中医和现代技术之间并没有天然的壁垒，中医应该充分利用现代科技来提高解决实际问题的能力，丰富和发展自身的内涵，这也是思维服务于实践的题中之义。

现代社会中西文化大交流、大碰撞，必然迎来大融合，整体论、还原论已经酝酿出系统论。现代中医生活在现代社会中，不可能置身于现代思维模式之外，现代思维模式也绝不是凭空而来，它与传统思维模式必将殊途同归。自从产生人类文化以来，文化的交流就以各种直接或间接的方式进行，从来没有间断过，从来就没有一种绝对封闭的文化。

我推崇以"和"思辨。中华"和"文化的精髓就是善于吸收、融合各学科的成果为己所用。在历史上，《黄帝内经》吸收阴阳五行学说和古代天文、地理、历法、气候、物候的成果，成为中医学理论的奠基之作。《伤寒论》吸收东汉以前的医学、哲学、易学思想，创造了辨证论治体系。金元四大家从宋代理学的角度发挥《黄帝内经》和《伤寒论》的学术思想，分别创立火热论、滋阴论、脾胃论、攻下论，各成一家。明清医家对金元各家学说进一步研究，形成了温补学说、温病学说、瘟疫学说、气虚血瘀学说，虽然这些学说大部分仍然应用阴阳五行理论进行说理，却有小部分已经逐渐脱离阴阳五行理论体系，如瘟疫学说就认为天地间别有一种戾气是瘟疫的致病原因。现代医学借助现代科技挖掘中医宝库，取得了令人瞩目的成绩，比如研制出青蒿素制剂治疗疟疾，三氧化二砷制剂治疗白血病，这些研究应用了现代科技，是中医学取得重大突破的体现。

中医学的传承创新关键是人才

访谈者： 禤老师，您认为中医学的传承创新关键是什么？

禤国维： 我认为中医学的传承创新关键是人才。我从医已经近60年，年轻的时候我是在前辈们的关心和爱护下成长起来的。我认为作为学术带头人，应该善于发现人才，乐于培养人才，特别爱护人才。不管你是来自天南地北，最终归于何处，也不管你学成后是否会为广东省中医院服务，只要你对中医有热忱，我都会倾囊相授。至今我们已经培养了大量硕士研究生、博士研究生、博士后、访问学者和学术继承人等各种层次的人才，很多学生已成为国内外中医药事业的骨干，其中两人还被评为岐黄学者。国家中医药领军人才支持计划遴选出来的岐黄学者，全国第一批只有99位，广东省只有7位，广东省中医院皮肤科就有2位。我总期望学生们的学术水平能超过我，人人都医术精湛。学生们取得好的成绩，我由衷地感到振奋和自豪。

我们广东省中医院皮肤科由于在人才培养方面投入了大量的精力，努力搭建人才成长的学术平台，取得了很好的回报。在科室同志的努力下，广东省中医院皮肤科快速发展，拥有8个门诊、2个病区，年门诊量超过40万人次，年住院人次超过2000人次。获得国家中医药管理局、中华中医药学会、广东省等系列科研奖励。我们还正在积极申办中医皮肤病专业杂志，使中医皮肤科的学术进展得到更好的传播。

名医寄语

我在治学方法上对青年同道的寄语是：勤学医源，广采新知。

关于人生道路还有另一条寄语：立志高远、脚踏实地、领悟感恩、学会珍惜，保持积极向上的心态，经得起挫折的考验，努力实现人生的价值。

（禤国维国医大师传承工作室　刘炽、熊述清整理）

第四章 ◉ 柴嵩岩

柴嵩岩（1929—），女，汉族，辽宁省辽阳市人。首都医科大学附属北京中医医院主任医师，中国中医科学院学部委员，国医大师，中国福利会宋庆龄樟树奖、全国中医药杰出贡献奖荣誉获得者。1948—1952年拜师近代伤寒大家陈慎吾。1950年考取中医师资格。1952—1957年考入北京医学院（现北京大学医学部）"全国首届中医药专门研究人员班"，师从吴阶平、严仁英等名医。1957年入职北京中医医院，受刘奉五、郗霈龄、祁振华、姚正平等京城名医影响。1997年、2002年、2008年3次被评为全国老中医药专家学术经验继承工作指导老师；1990年、2003年2次被评为北京市老中医药专家学术经验继承工作指导老师；2009年，被北京中医药大学聘为第四批中医师承教育中医妇科学专业博士研究生指导老师。创建"柴嵩岩中医妇科学术思想及技术经验知识体系"，有燕京医学流派师承家传派（陈慎吾）之烙印。注重冲脉、阴血、肾气、脏腑功能诸要素与月经之本质关系；基于"肾气"在女性不同生命时期之动态改变，以辩证唯物主义物质观、发展观，提出"柴嵩岩月经生理理论""肾之四最""二阳致病""妇人三论"等学术思想；临证顺应周期、顾护阴血、用药轻柔、调整气化、补肺启肾；重舌诊、脉诊。主持研发的"温肾调经颗粒""菊蝶洁坤泡腾片""内异痛经颗粒""葆宫止血颗粒""益坤安宫颗粒"等妇科用药，获得多项发明专利。著有《柴嵩岩中医妇科临床经验丛书》（十个分册）。

名医之路——我学医路上的两件事

访谈者：柴老您好，在您事业的成长道路上，最令您难忘的事情是什么？

柴嵩岩：人生之路上总有一些岔路口，在我们那个年代，人们面对机遇，没有刻意的设计和太多的思考，走过了会发现，命运的转折往往可能就从一个岔路口开始。我当时所想的，仅仅是做好每一件事，一往直前。我常感怀于发生在自己青年时期的两件事。

1. 拜师陈慎吾先生

我 10 岁那年，父亲早逝，母亲没了经济来源，便带一家人回沈阳娘家居住。我是长女，母亲自然把对生活的希望倾注在我身上。母亲教诲我自强自立，"流自己的汗，吃自己的饭"，尽早承担起奉养家人的责任。17 岁那年时局战乱，我被迫退学，抱着外出讨生活的想法，孤身一人前往北京。周折之后，找到了我平生的第一份工作，在当时北京东单月河寺小学教"小四门"——书法、手工、音乐、体育四门课。虽收入微薄，但解决了一时温饱，欣喜之余，想要读书的念头又慢慢涌上心头。算是机缘巧合，1948 年间偶然之时，得知陈慎吾先生创立"私立北平中医研究所"，辗转经人介绍，终被大师收为弟子，从此踏上岐黄之路。

那时，我白天要随师应诊、抄方抓药，读书都是在早晨和晚上，还包办了帮老师刻讲义蜡板、印讲义等琐碎零活。我执念地以为，这样做我便得到了更多学习机会，能学得更深。我的想法简单而朴素，遇到大师，就要学好本领，将来能为社会有所贡献。陈慎吾先生学识广博，讲到晦涩难懂的内容，会信手拈来、旁征博引，便于我们理解，这让我认识到，学习中医，也要有国学功底的积淀。陈先生常说，医生治病，不能以挣钱为目的。眼见先生做人的品德与风范，我一点点在理解"医生的职责是为别人解决痛苦"的真正涵义。天道酬勤，1950 年 12 月，还在跟师期间，我通过了新中国成立以后的第一次中医师资格考试。记得那年考试，陈先生两所中医学校 30 余学员报考，通过者 20 人，足见先生教学有方、学生钝学累功。也就是从那次考试后，我开始独立行医，悬壶杏林。

陈先生教会我读经典。当时我毫无中医学理论基础，初读《黄帝内经》《伤寒论》，真有"茫若望洋，淡如嚼蜡"的感觉。陈先生有办法，讲课时把每一章节内容提纲化、表格化，挂出来讲给学生听。讲《伤寒论》时先生说，仲景确立的辨证论治法则，揭示了证、方、药三者之间的关系。从方药之间的关系可知道，有药无方能治症而不能治病；有方无药不会随证化裁，则不能适应临床中证之转变。只有掌握了六经病脉证并治，才能以不变应万变，临证应手自如。用方应有"方证"，包括病机，也包括了病机反映在外的证候。陈先生崇尚仲景学说，临证常用桂枝汤、当归芍药散、桂枝茯苓丸、桃核承气汤、抵当汤、四逆散、半夏厚朴汤、温经汤、芎归胶艾汤等治妇科病。比如柴胡这味药，可升清阳，先生认为亦能启动相火，这一观点，是后来我个人形成关于柴胡之妇科临床用药经验的理论启蒙。

正是从精读《伤寒论》开始，我开始逐渐形成了一定的中医思辨模式，从初之"懵懂"，慢慢到"悟道""知晓""顿悟"……对日后形成"柴嵩岩中医妇科学术思想及技术经验知识体系"，形成我临床中"顺应周期""顾护阴血""用药轻柔""治从气化""补肺启肾"等具有个人特点的辨证思维，影响深刻。后来，在陈先生集一生研究《伤寒论》之心得编纂《伤寒论讲义》一书时，提携我与先生之子陈大启、之女陈燕金及同门学友赵仲寿、付中立、蔺友良、杨庆昶等人共同参与编纂、辑录，我参与其中《伤寒论讲义·太阳篇（上）》的编写工作时，便应对有方。

2.考入全国首届中医药专门研究人员班

1952 年 7 月，我再逢人生机遇。国家准备开办"全国中医药专门研究人员班"，由当时的北京医学院面向全国招收、培养年轻的"中学西"本科生，培养他们的现代医学思维。全国总计招收 43 人，北京 4 个名额，我有幸被录取。

我们一众学人，虽已有较好的中医学功底，但文化课确实"底子薄"。我们的文化基础课由北京师范大学刘世知教授讲授。转入专业课学习后，由著名医学科学家、医学教育家吴阶平先生担任班主任，授课老师还有王光超、李家忠、严仁英等前辈。西医的学习之路实不轻松，一直奉《黄帝内经》《伤寒论》为经典，看病依赖望、闻、问、切为手段的中医后生们，在现代医学思维目前，面对几乎从未接触过的解剖学、手术学，顿感无措。那时的考试很严格，补考不及格就面临淘汰。我在班里不是最好的，但我知道抱怨与放弃不会给我带来任何价值，只能如饥似渴，学习、学习、再学习。常常是在晨曦初露的校园一角，在更深人静的走廊之隅，有我读书的身影。

吴阶平先生儒雅谦和，治学严谨，对我们学风的形成影响很大。他教会我们心怀善意、敬畏科学。有一件事让我感恩并终身难忘。一次随吴先生与外科专家李家忠教授手术，我是助手。李教授指示我过去拉钩，正确的做法应该是背靠背过去，自己的正面是"禁区"。忙乱中我忘记了规范，径直朝着李教授走过去，违背了手术的无菌要求。李教授略显着急，直接就让我下去，我一时愣在那里。寂静中，听见吴先生小声向李教授"请求"："让她换了衣服，消毒后再上来吧。"再次上台后的紧张，加上当时手术室里没有降温设备，我汗流如雨。我坚持着，我知道，吴先生这么做，是在为我保留学习机会。李先生的严厉，是对原则与责任的坚持；吴先生的包容，是对后学的爱护。从此我明白了，临床安全无小事，锤炼技术不能打折扣。

以现在的眼光看，当时国家开办"全国首届中医药专门研究人员班"，着实是创新、前瞻之举。在那个年代，"中学西"完全是一个新概念，改变了一代中医人仅依靠传统"师承相传"，知识体系局限于中医学传统理论、技能的人才成长道路。这段学习经历，开拓了我的医学视野，为我今后在专业道路上能走的更远些，打下了扎实的现代医学理论、技术基础。

功夫没有白费，历经5年的严师锤炼、寒窗苦读，1957年9月，中医药专门研究人员班学员中38人学成毕业，成为国家首批获得精中通西双重学历的新一代高级中医人才。至现在，当时和我同在"全国首届中医药专门研究人员班"学习的同学，多已星光灿烂，是当代中医药事业的中流砥柱。

前辈言传身教提携

访谈者：柴老您好，在您早期从医路上，哪些名老中医对您产生过重大影响？

柴嵩岩：在我的早期杏林生涯中，承老一代名师提携，我慢慢参悟出"医匠"与"大家"的区别。我站在"巨人"肩膀上，一路走来。

1957年10月，我进入北京中医医院工作。在我学西医妇科和妇产科的时就发现，那个年代，很多女性生殖内分泌疾病的患者，还不能得到很好的治疗。以我多年学习中医的心得，感觉中医在调经促孕、治疗妇科病方面有优势，所以在选科的时候我就想去搞妇科专业。就这样，选定了我一生的职业方向。

当时正值北京中医医院建院不久，名家荟萃，仅妇科就汇集了刘奉五、王志敏、赵松泉、王碧云、李鼎铭、郗霈龄等京城名医。医院治学氛围浓厚，传承风气开明，科室之间、专家之间学术交流、交叉带徒非常普遍，这样的环境，为我提供了广泛学习、博采众家之长的条件。老先生们伯乐相马、爱才好士，当时的儿科主任祁振华先生常向我传授用药心得。祁先生潜方简练、药力专攻，他常说"药无贵贱，得当就好"，组方常仅三四味药，重症亦不过五六味药而已，疗效却佳。后来成为国医大师的贺普仁先生，给我们传授心脏病的独特治法。有"金针"美誉的王乐亭先生，用金针治疗淋巴结核，手把手教我怎么用针。姚正平先生亦曾亲手递给我一张纸，字迹满满，记录着姚老行医几十年来治疗肾病的秘方。近代名医刘奉五先生教我妇科辨证，告诉我临证妇科疾病辨证须分主次，这个观点，我后来理解，就如同人穿衣过多不适就需要脱衣服，再引申至妇科临床，慢慢发展成为我个人"湿热之证如'外衣'裹缚，'外衣'不除，'补'法难施"之所谓"解外衣"之学术思想。

那段时期，我尤感适逢其会，求知若渴，学而不厌，多学习、多临床实践。我随身总会带一个本子，每遇典型病例、单方验方、前辈点拨、自身感悟，均记载于上。经年累月，这样的本子逐渐成"堆"，成为历史资料，保留在我的储藏室，见证着我走过的成长道路。

锲而不舍，厚积薄发，小荷初露

访谈者：柴老您好，在20世纪80年代，您曾代表国家赴日本讲学，请您谈一下当时的情况？

柴嵩岩：从1957年毕业后直到今天，我在北京中医医院妇科工作已有65年，始终耕耘在妇科临床一线。这期间，靠着勤于临证、勤奋好学、善于总结的坚持，我的临床积累日益丰富，逐渐形成了我自己的学术思想及临床经验体系。20世纪80年代初起，我开始撰写医学心得，陆续发表于国内期刊，其中的部分观点，是后来形成"柴嵩岩中医妇科学术思想及技术经验知识体系"的端倪。

1982年3月，国家改革开放之初，受卫生部派遣，我与著名中医学者吉良晨、王玉章等人一起，代表国家赴日本讲学。当时代表团足迹遍及东京、名古屋、横滨、大阪等六个城市。我的授课题目是"中医学对闭经的辨证治疗"，较为系统、全面地阐述了我对女性月经生理、古人"肾之三最"即"肾生最先""肾足最迟""肾衰最早"学术思想的认识观点；提出了我对女性疾病（与女性月经生理相关的疾病）证治原则的核心思想，即针对女性不同生命进程时期之肾气特点，对不同年龄阶段的女性疾病，应采用不同治则治法。这次讲学的部分观点，经以后完善、发展，形成"柴嵩岩月经生理理论""肾之四最""二阳致病""补肺启肾""妇人三论"等学术思想，并最终形成"柴嵩岩中医妇科学术思想及技术经验知识体系"。因我的学术观点师古不泥、源于实践，在当时蔚然成风，有听者一路跟随代表团足迹，多次聆听。

令我印象深刻的早年行医故事

访谈者： 七十余年中，您诊治了无数患者，请谈谈令您难忘的行医故事？

柴嵩岩： 我常对学生说："中医学作为一门临床应用科学，提高的办法只有经过理论与实践的反复循环，没有捷径。"我的成长之路，走过了以往大师成长经历中拜师学艺、苦读经典、院校教育等历程，亦复制了大师"实践、积累—思考、创新—回归实践"的历程。七十余年来我诊治患者无数，而发生在我职业生涯早期的几则病案，至今我还留有深刻印象。

1. 初试锋芒，审因辨证治愈产后发热

这是一则急诊案例。1958 年 3 月某日，我参加支农医疗队，正在北京市房山县某卫生所出诊，就见前来一行八人，小心翼翼，抬一筐箩，筐箩中一妇人，面色㿠白、神疲懒言、四肢无力、动则气促。来人诉说患者两个月前于自家土炕自行接生第六胎，自产后第三天起便持续高热 38℃以上，子宫逐渐增大，小腹疼痛拒按。曾在家附近医院看过诊，认为产后体弱，以补血养血治法治疗数日，症状未减，反而加重。

我思忖良久：患者产时接生于自家土炕，所用器具、衣物不洁，接受外源性感染必致产褥感染，应属于中医"产后发热"。此证总因于感染邪毒直中胞宫，与瘀血互结所致。一则，产时血室正开，胞脉空虚，感染毒邪，直犯胞宫，正邪交争急剧，故见高热；邪毒稽留体内日久，故见热势不退；邪毒入胞，与瘀血互结，阻滞胞脉，故见小腹拒按疼痛；舌苔黄、脉数无力，为邪毒感染内热，正气已虚之象。二则，因产耗伤气血，正气虚衰，气虚清阳不升则见面色㿠白，中阳不振则见神疲懒言、四肢无力。患者之前以补血养血法治疗未果，是仅考虑了产后"多虚多瘀"的一面，忽视了患者感染毒邪的病理机制。观患者舌、脉，结合生产史，辨证当是产后气虚、夹毒胞宫，治法取益气清热、解毒化瘀。拟方黄芪 15g，野菊花 12g，当归 10g，益母草 10g，香附 10g，连翘 10g，紫花地丁 10g，延胡索 10g，三七粉 3g。3 剂，水煎服。此方药用野菊花、连翘、紫花地丁清热解毒，消肿散结；当归、延胡

索、香附、益母草、三七粉活血化瘀；黄芪益气固表，行补气升阳、补气摄血、补气行滞之效，并温里散寒，托毒生肌。患者诊后即于上午服药，至傍晚时分，忽见阴道脓流不止如水泻。脓退，子宫明显缩小，腹部痛感立减；热亦退，精神好转，可自行坐起。再服药数剂，数日后高热全退，腹部疼痛不再，体力恢复，病愈。

2. 师古不泥，巧用茯苓皮治愈羊水过多

1969年6月某日，一位孕5周全身水肿患者找到我。患者婚后曾孕四胎。第一胎孕至6～7个月时，腹部膨隆似妊娠足月，周身水肿，呼吸困难，不能平卧。往某医院就诊，诊断为羊水过多。至足月，产无脑女婴1枚，产时羊水量多，约20000mL。以后又连续怀孕三胎，均于孕5～6个月腹大异常，诊断为羊水过多，B超检查均提示孕无脑婴后引产。现孕第五胎又至孕5周，据其既往孕产史，某妇产医院建议中止妊娠。

患者这种情况证属中医"子肿"。初见此案，颇感无措。翻阅古籍，发现本病多责于脾失运化、水湿内停，古人以利水除湿之法为治。我思考：一则，患者既往4胎均孕至6～7个月出现羊水过多，可责之为平素脾虚，运化不利，土不治水，水停胞中，水渍胎元。现再孕至5周又现周身水肿，亦因于脾虚致水湿内停而泛滥肌肤。二则，此前患者曾因屡孕未果而多次引产，肾气损伤，现再孕后经血下聚养胎，有碍肾阳敷布，不能化气行水；且肾为胃之关，肾阳不布，关门不利，膀胱气化失司，水聚而从其类，泛溢而成水肿。脾虚运化不利，气血乏源，不能上荣，故见面色苍黄。有多次不良妊娠史，求子心切，致身心焦虑不安。舌肥厚、有齿痕，苔白腻，脉细滑无力，亦为脾肾不足之征。辨证属脾肾不足、水湿内停，治法取健脾补肾、利湿消肿，佐以养胎。总结前人利水除湿之法，首诊拟方五皮饮（《中藏经》）加味：陈皮、茯苓皮、桑白皮、大腹皮、生姜皮各15g，川续断20g，菟丝子20g，桑寄生30g。7剂，水煎服。

五皮饮为古人治皮水经典方剂，用治头面四肢水肿、小便不利、心腹胀满、上气喘促及妊娠水肿诸症。全方药物皆用"皮"，寓"以皮走皮"之意，今我引以为用。方中茯苓皮淡渗利水健脾，陈皮理气化湿和中，两药相配共为君，使"气"行"湿"化，土能治水；桑白皮、大腹皮、生姜皮俱为佐。桑白皮甘寒，泻肺降气，行水消肿，使肺气清肃，水自下趋；大腹皮辛、微温，下气利水；生姜皮辛凉，利湿消肿。全方行气与利水并举，气行则水行，达利

湿消肿、理气健脾之效。又加味川续断、菟丝子、桑寄生，补肾固冲安胎，配合五皮饮健脾利湿，治病与安胎并举。

首诊方服至孕 12 周，患者水肿消退明显，B 超检查提示胎儿发育正常，舌肥、苔白、脉细滑。因患者既往 4 胎均孕至 6～7 个月时羊水过多，此次孕早期至今又数发水肿，现舌肥，素体脾虚，仍有水湿内停病机存在，须警惕再次羊水过多。我再思考：五皮饮治"水"有效，但药量恐轻，所治之"水"证亦轻，现宜适时更方并酌加药量，加大利水去湿之力。二诊拟方：冬瓜皮 30g，茯苓皮 30g，川贝母 10g，百合 10g，桔梗 10g，菟丝子 15g，合欢皮 10g，白术 10g，桑白皮 10g，猪苓 6g，泽泻 10g。7 剂，水煎服。

二诊方重用茯苓皮 30g 为君，行皮肤之水而不耗气。以冬瓜皮、白术、猪苓、泽泻诸药为臣，助君药健脾利水渗湿，又达清热养阴之效。茯苓、泽泻、猪苓三味，均以渗水利湿、利尿消肿为长，古之以来常两两相须为用或三者同用。二诊方我以茯苓取皮用之，用量少至 30g，多曾用至 50g，是看重其走表，长于利肌表水肿之效。同时，二诊方又以桔梗、川贝母、桑白皮、百合入肺经，调理气机，加强肺之宣发肃降，使水从气化，泻肺行水；菟丝子平补肝肾，固冲安胎，补而不腻，补而不燥。以后患者一周一诊，皆以此方为用，药量酌变。服药后患者周身水肿渐退祛，再无羊水异常增多，终十月怀胎后产健康女婴。

3. 不落窠臼，从舌苔上的蛛丝马迹找到妊娠巨乳症治法

1978 年 6 月某日，一位患者前来应诊。患者诉孕 2 个月后某日，一场大怒、气恼后，乳房迅速胀大，渐至无法穿衣，不能卧，转侧难忍。现孕 3 个月，乳房周径 48cm，重纹，诊断妊娠合并巨乳症。患者现正处妊娠期，保胎、生育乃当前要务，虽乳房胀大明显，手术治疗却不合时宜。遇此罕见之症，众医无良策。

我细细端详患者舌象，似有所发现。此前我曾治疗一闭经患者，因他病用 40mg 黄体酮连续治疗 2 个月后致闭经，后经泻肾火、活血解郁治法治疗，月经恢复来潮。该患者当时的舌象与本案患者现舌象有相似之处——舌苔白、光润，舌根中心处有一微小舌苔剥脱。我推断，患者巨乳之出现，莫非与其妊娠后黄体分泌过剩有关？或可以疏肝解郁、清下焦火治法为治疗思路。我再辨证思辨：患者出现巨乳，缘于孕期大怒。孕期生气，肝气郁结，肝郁化火，木克脾土，脾虚运化不利，痰湿内停，湿浊壅塞乳络，乳络不通，郁而增大，故见巨乳。观舌象，舌苔白、光润，仅舌根中心处有一微小舌苔剥脱，提

示有肾阴不足，阴虚内热之象。脉细弦滑亦是肝郁肾虚之征。辨证肝郁湿阻、肾虚内热，治法解郁利湿、养阴泻火。处方：旋覆花 10g，柴胡 5g，白芍 10g，墨旱莲 15g，熟地黄 10g，泽泻 10g，莲子心 3g，川贝母 10g，金银花 10g，北沙参 20g，桔梗 10g，菟丝子 20g。7 剂，水煎服。

方中以柴胡为君，疏肝解郁。以白芍、墨旱莲、熟地黄、菟丝子、北沙参为臣，补肝肾，养阴血。以旋覆花、泽泻、莲子心、川贝母、金银花、桔梗为佐，旋覆花行水消痰；泽泻泻肾火，去湿热；莲子心、金银花清解心胃之火；川贝母、桔梗调理气机，化气行水。诸药配伍，疏肝养阴、祛湿泻火。药后仅数日，患者乳房缩小，已可卧。再服数剂，乳房明显缩小、坐卧自如，渐病愈。一年后随访，患者足月顺产健康男婴。

上面讲述之事，最早已发生在六十几年前，现在想起来，我依旧感慨。说实话，当年所为，不能说没有一丝"初生牛犊"之勇，但也说不定在成功里面有其必然性，因为在那时我已有这样的信念：行医不能只做"勇士"，有"胆识"亦须有"学识"，"学识"够了才有"胆识"，两者加起来才能"担当"。这么多年来，我一直在努力这样做着。

我晚年的心愿

访谈者：回顾七十余年的医学人生，您有哪些感想，还有哪些心愿？

柴嵩岩：时光荏苒，一晃已至 21 世纪 20 年代，我也已至耄耋之年，但我依旧感觉身体健康，精神矍铄，充满干劲儿。

1. 我心怀感恩，繁荣盛世为中医药事业发展带来机遇

我们这辈人，多从旧时代走来，亲历过父辈、师长的成长之路。那时的杏林中人，生活环境艰苦，历经坎坷，行医在某种意义上说更多只是一种谋生手段，事业发展举步维艰。即便是这样，前辈们依然孜孜以求，推动中医药事业不断走向新的高峰，创造出宝贵财富，真所谓"路漫漫其修远兮，吾将上下而求索"。后来的我们，正是站在巨人的肩膀上前行。我们所走的路，幸运多了。因为，就在我们刚刚跨入中医药事业大门不久，对中医药事业尚处懵懂之际，我们迎来了新纪元——中华人民共和国成立了。回想吾师陈慎吾先生悉心指导的场景；回想在"全国首届中医药专门研究人员班"，师从吴阶平、严仁英等名师学习的场景；回想职业生涯之遇各位京城名医言传身教

的场景……往事历历在目，然七十多年过去，时代的变化早已日新月异——我们在事业中的成长，与国家的发展同步。

再看我们的后辈，今天的学生真的幸运。现在有专门的中医学院，有专科的中医医院，有众多大师的指引……他们已没有了生活的艰辛，少走了很多弯路，有着可以自由发挥的成长环境，只要努力，尽可以在事业的海洋中尽情徜徉，达到光明的彼岸。我既羡慕，又感欣慰。

我感慨，中医药事业的发展，迎来了大好机遇。而一切之根源，因缘于我们所处的时代，是中华民族有史以来最繁荣的盛世；因缘于新中国成立后特别是改革开放以后，党、国家各级人民政府，多年来持续不断、强而有力地对中医药事业的支持、投入。我自知，离开了这样的社会背景，仅靠个人努力，如沧海一粟，难有作为。我感恩于所处的这个时代。

2. 我充满自豪，我曾经的努力无愧于今天取得的成就

人生的目标是慢慢建立的。年轻时，当我不经意迈进中医学这扇大门时，我并不曾去设想，在五十、六十、七十年之后，我的事业要达到什么样的高度、能取得怎样的成就。现在想来，把我及我们这一辈中医人身上所具有的一些共同的性格、行为特点，比如学习、思考、总结、顽强、容忍、坚持、与时俱进等，化作行动，并持之以恒，或许大多数人在不同岗位上，都可以取得不俗的成就。我不曾刻意，但也不会随意。我的杏林生涯，经历了苦苦求学、不耻下问、实践历练、精意覃思、质疑辨惑的各个阶段……我苦中有乐，乐此不疲，一干就是五十年、六十年、七十年。

积跬步至千里，积小流成江海。直到有一天，如同进入"众里寻他千百度，蓦然回首，那人却在灯火阑珊处"一般境界，我发现，我找到了方向，正在向"仰之弥高，钻之弥坚"的境界追求。

我不讳言已取得的成绩。治病救人是我之责任，社会认可使我满足。我敬重所有耕耘在中医药事业战线上的同道，我更是把荣誉当做"鼓励"。我曾说过，假如我们是一群大雁，我愿做那只头雁，带领大家在中医学事业的天空，飞的远些、再远些。

3. 我还要行动，以绵薄之力为我热爱的中医学事业添砖加瓦

我还要不断探索：廉颇老矣又何妨。在几十年的学习、工作中，我们看到了时代的进步、科学的普及和观念的更新，同时也看到由于生活习惯、社会环境、工作特点发生了太多的变化，出现新的疾病，给人们带来痛苦。我

们因此又有了新的困惑,这在人类发展史上不可避免。与时俱进,开拓进取,了解、战胜这些新疾病,是我们不可推卸的责任。

我要看好病:医学的进取没有止境。我看病的年头比很多人长,悟出的东西多一点,就继续尽本分把这个事情做好、做个明白。

我要带好学生:中医传承时不我待。心底无私,胸怀宽广,传道授业,教学术、育品德,毫无保留地将自己的积累传给更多弟子,让他们尽快成长为事业栋梁。

我要著书立说:秉承先辈们的高尚医德,体会、领悟了他们的经验理论,也积累了自己对特定疾病的规律认知,有了治疗和调理疾病的个人见解,我想把点滴体会汇集起来,撰写成书,留于后人。高兴的是,我亲力亲为,率一众徒弟编撰,集我70余年岐黄之路对中医妇科学之感悟的系列丛书《柴嵩岩中医妇科临床经验丛书》(十分册),历时写作5年,已付梓面世。

我还要谏言献策:随着社会发展,人们的生活方式、生活理念、饮食结构、思想情绪等都在发生变化,新形势下出现了新问题。中医药事业的发展需要中医人更主动地去适应这些变化,以积极的姿态去满足人民群众生命全周期、健康全过程的中医药需求。我们当提高参与政府决策、共谋发展的能力和水平,以己之力,向党和国家、向社会,提出好的建议。

名医寄语

回首成长之路,我感到,作为一个医者想要获得成就,就要做一个有境界、胸怀、视野的人,能登高博见、海纳百川、博物多闻。就像宋朝大诗人陆游给儿子传授写诗经验的诗中写到:"汝果欲学诗,工夫在诗外。"做任何事,想要达到某个境界,并不单纯仅仅是在做这个事本身。

医者行医,是对人的观察与研究,必要有"术",且在相当长的一段时间里学的就是"术"。但能学"出来"成为"家",还要经历一个"修行""修炼"的过程。时间的流逝,经过一系列思维、心理、行为、社会活动的砥砺之后,或才能达到与现阶段相比,境界更高、胸怀更广、视野更宽的修养水平,也就是由得"术"变得"道"。

如此说来,要能看到远方,不再只为明天做准备,而要为未来10年、20年做准备;要有"情商",学会品尝酸、甜、苦、辣的人生百态过程；要坚守志向，不攀比、不纠缠、不计较。

如此说来，大师通常是"杂家"。知天下事，关注经济学、政治学、法学、伦理学、历史学、社会学、心理学、教育学、管理学、人类学、民俗学、新闻学、传播学……方方面面。

（柴嵩岩国医大师传承工作室　滕秀香）

第五章　李佃贵

　　李佃贵（1950－），男，河北省中医院主任医师，河北医科大学教授，第三至第七批全国老中医药专家学术经验继承工作指导老师，2016年获"全国中医药高等学校教学名师"荣誉称号，2017年获人社部、国家卫生计生委、国家中医药管理局第三届"国医大师"荣誉称号。1965年在张家口市蔚县南留庄公社卫生院参加工作。1970年就读于河北新医大学（现河北医科大学）中医系，1974年毕业后留校参加工作。1976年唐山大地震期间，奋战在救灾一线，尽管父亲病故，依然强忍悲痛坚守一线。1983年任河北省中医院副院长。1989年获河北省"优秀教师"荣誉称号。1992年任河北中医学院副院长。1995年任河北医科大学副校长。1999年任河北职工医学院书记、校长。2001年获河北省"全省卫生系统科教管理先进工作者"荣誉称号。2003年当选为河北省第十届人民代表大会委员。2004年被特聘为全国卫生管理教育学会副会长。2005年任河北医科大学副书记、副校长（正校级），兼任河北省中医院院长、河北省中医药研究院院长、河北省胃肠病研究所所长。2006年被河北省人民政府授予"河北省劳动模范"荣誉称号。2007年获国务院"政府特殊津贴"、授予"全国先进工作者"荣誉称号。2007年、2008年、2012年、2016年、2022年担任第三至第七批全国老中医药专家学术经验继承工作指导老师。2007年获"全国中医院优秀院长""第四届中国医师奖"荣誉称号。2011年被中华人民共和国教育部评为"第六届全国高等学校设置评议委员会专家"。2011年被河北省中医院授予"河北省中医院名誉院长"称号。2012年获"河北省优秀科技工作者"荣誉称号。2016年获"全国中医药高等学校教学名师"荣誉称号，《中医浊毒论》《李佃贵浊毒学说研究论文集》《李佃贵脾胃病临证医案精选》《消化性溃疡浊毒论》《溃疡性结肠炎浊毒论》《肝纤维化浊毒论》《代谢性疾病浊毒论》等11部浊毒系列著作问世。2017年获"国医大师"荣誉称号。2019年被聘为河北省科协会士，获"庆祝中华人民共和国成立70周年纪念章"。2020年抗击疫情资料被河北省档案馆收藏，获"抗击疫情荣誉集体""李时珍医药创新奖"。2020年被中国中医科学院聘为学部委员。2021年被北京中医药大学王琦书院特聘为教授。

李佃贵教授从事临床、科研、教学工作50余年，结合临床经验首创"浊毒理论"，提出了"天之浊毒""地之浊毒""人之浊毒"等中医新术语和新思想，打破了胃癌前病变不可逆转的理论束缚。研制出"香连化浊颗粒""康胃丸""利胆化石丹"等10余种院内制剂，部分已列入医保用药目录。出版著作40余部，其中《中医浊毒论》《慢性萎缩性胃炎浊毒论》《肝癌浊毒论》等浊毒系列专著10余部，指导并发表学术论文400余篇，获各类科研奖项30余项，获国家专利10余项。共培养硕博士研究生120余名，包括国务院特贴专家6名、河北省名中医8名、省管优秀专家8名、学科带头人12名、全国及省优秀中医临床人才18名、国家老中医药专家学术经验继承人8名、河北省高层次帮带对象5名。

新冠肺炎疫情期间两次深入隔离病房指导治疗，为全国首位亲自进入病房为新冠肺炎确诊患者进行把脉会诊的国医大师。作为河北省疫情防控中医专家组顾问指导制订了河北省新冠肺炎诊疗方案，带领团队研发的"香苏化浊颗粒"第一时间投入临床，为河北省新冠肺炎疫情防控发挥了重要作用，并为全国和海外多个国家的抗疫做出了积极贡献。

名医之路——我的学医缘由

访谈者： 您是怎么走上中医之路的？

李佃贵： 我的学医缘由与我的家庭有关，我 1950 年出生在河北省张家口蔚县的一个农村家庭。在我很小的时候，父亲就教我认字、练书法，希望我能长大成才。我有一位本家叔叔在公社卫生院，每天背着诊包在各村为老乡看病，在当地很受人们尊重和爱戴，闲暇之余，他也会在家教我一些中医中药的知识，这算是对我的启蒙了。有一次我发烧，十几天烧不退，这位本家叔叔为我开了两剂中药，我就好了，这让我就此萌发了从医的志向。后来县里组织中医培训班，经组织推荐，我参加了一年的培训，之后便在公社卫生院从医了。公社卫生院有一位远近闻名的老中医——李思琴老先生，我就跟着他走村串户，晚上和李思琴老先生一个屋睡，探讨病情，白天抄方、抓药、煎药、炮制药。

1969 年的一个寒冬，我正在卫生所值班，一位患者家属匆匆赶来，说他的小女儿肚子疼痛不止。而李先生刚好不在，我便独自应诊了。经仔细询问病史，查看患者症状，初步诊断为胆道蛔虫病，开了经方——乌梅汤，促使虫子从胆道退出，然后又服用驱蛔灵，很快治好了孩子的病。此事传扬出去，我一下子成了当地的小名医。为此，我还被推选为县里的"学毛著积极分子"，到"千人大会"上做典型发言，并被安排到外县演讲。后来，人民日报社记者也来采访我，文章见报后，我收到了很多全国各地的来信，不少是求方求药的。这段早年的难忘经历，让我愈发由衷地喜欢上了中医，痴迷上了看病。第二年秋天，我的"大学梦"终于成真了，河北新医大学到蔚县招收工农兵学员，我受邀参加了招生座谈会，公社书记亲自拍板推荐我上大学。选择专业时，我郑重地填写了"中医系"。

我学习中医的三个阶段

访谈者： 您学习中医经历了哪几个阶段？

李佃贵： 人生由不同的人生阶段组成，大致可以分为青年、中年和老年。医学的学习也一般是按照科学的发展规律，循序渐进，尤其是中医的学习，需要对工作、对人生的积淀，没有这些，就没有顿悟，没有体会。我学习中医总体经历了"实践—总结—再实践"三个阶段。

第一个阶段：以"患者"为研究对象的治疗阶段。以中医基础理论为工作前提，综合分析患者藏象、阴阳、气血平衡，辨证论治，这是实践的第一步，多问几个"是什么"。

第二个阶段：以"患者—自然"为研究对象的治疗阶段。加入天人合一的核心理念，客观反映疾病的发生、发展过程，是对疾病的进一步总结，多问几个"为什么"。

第三个阶段：以"患者—自然—人文"为研究对象的治疗阶段，更加接近疾病发生和转归的本质，是再实践的过程，多问几个"怎么办"。

提出"浊毒理论"

访谈者："浊毒理论"是您提出的新的学术观点，请您谈谈"浊毒理论"。

李佃贵：随着近代工业文明的兴起和城市的发展，人类在创造巨大财富的同时，也把大量的废气等有害物质排入天地之间。人类获取财富的同时，也使得赖以生存的生态环境遭到了严重的破坏。"浊毒"充斥在全球的各个角落，以及人们的机体之中，使人体成为浊毒的垃圾桶。所以净化人体内环境，排出体内的浊毒，是预防和治疗疾病的重要课题，也是一个社会课题。

我们认为浊毒既是一种致病因素，又是一种病理产物。浊毒作为一个中医学的术语，其含义有广义和狭义之分。广义的浊毒泛指一切对人体有害的不洁物质，而狭义的浊毒是指由于湿浊、谷浊久蕴化热而成的可对脏腑气血造成严重损害的黏腻秽浊之物。

广义的浊毒将充斥于天地之间及人体之内的浊毒分别称为天之浊毒、地之浊毒和人之浊毒。天之浊毒主要指受污染的空气、大量的致病微生物、噪声、电磁辐射、光辐射等。地之浊毒主要是被污染的土壤、水和食物。人之浊毒主要是因为情志不畅、饮食不节（洁）、不良生活习惯导致体内浊毒产生。

浊毒既可为外邪，亦可为内邪。作为外邪，由表侵入；作为内邪，由内而生。浊毒具有易阻滞气机，耗伤气血；致病缠绵难愈，病情重，治疗难，疗程长；致病广泛；症状多变；多侵及内脏；易夹痰夹瘀；排泄物、分泌物多见黏腻垢浊，舌苔多见浊腻黄厚，脉象多见弦滑或弦数的致病特点。

根据浊毒致病特点，化浊解毒为其治疗的根本原则。化浊解毒之法可随证灵活辨证使用，或给邪以出路，使浊毒从大便而出，从小便而去，从汗液而排，或从根本上截断浊毒生成，阻断湿、浊、痰、热、毒胶结成浊毒之势。常用的治疗方法有通腑泄浊解毒、渗湿利浊解毒、达表透浊解毒、健脾除湿解毒、芳香辟浊解毒、祛痰涤浊解毒、清热化浊解毒、攻毒散浊解毒、以毒攻毒等。

我的临床辨证方法

访谈者：李老师，您临床常用哪些辨证方法？

李佃贵：我在临床辨证中比较注重以下六个方面：整体观念、恒动思维、内因主导、防病未然、辨证论治与辨病论证。

我在临床辨证中重视从宏观、整体、系统角度看待问题，把天、地、人、时的统一关系作为研究对象，不仅将人本身看作是一个有机联系的整体，也要从自然、社会、心理的整体联系中考察人体生理病理过程，注重"形神共调"的治疗与养生方法。

观察事物与研究疾病时注重事物与疾病都是不断运动变化的，要采用运动的、调整性的、不断择优化的思维来研究分析问题。根据不断变化的环境、条件来改变思维程序与方向，并对事物进行调整，从而达到最优化的思维目标。我将生命、健康和疾病看作是普遍联系和永恒运动变化着的过程，不仅重视疾病病机的传变转化，而且重视治疗的应变而动。

万事万物，内因是根本，外因是条件，外因通过内因起作用，这与中医强调正气的思想一致。"正气存内，邪不可干"，我认为疾病发生发展过程中也是一样的，努力保持人体的正气旺盛，人的正气充足，则"精神内守，病安从来"。

我临证注重"治未病"，认为要未病先防，既病防变，愈后防复。中医是让人不生病、少生病、生小病，注重平时调养，防止疾病的发生，疾病发生后防止疾病的加重、发展或复发。我在治疗萎缩性胃炎伴有肠上皮化生或不典型增生等癌前病变时，特别注重控制、逆转肠上皮化生和不典型增生，防止胃癌的发生。

辨证论治被认为是中医的基本特点和指导临床诊治疾病的基本原则，在临证中，既要掌握疾病的共性，更要用心去分析疾病的个性，精准辨别个性，才能达到理想的疗效。

辨病论治并非抛开辨证谈疾病，而是在辨证的基础上重视疾病整体的规律性。每一种疾病的发生发展都有一定的规律性，这种规律性是辨病的基础。辨病论治有利于抓其共性，照顾个性，确立总的治则，防止失治误治，提高疗效。

我治疗慢性萎缩性胃炎和癌症的一些体会

访谈者： 您治疗慢性萎缩性胃炎有哪些经验？

李佃贵： 慢性萎缩性胃炎是我们中医的特色优势病种，2017 年《慢性萎缩性胃炎中西医结合诊疗共识意见》记载了脾胃虚弱、肝胃气滞、肝胃郁热等 6 种主要的中医辨证分型；此外，还有络病、浊毒、本虚等不同的辨证与病因学术观点。

我认为萎缩性胃炎的核心病机是浊毒内蕴。脾失健运，胃腐熟水谷功能失司，谷精壅滞成浊，日久则气滞、血瘀、湿阻、浊聚、毒热诸症蜂起。湿浊中阻，气机不利，肝失疏泄，脾胃升降失司，水津不布，水湿痰饮食积不化。因积成浊，积滞不散，郁久化热，蕴热而生毒；毒热伤阴耗血，浊毒相干，致使胃热阴伤，气滞络阻，胃络壅滞，气不布津，血不养经，胃失濡养，胃腑受伤，日久成萎。在辨证论治基础上，结合浊毒内蕴的主要病机关键，采用化浊解毒法进行论治，有利于萎缩腺体的逆转和肠化生的消除，还有一定的抗癌变作用。我们通过模型测算、专家访谈等多种形式，并依据个人经验，总结出半边莲、半枝莲、全蝎、藿香、佩兰、豆蔻、砂仁、茵陈、黄连等化浊解毒方药，并结合足浴、香囊、中药贴敷等多种疗法，综合治疗慢性萎缩性胃炎取得较好疗效。

访谈者： 您治疗癌症有哪些经验？

李佃贵： 对癌症来说，我认为关键病机还是浊毒。现代人饮食结构的变化、生活方式的改变，经济、社会压力增大，以及情绪焦虑抑郁等原因，可使脾胃受损，运化无力，日久水湿、痰、瘀等病理产物积聚，阻碍气血津液的生成及运行，阻滞气机，导致体内浊毒积聚。浊毒具有不断增殖、耗伤营养、流窜生长、阻碍气机、破坏脏腑经络的恶劣性质，因此，浊毒积聚为癌症发病之根，在人体正气虚弱的状态下，浊毒留结体内，日积月累积聚而成肿块，肿瘤形成进一步阻滞经络与气血津液，经络及气血津液不畅，精微被夺，机体衰弱。

浊毒走注为癌症转移之因，恶性肿瘤生长到一定阶段，体内的浊毒物质会逐渐增多、堆积，积累到一定程度时，这些浊毒物质就会随气血津液流窜走注，于机体正气虚损处形成新的肿瘤，这就是恶性肿瘤的转移病灶。浊毒残留为癌症复发之源，在机体虚损时，浊毒会乘机随气血津液流窜，形成新的肿块，所以恶性肿瘤常常在一段时间后复发，根本原因还是体内浊毒残留，未彻底清除。

浊毒伤正为癌症恶化之本，浊毒具有耗伤营养、阻碍气机、破坏脏腑经络的特点，恶性肿瘤形成之后，妨碍气血津液的生成及运行，精微物质不断地转化成痰瘀及浊毒等病理产物，邪气日盛，正气日衰，恶性肿瘤逐渐长大，患者体质逐渐恶化，最终形成恶病质，生活质量严重下降。因此癌症总的病机为机体正气虚损，浊毒内蕴留结并不断增殖、流窜，致使正气更虚，无力抗争浊毒邪气，日久积生于内，发为癌瘤。因此恶性肿瘤为因虚致病，因虚致实，"本虚标实"之证。

癌症基本治则为化浊解毒。化浊解毒要结合患者具体情况，灵活应用。

癌症早期，浊毒蕴结体内，但机体正气尚足，尚能抗争浊毒之邪，患者可无明显不适症状，治疗以化浊解毒为主。

癌症中期，机体正气逐渐耗损，浊毒之邪逐渐强盛，患者逐渐出现临床症状，治疗在化浊解毒时，注意扶助正气，扶正祛邪并举。

对于癌症终末期患者，不应追求单纯消灭癌症而牺牲掉患者的生活质量。晚期癌症患者，机体精血耗伤，浊毒之邪强盛泛滥，患者体质恶化，治疗以扶正为主，化浊解毒为辅。

另外要树立防癌抗癌的正确观念，我认为心态好比饮食好更重要，乐观的心态在癌症的发生发展过程中起着至关重要的作用。在癌症的治疗与康复中，不仅需要抗癌，更要重视调整人的状态，心身兼顾。防癌比治癌更重要，"治未病"为中医的重要组成部分，对于癌症，防大于治。合理治比过度治更重要，应本着以人为本，减轻痛苦，最终达到延长有效生存期的目标进行治疗。珍天命比争天命更重要，平时珍惜生命，珍爱生命，珍重生命，多行养生之道，比到癌症晚期，以衰残之躯去强与肿瘤抗争更重要。

日常养生方法

访谈者：您认为日常养生应采取哪些方法？

李佃贵：

情志养生：这是首要方法，我们称之为祛除心之浊毒。祛除心之浊毒要具有善良、宽容、乐观、淡泊名利的内在品质，从情志养生角度讲，善良是营养素，宽容是调节阀，乐观是不老丹，淡泊是免疫剂。比如可以每天静坐10～30分钟，盘坐于舒适的垫子上，闭上眼睛，全身放松，通过静坐的方式来静心养神。

饮食养生：饮食要规律，结构要合理。一日三餐规律饮食，早饭吃好，午饭吃饱，晚饭吃少。其次是饮食结构要合理，荤素搭配，粗细搭配，为了方便患者记忆，我们编了一个顺口溜：两把蔬菜一把豆，一个鸡蛋加点肉，五谷杂粮都要有，一天吃够二十种。

运动养生：可以根据个人体质和爱好选择运动项目，比如快走、太极拳、八段锦等，不要选择剧烈的运动项目就可以。运动锻炼要坚持，不能三天打鱼，两天晒网；另外运动要以舒适为度，运动以后不要感到疲倦，以"形劳而不倦"为度。运动时间，推荐在阳光充足的上午进行锻炼。运动是为了锻炼身体，不是为了运动而运动，身心愉悦运动才有健身的效果。

优秀中医应当具备的素质

访谈者：您认为优秀中医应当具备哪些素质？

李佃贵：拿破仑曾经说过："不想当将军的士兵不是好士兵。"在此，我想说："不想当大医的医生不是好医生！"什么是大医？如何才能成为一名大医？优秀的中医应当具备什么样的素质？其实孙思邈在1500多年前就说清楚了！那就是两个字——精、诚！第一是精，即要求医者要有精湛的医术，医道是"至精至微之事"，习医之人必须"博极医源，精勤不倦"。第二是诚，要求医者要有高尚的品德修养，"见彼苦恼，若己有之"，策发"大慈恻隐之心"，进而发愿立誓"普救含灵之苦"，且不得"自逞俊快，邀射名誉""恃己所长，经略财物"。如何成为一名大医，我个人认为应该具备四种能力和素质——"敢为人先"的创新胆识、"兼容天下"的人生胸怀、"格物致知"的探究精神、"融会贯通"的学习智慧。

我对传承老中医经验的体会

访谈者：您对传承老中医经验有哪些体会？

李佃贵：传承老中医的经验，我认为要做到以下七点。

1. 钻研经典是基础

真正参透中医，必须学好经典，夯实基础，领悟中医的内涵。广义的经典包括中国古代哲学、文化等古籍。古人在没有任何现代医学手段的情况下，通过中草药、针灸等中医方式进行临床实践，总结出了非常珍贵的诊治经验。

2. 学习理论应自信

中医从整体分析问题，针对个体解决问题，体现了中医的科学性。学习中医应该有充分的自信，因为中医是正确的，它顺应宇宙、自然界、社会、人整体的变化，是在变化中看问题、分析问题的，同时也是在变化中解决问题的。

3. 传承学术不走样

在如今西医技术蓬勃发展的环境下，越来越多的中医院校吸纳了西医元素，对文、史、哲、地理等科目并不重视，基本上是"入门不考，进校不学，感情不深，思维不和"。许多毕业生面对中医所依赖的中国古代哲学体系和中医思维方法时，也时常感到困惑迷茫。要想真正发展中医，首先要传承，传承中医相关的哲学体系及思维模式，不要被西化。"师带徒"是当下倡导的传承方式之一，每位徒弟都要深入学习老师的思想理念，从而更好地传承中医。

4. 继承精思要创新

有创新才会有发展，有发展才不会被淹没。在坚持中医学理论体系独立发展、重点突破的前提下，充分利用现代科学技术对中医理论进行研究，弥补中医理论在微观研究方面的不足，以促进中医理论与当代医学的有机融合。

5. 坚持临床是关键

临床疗效是中医的生命，然不乐观地讲，当下是一个重视学历、论文的时代，很多医生都把临床放到了次要位置，这是舍本求末，是很危险的。应该在临床中领悟中医，在临床中传承中医，在临床中创新中医。

6. 拜读名师靠敏悟

悟者，吾之心也！悟性是指对事物的感知力、思考力、洞察力，主要指对事物的理解能力和分析能力。要学习中医，学好中医，"悟性"是非常重要的，要用心悟书中之道，悟病中之谜，悟中医之深义，解患者之苦楚。

7. 中西结合应时代

中医讲究"辨证论治，四诊合参"，要合理地运用西医检查技术，用它们来帮助中医进行诊治疾病。比如胃病，需要胃镜检查才能够诊断清晰，这其实可以归属于中医的"望诊"，再比如心脏不适，需要心电图诊断，这又可以归于"切诊"。我们应该以西医为用，将现代医学技术纳入到中医四诊中来，扩大四诊范围。

我对加强中医药文化建设的几点思考

访谈者：您对加强中医药文化建设有哪些建议？

李佃贵：我对加强中医药文化建设有以下几点思考。

1. 强化中医药文化的内涵建设

中医药文化的源头是《易经》，它是群经之首，诸子百家之始，是中华文化总源头。中华文化的精髓，就是四句话："天地一体，天人合一，天地人和，和而不同。"应该深化中医药文化研究，凝练中医药文化体系框架和基本内容，将中医药文化的概念拓展到大健康的方方面面。

2. 将中医药文化写入教材

一定要从娃娃抓起！中小学生是祖国的花朵，是任何事业赖以传承发展的希望，所以我们一定要重视对中小学生进行中医药文化的熏陶。

3. 构建其核心价值体系

坚持以中医药文化引领典籍整理、学术研究、文化活动、健康文化教育、礼仪规范等方面工作，构建具有浓厚中医药文化底蕴的核心价值体系。并且要把中医药文化建设与临床实践、人才培养、科技创新、产品研发、基础建设等业务工作结合，提升中医药工作者的文化底蕴，弘扬大医精诚的职业道德。

4. 打造中医药文化传播平台

夯实中医药文化传播基础设施，充分发挥报刊、广播、电视、网络等媒体的作用，开展形式多样的中医药健康文化传播活动，尤其要重视在基层的传播，提升民众中医药健康文化素养。

5. 加强对外传播与交流

加强与外国政府、国际组织和海外知名文化传播机构的交流与合作，建立多渠道、多层次、多形式的中医药文化国际传播体系，丰富中医药海外传播内容，提高中医药文化国际影响力。

我对中医学创新发展的建议

访谈者：您对中医学创新发展有哪些建议？

李佃贵：我认为中医学创新发展应注意以下十一个方面的相结合。

1."中医研究"与"研究中医"相结合

"研究中医"和"中医研究"是两个截然不同的概念，两者有着本质的区别。"研究中医"只是西医对中医一种无谓的验证，而基于理论之上的"中医研究"才能使中医有所发展。

2.中医科学化与科学中医化相结合

有人说研究人类健康的科学就是医学，那么医学首先应该是科学，所以提出"医学科学化"，力求医学客观化、标准化。中医也是如此，要"中医科学化"。而中医里充满了丰富的哲学思维，它对多种科学均有普遍的借鉴意义，钱学森曾说过："中医现代化是医学发展的正道，而且最终会引起科学技术体系的改造——科学革命。"所以说"科学中医化"应该是当今医学界乃至科技界的一个重要命题。

3.辨证论治与消除病因相结合

中医更注重对人体疾病发展某一阶段总体表现的把握，即对"证"的研究。西医总是千方百计先找到病因，然后去除病因，这种方法固然有一定的优点，但是也有弊端。这时候如果能在辨病的基础上加以辨证，就会大大提高临床疗效。

4.调动疗法与对抗疗法相结合

中医正气调动疗法强调人体自身免疫力的高低是决定人体患病与否的关键要素，即所谓"正气存内，邪不可干""邪之所凑，其气必虚"。中医认为在疾病的治疗中，首先应该增强机体的免疫力即"正气"，以抵御和祛除病邪。对抗性治疗是西医的特征性治疗方式，即当发现人体的某项指标超出正常范围时，马上采用药物等进行干预，使之回复到正常范围，如西医的抗菌疗法，它的弊端是忽略了人体自身对疾病的抵抗能力。

5. 治病人与治病相结合

西医主要注重于治病，中医更注重的是治病人。治病人是指在治疗疾病的时候把人作为一个整体来考虑。治病是指将治疗重点着眼于病人所患的疾病，而忽略了人自身的整体性。

6. 治未病与治已病相结合

治未病采取预防或治疗手段，防止疾病发生、发展的方法，是中医治则的基本法则，是中医药学的核心理念之一，也是中医预防保健的重要理论基础和准则。在机体已经产生病理信息的基础上对疾病进行治疗，目前我们的医疗行为主要进行的就是这项工作。一旦机体出现病理信息了，患者感觉不适了，我们的医疗行为才开始介入，这不仅影响了患者的生活质量，而且不利于对疾病的治疗，同时也是对医疗资源的极大浪费。

7. 形象思维与逻辑思维相结合

形象思维是指通过观察直观现象和表象解决问题的思维，也运用判断、概念、推理这些逻辑思维形式，但这些概念、判断、推理又是寓于形象之中。逻辑思维使人们在认识的过程中借助于概念、判断、推理等思维形式能动地反映客观现实的认识过程。逻辑思维讲究绝对，而形象思维更讲究平衡。这是两者本质的区别，也是中西医思维的本质区别。医疗实践证明，两种思维都有一定的局限性，只有两者融合，才能更好地探索和把握医学规律，推动医学的不断发展。

8. 健康医学与疾病医学相结合

健康医学是以健康为核心，关注焦点是人的健康，是怎么让人更好地生活。疾病医学是生物医学，它的核心是疾病，关注的焦点是看病、找病、治病。西医学把疾病完全看作是"恶"的体现，努力去发展能与之直接对抗或进行补充的替代性物质手段，以期实现其征服疾病和消灭疾病的医学目的。而中医学是"健康医学"，是以人的生存健康为出发点和落脚点的。它不去割掉肿瘤，而是让人与瘤长期共存，虽然没有消除疾病，但是患者的生活质量却得到了明显的提高。归根到底还是治病与治患者的关系。当然无论是抛开疾病谈健康,还是罔顾生命只治病,都不是一种正确的医学思维,只有两者结合,才能有利于患者,有利于医学发展。

9. 生命科学与物质科学相结合

物质科学主要包括物理学和化学,致力于研究物质的微观结构及其相互作用规律。生命科学是研究生命现象、生命活动本质、特征和发生、发展规律,以及各种生物之间和生物与环境之间相关关系的科学。现代西医对病理的分析已达到分子水平(如对遗传基因的研究)。由于西医以物质的粒子层次为基础,所以它治病着眼于人体的生理,侧重于人体的生理结构。西医从人体的生理结构入手来解决疾病过程中人体的功能和代谢异常等问题。中医更注重人是一个有机的整体,借助于思辨的力量,从整体上把握人的生命的本质。这是中西医思维的本质区别,因此中西医的结合归根结底应该是物质科学思维和生命科学的结合。

10. 个性与共性相结合

人们总是认为只有找到共性的、客观的规律才能揭示生命的秘密,而中医更注重个体差异性。中医临床有很多不可重复性,主观性、随机性太强。这就要求我们要突破对抗性治疗的束缚,重视调解自愈治疗,重视个性化治疗,重视不同学说和流派,走调节自愈、个性与共性并重之路。

11. 宏观辨证与微观辨证相结合

宏观辨证是当前中医最常用的辨证论治形式,它是建立在宏观认识问题的基础上,概括性高,容易把握事物的共性,着重运用运动的、整体的观点去认识人和疾病的关系,故在宏观、定性、动态方面的研究有独到之处,基本把握了疾病的本质。微观辨证是在临床搜集辨证素材中,引进现代科学,特别是现代医学先进技术,发挥它们在较深入层次上,微观地认识机体的结构、代谢和功能特点,简言之,是用微观指标认识与辨别"证"。从科学观和方法论的角度看,兼顾整体与局部、综合与分化、微观与宏观的统一,是认识事物本质的正确方向,只有将宏观辨证与微观辨证相融合,才能更准确地把握"证"的本质。

名医寄语

　　我认为医生是最好的职业，尤其是我们中医。从事中医是一项伟大的工作，高尚的工作。一方面，中医救死扶伤，治病救人，做的是善事；另一方面，中医是道，从事中医是实践天地之道、哲术之道，行的是善道。所以还是强调"看病讲精诚"。精诚合一，既要医术精湛，又要医德高尚，两者缺一不可。21世纪是中医的世纪，面对新形势，只有保留"大医精诚"这份宝贵的精神财富，由岐黄子弟薪火相传、世代继承，并在此基础上不断创新以应对新的挑战，才能成为真正意义上的当代好中医，才能为中华民族走向复兴和创新发展保驾护航。

　　最后送给后学者5句话共勉：①坚持临床，重视疗效，是中医发展的根本。②坚持研习古籍经典，稽古以鉴今。③坚持跟师临证，继承与发展相结合。④坚持以中医理论为指导，按中医自身规律科学发展。⑤坚持弘扬中医药文化，把握中医药传承的精髓。

（李佃贵国医大师传承工作室　杨倩整理）

第六章◎严世芸

严世芸（1940—），男，首届全国名中医，第四届国医大师。上海中医药大学终身教授、博士研究生导师，曾任上海中医药大学校长、上海市中医药研究院院长、中华中医药学会副会长、上海中医药学会会长、上海市政协委员。现为全国高等医学教育学会常务理事、全国高等中医教育学会顾问、全国中医药高等教育学会教育评估研究会理事长、香港大学中医药学院荣誉教授、香港中文大学中医学院荣誉教授。2017年获首届全国名中医称号。为第六届全国高等学校教学名师、第四届上海市高等学校教学名师，上海市文史馆馆员，《辞海》副主编。享受国务院政府特殊津贴。1964年毕业于上海中医学院，后留校任《伤寒论》教研室。1973年到曙光医院跟随张伯臾侍诊学习15年。1978年调回上海中医学院任各家学说教研室主任。1985年任上海中医学院副院长、上海中医药研究院副院长。1998年任上海中医药大学校长；2016年担任《WHO中医药术语国际标准》的中英文草案编撰工作项目技术总顾问。从事中医药教学、科研、临床工作50余年，先后出版论著30余部，发表论文60余篇。教学上曾主讲《中医各家学说》《伤寒论》等课程。主持国家社会科学基金重大项目、国家社会科学基金重点项目、国家自然科学基金面上项目等各类课题30余项，曾获国家教育部科技进步二等奖、国家优秀教育成果二等奖、上海市中医科技成果奖二等奖、国家中医药管理局科技进步奖三等奖、中华中医药学会科技进步奖三等奖，国家图书奖提名奖、卫生部高等医药教育教材编写委员会优秀教材三等奖等、中华中医药学会学术著作奖一等奖、中华医学会医学教育分会终身成就奖、上海市劳动模范等多项荣誉称号。2021年3月获得第五届张安德中医药国际贡献奖。临床上，先后跟随其父严苍山、张伯臾等名老中医学习。取法百家，对张仲景、金元诸家、张景岳、叶天士、王清任等医家学说尤有心得，又参以己见，发挥新说，不拘一格，特别对运用中医药治疗心脑血管疾病及疑难杂症具有独特的经验。

我的学医缘由

访谈者：您是怎么走上中医之路的？

严世芸：我学医是受我父亲影响。小时候上海曾发生疫病，我父亲曾用自创方药救治了许多危重患者，还常给他们垫付药资，他说："治病救人是医生的天职，重财求利不如改行去经商。"曾被患者称为"活菩萨"。在父亲的影响下，我在中学毕业后（1958年）报考了上海中医学院。大学毕业后，直接留校工作，在1973年1月，我正式走向临床，跟张伯臾老师抄方，一直到张老1987年去世，这15年的时间里，我一直跟随在他左右。当时张老在曙光医院五病区，搞中医药治疗急症，我们一起研究，最后总结出34种急症，只用中医药治疗，疗效也很好，对此我印象极为深刻。当时最令人佩服的还有五病区杨玉华主任，他是搞西医的，技术很好，给我们把关。每逢有患者进来，杨玉华主任看了以后，就跟张老说："这个患者，我给你几天，在这几天之内，你用中医治疗，过了几天还不好就归我来。"我们就是在这种有利的保障下，用纯中医疗法治疗急症，事实证明效果不错。

在急诊的工作，强化了我的西医基础，使我遇到任何危重急症，都能心中不慌，并且可以对患者的病情严重程度形成直觉判断，并且确立"中医为本，洋为中用"的思维方式，也就是说现代很多仪器设备、诊断指标，我们也是可以应用的。

我学习中医的三个阶段

访谈者：您学习中医经历了哪几个阶段？

严世芸：我学习中医的过程大体可以分为三个阶段。

第一个阶段，是在上海中医学院读了6年本科。在大学的学习，主要是靠课堂听讲。我那时参加的课外活动多，也没什么精力复习，但每次考试结果出来，我的成绩总是在前五名。这一点，我认为是得益于我在中学时期培养的思维能力。上课的时候，老师一边讲课，我一边写笔记。我的笔记和一般同学的不一样，不是照抄老师讲课的内容，而是整理课程的思路。等老师课一上完，我的笔记也就整理好了，课程内容的大半已经理解了，到考试之前再看一下，知识也就巩固了。我们考试之前的复习也很有特色，总是几个平时比较要好的同学在一起。那时候三天考一门，所以一门课的复习时间也就三天，在前两天，大家都是自己看自己的，到了第三天，大家就在一起互相提问，看对方是否能够答出来，既是复习，也是游戏。那时候年纪轻，记忆力也好，一般的问题都问不倒，所以问到后来，就专挑书上一些冷僻的知识提问，到了最后，几乎问到这本书第几页说什么的地步。这种分工协作是在中学阶段所没有的，在这种合作的学习之中，我也获得了更多的乐趣，这种合作所得的乐趣，同独自学习是完全不同的。古人说："独乐乐，不如众乐乐。"人毕竟是要融入到社会之中的，尤其是对于医学这样一个与社会密切联系的学科，更是如此。现代社会越发强调团体与合作，这种合作的精神，是大学要教给学生的重要内容之一。此外，虽然平时课外的活动很多，复习的时间少，但是我对医学其实是非常感兴趣的，对于自己有兴趣的事情，我一贯都是全力投入的。那时候刚刚开始上解剖课，同学们都比较害怕，尤其是晚上，但是我就常常一个人，晚上去解剖室做实验。记得有一次弄胸导管，我一个人在解剖室弄到深夜 11 点多，把胸导管全部剥离好，第二天交给老师。所以说，兴趣确实是最好的老师，有了兴趣，自己就有动力去学习，根本不需要别人来督促或者采用什么手段来强迫。平常周末没有什么活动的时候，我就回家，跟父亲抄方，那时候潘华信（上海中医药大学各家学说教研室资深教授）已经跟随我父亲学习，我们常常在一起。

　　第二个阶段，就是我在临床中的学习。1969 年到 1972 年，这段时间我加入了教育革命医疗队。先是去陕西路的兴义门诊部，几个月后，医疗队开始巡回医疗，先到"赤脚医生"原型所在地川沙江镇，正巧当时的指导员和工宣队也比较支持，配合我们专心进行业务学习。专家们都拿出生平所学，追踪当时的医学前沿，所以这段经历对我的影响很大。1972 年下半年，上头批示中医的传承要"配对子"，即老中医对年轻医生进行传帮带，医疗队也就此被拉回了学校。学校在安排新老结合"配对子"的时候，本来想把我安排给刘若一先生，来问我的意见。刘若一先生主要是搞伤寒的，他的研究路数跟丁甘仁是不一样的，我父亲在上海中医专门学校的时候，学习的就是丁派，我基本上是沿袭了父亲的思路。考虑到这一点，后来学校又做了调整，安排何传毅跟刘若一先生，安排我跟张伯臾先生。张伯臾先生是上海中医专门学校 1923 年的毕业生，毕业后还跟随丁甘仁先生侍诊了一年，跟我父亲都算是丁派的传人，而且他也是我大学实习时的指导老师，彼此的研究思路都很熟悉，能够归他的门下，我自然是非常高兴。到了 1973 年 1 月 1 日，我正式去张先生那里报到了。当时张老在曙光医院五病区搞中医药治疗急症，急性心肌梗死、急性胰腺炎、发热待查、急性出血热、急性消化道出血等，都用中医药治疗。记得刚开始搞心梗治疗的时候，我们设定疗效对照。由急诊收的心梗患者，总是轮流一例送到五病区进行中医治疗，下一例送到七病区进行西医对照治疗。最严重的患者有休克、心律失常和心力衰竭三种并发症共存。五病区进来的患者，不用西药，完全用中药治疗，除非严重心律失常的，用一点利多卡因对症治疗。这样一共做了几百例对照，中医治疗的没有一例死亡，而七病区只用西药治疗的有 10 例死亡。

张老开的方子，开始时沿袭"温病学"的思路，药量轻，用药也少，可能原来中医都是看门诊，患者病情较轻的缘故。到了病房以后，碰到的都是危急重症，张老方子的剂量也开始越来越大，用药越来越杂。

记得我们开始搞急性胰腺炎的中医药治疗是源于一个老太太。当时这个老太太患了急性出血坏死性胰腺炎，危险程度很高，我们按照当时的常规西医手段治疗，在床边守了三天，还是没有抢救回来。这就促使我们研究中医药治疗急性胰腺炎的药方。通过慢慢摸索，我们搞出了"清胰汤"。以后遇到急性胰腺炎就用清胰汤，如果患者没有大便再加番泻叶，只要大便一通，就没有危险了。现在曙光医院西医外科治疗急性胰腺炎时，还在继续使用这个方子。

到张老 1987 年去世，这 15 年的时间里，我一直跟随在他左右，我开的方子，总要拿给张老看一看，每个礼拜，我都要到张老家里坐一坐，聊一聊。之后，我把张老的医案整理汇集，编纂成《张伯臾医案》出版，这是"文革"后所出版的第一本中医医案。还记得付梓之时，张老坚持要把我的名字放在第一位，令我惶恐不已，又感激不已。张老严谨科学的治学态度，从不满足的学术追求，特别是对我的关怀和提携，都是我一生受用不尽的财富。

第三个阶段，对我影响比较大的就是对中医经典的学习。1978 年，我又回到了学校，在基础部各家学说教研室担任副主任。自新中国成立以来，中医各家学说的课还没有一部令人满意的教材，之前使用的都是自编讲义，内容比较单薄、简单，只挑了八位最有代表性的医家，不能很好地反映历代医家学说的概貌。这时裘沛然（裘老）就对大家提出要求，让大家分头研读医家原著，归纳提炼，总结升华，自行编写教材。当时我们教研室五六个年轻人，都是四十岁左右，一头钻进古籍中，每天沉吟其中，潜心读书；每周定期碰头讨论问题，检查进展，裘老也给我们讲解。大家都干劲很足，经常到裘老家中讨论，有时不知不觉就到午夜了。我们有个同事，冬天在裘老家讨论到下半夜，出来连公交车也没有了，就在零下几度的寒冷空气中走路回去，大概走了四十分钟到家，第二天还继续上班。我们就这样搞了一年多，编写了《中医历代各家学说》，共包括四十多位医家，这是"文革"后第一部关于中医各家学说的教材。

这段埋头于医学文献的时光，是令人难忘的。很多著名医家的原著，我反复阅读，悉心揣摩。原来很多在临床遇到的问题，在这里都有涉及，这给我提供了思路。有些问题，不同的医家给出了不同的解决思路，大大拓宽了我的视野。因为要编写教材，我们对临床问题的认识又上升到新的理论高度，并且加深了对临床的理解。这些原著，很多都是历代医家第一手的临床经验，是活生生的教学案例。同时，多年的临床一线工作又加深了我对于理论的认识，临床与理论可谓相辅相成。这使我对于中医教育中学习经典原著有了更深切的体会，在中医的培养过程中，对经典医籍的学习必不可少。典籍中除了《黄帝内经》《伤寒论》《金匮要略》《温病学》四大经典外，后世各家典籍理论也给我很大启示。

"中和"思想是认识和理解中医学的基石

访谈者：如何学习和理解中医学？

严世芸："和"的观念是中国传统哲学的重要原理，亦是中医药临床过程中的价值追求。孕育脱胎于中国传统文化的中医学，从理论到实践，也无不贯穿着"和"的思想，"中和"思想是认识和理解中医学的基石。中医学认为人的生命过程，始终处于从不间断的变易之中，保持其内环境及内环境与外环境之间在变易中协调的和谐状态和关系是人体生命健康的根本。基于此，我们提出了变易思想、中和思想、三才思想及意象思维作为中医临床与基础研究实践的指导思想。

所谓"变易思想"，即《易经》之变易。天地万物都在不断地变化，变易是有规律的，变易无时无刻不在进行。比如一个人从早上睁开眼睛开始，直到晚上睡觉，他一天的阴阳气血都在变化。变易思想是先秦哲学里对中医产生重要影响的一支。所谓"中和思想"，通俗来讲，便是研究两个事物——比如人与人、水与盐，两个个体或两种物质之间互相接触、介入时的最佳状态。先秦哲人认为，事物之间的交互与碰撞，要在"和"的状态之下进行，即"中和"。"三才思想"，总结中医学与传统文化的关系。三才是天、地、人，中医不是单纯看一个人，中医是在天地宇宙的整体背景中观察一个人的生命迹象，这一理念始于先秦诸子百家，如中医的发源之作《黄帝内经》便蕴含了天地人的整体思想。"意象思维"，即"藏之于内，形之于外"。通过外在的表象推理内在的变化。中医对五脏有两种叫法：一种叫脏腑，另外一个叫法叫藏象，就是从外在观察内在脏腑器官的状态，即藏象。从外在表象来观察脏，就叫意象思维。

临床经验与创新

访谈者：请谈谈您的治学方法与临床经验？

严世芸：从事中医教育与临床五十余年，我始终坚持"传承精华，守正创新"，以"中和"思想为指导，融入"坚守、责任、担当"理念，领悟中医变易思想、三才思想及意象思维，逐步形成"敢于超越"的意识，在长期的临床实践中不断积累临床经验，不断提高自身的中医学术水平，并有所创新，现归纳如下。

1. 构建藏象辨证论治新体系

中医辨证论治是中医学术理论的核心之一，更是中医临床医学的精髓。现代中医学根据历代医家有关临床辨证的各种辨证方法，在一定情况下反映了疾病的内在联系，至今仍为中医临床认识和分析疾病的主要手段。然而还应看到，这些辨证方法是在不同的时代、不同的条件下形成的，其历史年代跨度有两千年上下，因而各自归纳的内容、理论特点和适用范围都不尽相同，有以病位为言；有以病因、病性为论；有的较抽象，有的较具体。它们既各有特点，不能相互取代，而又不尽完善、不够全面；既交叉重叠，而又未能形成统一的体系。例如，八纲辨证中存在大量交叉重复的内容，使其在一定程度上失去了"纲举目张"的作用，而且八纲辨证对疾病的认识尚不够具体，也不够深刻。如卫气营血辨证，将外感温热疾病的发生发展划分为卫分证、气分证、营分证、血分证，而临床实际的卫气营血病证则是难以截然分割的。在温病辨证论治中，三焦辨证与卫气营血辨证是"一纵一横"的关系，两者密不可分。在三焦辨证中，上焦温病包括手太阴肺和手厥阴心包络，中焦温病包括足阳明胃和手阳明大肠、足太阴脾，下焦温病包括足厥阴肝和足少阴肾的病变，说明三焦辨证也是与脏腑辨证、经络辨证息息相关的。有关经络辨证，在临床上，诸多内科疾病，以及外科、妇科、五官科、皮肤科疾病，甚至儿科疾病，应用经络辨证方法诊治举不胜举，遗憾的是，将脏腑和经络看成是两个独立体系的思辨方式在当今中医界似已成为惯例，因而，在很大程度上致使临床医师对脏腑经络病证的定位较为模糊，从而直接影响了辨证论治疗效的提高。而以脏腑为中心，把脏腑与经络、脏腑与形体各器官组织、脏腑与精气神，乃至脏腑与自然、社会环境等都有机联系起来的、在整体观念指导下的藏象学说，一直是中医辨证论治的理论基础。通过长期学习领悟、反思探索、综合辨析，我提出了中医"藏象辨证论治理论体系"，该体系梳理整合中医历代各家各派散在的各种辨证方法，以中医固有辨证思维、整体思维的方式，构建一个以藏象理论为核心，能包容脏腑辨证和其他各种辨证论治精华的藏象辨证论治新体系，是对传统辨证方法的一种创新、发展和提升。

2. 不拘一格，兼备各家

我长期从事中医历代各家学说及学术经验研究，在临床治疗中，以仲景大法为基础，临床上用养阴之品，也不避温热燥药，以附子与麦冬、熟地同用，肉桂共黄柏合剂。症情错杂时，用药也不避杂乱之嫌，但要乱中有法，杂中有序。多读《千金要方》，以知寒热补泻、方药配伍之妙。在重视调养正气的同时，不废攻邪，领悟张子和"不可畏攻而养病"的观点，将扶正达邪与祛邪安正两种学术思想结合起来，灵活应用于杂病的治疗。随着医学的不断发展，疾病谱已经发生了很大的变化。因此，过分拘泥于古代先圣之一人一法，已难于取效，故当不拘一格，灵活遣方。如风湿性心脏病出现心力衰竭，则当辨为肾阳衰微，水气内停，治疗应选用真武汤。然而，此为久病，气分病变必已累及血分，而致血行不畅，加用王清任之血府逐瘀汤可兼顾气血，提高疗效。同时，遵循张景岳的理论，在温阳利水之时，可适当选用补阴药物，以使生化之源充足。如此遣方用药，不仅可以获得满意疗效，而且顾及了治病必求于本的原则，为取得长期疗效打下了基础。因此，临诊遣方当不拘一格，兼备各家，以取得最佳疗效。

3. 调养精、气、神以治未病

中医治未病理论历史悠久，"上工救其萌芽，下工救其已成之败"。调养精、气、神是治未病的重要内容。精、气、神是构成、维持人体生命活动及脏腑、经络、四肢、官窍功能活动的物质基础，其盛衰变化主宰整个人体生命活动。中医认为精、气、神乃人体三宝，生命基础在于精，生命维持赖于气,生命现象表现于神,它是中国传统养生和生命学说的重要组成部分。治未病关键在于调养人体之本——精、气、神,从而协调脏腑功能。精、气、神三者相互影响,精生气,气生精,精气生神,精气养神,精充、气足、神旺,则人体健康少病;如果精亏、气损、神怯,则会导致疾病的发生,加速衰老。所以精、气、神是人身之根本,保养精、气、神以固本是治未病的重要保障。古人非常重视对于精、气、神的保养,张景岳说:"善养生者,必宝其精,精盈气盛,气盛则神全,神全则身健,身健则病少。"我认为保养精、气、神,关键在于修身养性,清心寡欲,则心不外驰,神不妄游,气不外耗。具体包括摄生防病,导引养形,导引吐纳等;劳逸结合,动静结合,动中求静,静中求动;调畅情志,保持精神愉悦,不断增强自身修养,提高心理承受能力,积极乐观向上;饮食有节,谨和五味,不宜厚腻,不宜偏嗜,戒醇酒;天人相应,顺应四时阴阳;适度房事,保精气——即导引、劳逸、情志、饮食、房事等方面,从而达到"养气、积精、全神"以治未病。现代医学的任务不仅仅是治疗和预防躯体的疾病,更重要的是要预防心理的失调,纠正心理心态的紊乱和障碍。

4. 协调阴阳

阴阳学说贯穿于中医学术理论体系的各个方面,既可用来说明人体的生理功能,也可解释疾病的发生发展规律,对临床具有重要的指导意义。

临诊若遇阳气虚损而用补阳益气的附子、桂枝、黄芪、鹿角等药物时,应注意适当使用补益阴液的生地黄、熟地黄、山萸肉、白芍等,以使生化之源无穷。此法常用于各种原因引起的心力衰竭、陈旧性心肌梗死、顽固性期前收缩(早搏)、椎—基底动脉供血不足引起的眩晕等。反之,病家表现为阴精亏损,使用补阴填精的药物,如生地黄、熟地黄、何首乌、枸杞子、麦冬、炙龟甲,同时也应兼顾补益阳气的药物,如附子、淫羊藿(仙灵脾)、菟丝子等,以使生升之源不竭,如中风后遗症之下肢萎软等。一味补阴或一味补阳,总有偏颇之嫌。我认为,从病证的病机出发,协调阴阳、配伍得当是处方用药的关键。

在杂病的治疗过程中要始终注意"补不宜呆滞,泻不可伤正,寒不能伤阳,温不可劫阴"等配伍用药原则。如在胸痹治疗中,尤须注重协调阴阳法。阴损及阳轻证,仿炙甘草汤,以阳中求阴;重证则附、桂同用于养心阴方中,以扶阳配阴。阳虚及阴轻证,在温阳方中酌加生地黄、麦冬、枸杞;重证则合生地黄、熟地黄、山萸肉、何首乌等阴中求阳,养阴配阳,阴阳相济而使心脉得养。

5. 调气活血，百病乃安

气是构成人体和维持人体生命活动的最基本物质，气的升降出入运动必须协调平衡，才能维持正常的生理活动。而血液的正常循行，是各个脏器气机升降出入运动共同作用的结果。在正常生理状态下，气血存在着协调运行和相互生化的关系。而一旦气虚血亏，气滞血涩，这种和谐关系就会失调，从而导致疾病的产生。

根据临床应诊经验，我发现气血为病较为常见。或因外邪侵入、饮食劳倦，或为情志不畅，或由先天不足，而致气滞、气逆、气陷、气虚等证；进而影响到血液的正常生化运行，产生血不循经而出血、血行不畅而血瘀、生化不足而血虚等病变。三因致病，往往气先受之，进而影响到血液的正常循行。所以，新病之人，或理气、降气、升气，或补气、益气。常用枳壳、香附、延胡索（玄胡）、川楝子等理气；以旋覆花、降香、沉香、牛膝等降气；用柴胡、升麻升气；用黄芪、党参、炙甘草等补气。上述方法，有时兼而用之，以达调气之目的。如遇久病之人，或因失治，或因误治，其病必已侵入血液，致使血液涩而不行，故常在调气之外，还用当归、川芎、丹参、桃仁、红花、地鳖虫、三棱、莪术等活血化瘀，如病久入络，则加用全蝎、蜈蚣等虫类药物。针对久疾顽症，调气活血合用，至为重要。正如《素问•至真要大论》所说："疏其血气，令其条达，而致和平。"此法运用于多种疑难顽症，常获良效。

6. 五脏兼顾

在临证中注重五脏兼顾，治心系病证兼顾治脾、治肾，重视调理肺、肝，协调诸脏器的总体功能，调动人体正气，以达到扶正祛邪的目的。治心系病证应重视调理脾胃，心系病证诊治中，常辨证加入生晒参、红参、黄芪、白术等品，以健脾培元法治疗稳定性劳力性心绞痛。

例如，我曾在 1992 年出国学术交流期间治疗一美国中学生，罹患扩张性心肌病，慢性心力衰竭，心功能Ⅳ级，气促，动则气喘，难平卧，水肿，乏力，美国医师断言该患者预后不良，生存不会超过半年。辨证之后，我即以补中益气汤、真武汤合补阳还五汤化裁，加用活血软坚之牡蛎、海藻、鳖甲，大补元气之人参，温补肾阳之淫羊藿（仙灵脾）、补骨脂、鹿角片等，滋补肾精之生熟地等，后又服用此类膏方，患者病情得到缓解，就读医学院直至工作，目前仍在世。

治心系病证注重调肝，疏导七情。中医学认为，情志失调可致心病，因为"喜则气缓""怒则气上""悲则气消""恐则气下"可使气机升降失调。关于心系病证的标实，中医学认为以痰、瘀、饮、气滞为多见，且多为因虚致实，同时又有兼热、兼寒的不同，其原因与心病时五脏六腑功能失常有关。故在祛邪治疗中应重视对这些脏腑功能的调整，而不是单纯祛邪，祛邪治疗也必求其本，治疗常以益气活血、温阳利水、健脾化痰、疏肝理气等立法。在标本兼顾中重视权衡本虚标实的孰轻孰重，灵活应用扶正祛邪的各种方法，治疗用药上把握好"祛实通脉不伤正，扶正补虚不碍邪"的原则，或先祛实通脉，或先扶正补虚，或寓补于通，或寓通于补，或通补兼施，章法分明，精当选药。

优秀中医应当具备的素质

访谈者：您认为优秀中医应当具备哪些素质？

严世芸：我认为要成为一个优秀的中医，首先要拥有扎实的理论功底，要熟悉中医基础理论，明白中医的思想理论基础，阴阳五行和精气神，四大经典，历代医学著作，广览群书，但须抓要点，提炼知识精华，吸收各家特色和优点，如以朱丹溪为代表的滋阴派及以刘河间为代表的寒凉派，观其处方用药，多是寒热并用，辨证施治，非是滋阴、清热为主，因此在学习过程中要兼收并蓄，认真系统学习各家学说的长处，莫存门户之见，努力提高自身水平。

其次，要重视望、闻、问、切四诊，而其中尤为要留意的是问诊，这个要好好把握。脉诊需要经验的积累和悟性。舌诊可以帮助临床医师分辨阴阳气血的变化。四诊其实都很重要，可以相互验证，增强诊断的正确性。

最后，广泛涉猎，要注重培养国学素养。古代成大医者多为大儒，就是要有深厚的国学功底，要有发散思维，不可死读书，读死书。融合各家之长，不可局限于一宗，明清时期的一些医家受到八股文的影响，丝丝入扣，反而使方剂使用固化，细辛不过钱、麻黄不过八分等都是在宋元之后出现的，而宋元以前的方剂多以临床疗效为主，在临床使用，疗效确实不错。清代的专病著作较多，不能拘泥一家，当取其精华，去其糟粕。

总之，当下学子应做到博观而约取，厚积而薄发。重视传统文化、经典学习，从史学观的角度，溯本追源，结合时代背景，全面系统地认识各个医家的学术特点，理清中医发展脉络，做到"传承精华，守正创新"。

现今迎来天时、地利、人和的好时机，正是中医药事业蓬勃发展的最佳时期，中医药走向世界，充满了机遇与挑战，因此中医自身一定要有扎实的功底和良好的临床疗效，打铁还需自身硬。新时代的中医拥有更多的学习资源和成长空间，不断学习总结，定然可以超越前人，成长为符合新时期需要的好中医，为中医药的发展、中国和世界健康事业做出贡献。

我对传承老中医经验的体会

访谈者： 您对传承老中医经验有哪些体会？

严世芸： 传承老中医经验，我认为要做到坚守、责任、担当。

1. 坚守

坚守，即坚定地遵守或保持。学习不是一个一蹴而就的过程。学习中医更是如此。跟随老中医学习、抄方的过程是一个需要长期坚持的过程。新中国成立前的中医学校，学生得跟随先生抄方，一对一随名师学习，这期间就需要持之以恒。我1973年开始跟随张伯臾老师学习，直至张老1987年去世，在这15年里，我一直跟随他左右，感受到有老师指导的好处，体会到与在校学习的不同，收获颇丰。

2. 责任

责任，即职责和任务。传承名老中医的经验和中医药文化不能三天打鱼，两天晒网，不能别人安排什么就做什么。应该把责任意识融入自己的学习工作中，多思考，多提问，认真工作，充分发挥主观能动性。先生发现学生确实肯学、肯吃苦，也会愿意多跟我们分享一些经验，帮我们分析一些看病过程中遇到的问题，这就更有利于医术的精进，促进和先生的互动。

3. 担当

担当，指承担、担负任务责任等。跟随老中医抄方时，要明确自己应该承担的工作。跟患者保持良好沟通，了解先生的需求，需要什么辅助工作，认真完成自己的任务。无论是望闻问切的内容、遣方用药的方式，还是患者的主诉，要用心聆听、思考，时时积累。用心学习，耐心学习，不断提高自己的中医悟性。

名医寄语

　　我认为提升中医素养要注重"传承精华，守正创新"，以"中和"思想为指导，融入"坚守、责任、担当"理念，领悟变易思想、三才思想及意象思维，逐步形成"敢于超越"的意识，不断提高自身的中医学术水平。你们都是奔涌的后浪，作为前辈，我做的工作实在有限，中医药事业的希望和未来在青年，希望你们努力学习，将中医药传承好、发展好。

（严世芸国医大师传承工作室　杨爱东、齐卓操整理）

第七章 ● 陈彤云

陈彤云（1921—），女，首都医科大学附属北京中医医院主任医师，第三、四、六批全国老中医药专家学术经验继承工作指导老师。

青少年时期，在父亲陈树人授徒时，陈彤云教授常在旁聆听，中学、大学寒暑假还时常协助父亲抄写处方，婚后得到公公——京津皮外科名医哈锐川先生亲授真传。1950年参加北京市中医师执业考试，以全市第一名成绩取得中医师执业资格，开始正式独立执业行医。1950年5月协助创办北京中医学会，与先生哈玉民将自家诊所100平米无偿提供给学会办公；1951年，在北京市卫生局领导下，创办北京中医进修学校，任教务主任；1953年至1962年，边工作、边学习，从而有机会师从秦伯未、任应秋、陈慎吾、赵绍琴、宗维新等名家，通过学习《黄帝内经》《伤寒论》《温病条辨》《金匮要略》在基础理论上得以提高；1956年3月接北京市卫生局指示，在北京创办北京中医学院（北京中医药大学前身），经过夜以继日的艰苦筹备，因陋就简，学校终于如期于当年9月开学，招生120多名；1957年获北京市东城区妇女积极分子称号；1966年调至北京中医医院外科，跟随名医赵炳南继续从事外科临床工作，因赵炳南老师与哈锐川老师乃一师之徒，从而有机会深入理解丁氏外科思想精髓，并有所发挥；1985年由北京中医学会和全国侨联华侨文化福利基金会联合创办北京中医华侨咨询部，陈彤云任咨询部主任，这是面向海外的第一间中医门诊部；1988年获北京市科学技术协会最佳理事长称号；1993年由其组方研制的"祛斑增白面膜"获北京市中医管理局科技成果奖一等奖；2000年获北京中医药学会中医药工作贡献奖；2001年获《北京中医》杂志第二届编委会委员贡献奖。

2003年、2008年、2018年分别担任第3批、第4批、第6批全国老中医药专家学术经验继承工作指导老师；2010年获北京中医药学会老中医药专家特别贡献奖；2011年获北京市"健康有为老寿星"称号；2011年北京中医药工作会议上授予"陈彤云名老中医工作室"市级优秀奖，全市验收评分第一名；2013年获第二届"首都国医名师"荣誉称号；2016年获得中国女医师协会"中国最美女医师"称号；2017年1月7日，由陈彤云组方研制开发的中药护肤品"金花清爽系列""洋参靓肤系列"正式上市，其产品收益全部捐献北京中医医院，这是北京中医医院老专家首位成果转化产品的成功案例；2017 年 5 月获人社部、国家卫生计生委、国家中医药管理局首届"全国名中医"称号；2018 年首届"中国医师节"上获"中国医师奖"；2018 年 12 月 5 日，荣获由《环球日报》社、《生命时报》社、伙伴医生联合主办"敬佑生命·荣耀医者"公益活动"人文情怀奖"；2019 年 11 月 15 日获国家发明专利——"草本洋参皮肤美容改善药物及化妆品应用和制备"；2019 年 12 月，陈彤云品牌中药护肤品"金花清爽系列""金花修复系列"及"洋参靓肤系列"获评为"北京礼物"；2021 年 12 月 8 日，荣获由《环球时报》社及《生命时报》社主办的"敬佑生命·荣耀医者"第六届公益活动"生命之尊奖"；2022 年获人社部、国家卫生健康委、国家中医药管理局颁发的第四届"国医大师"称号。从事中医药教学、临床、科研工作 70 余年，先后出版论著 10 余部。

我的学医缘由

访谈者： 您是怎么走上中医之路的？

陈彤云： 真正对中医学产生强烈的兴趣和认同，缘于我 12 岁时发生的一件事。

1933 年，父亲已经是北平一位有名气的中医内科医生了。当时的华北第二集团军抗日挺进军总指挥刘翼飞，他 5 岁的独生子患猩红热，发高烧昏迷不醒，嗓子肿得连水都无法下咽。猩红热在当时是不治之症，那时青霉素尚未问世，西医没办法，染上猩红热无异于被判了死刑，刘家上下为孩子的病惊慌失措，他们慕名请父亲做最后的努力。

父亲属温病学派，一番诊视后，见病儿高热谵妄已是危象，但还不是无药可救。他略作沉吟，心里已经有数。一方开出，几剂药下，一周后那小公子热退人醒，不久竟痊愈如初。刘家大喜过望，这不仅是救命，还是子嗣传宗啊，因此举行了一个非常隆重的感恩仪式。刘翼飞先生一身戎装，亲自登临父亲的诊所鞠躬致谢，送上一块写有"功高保育"的巨幅匾额。直到现在我还清晰地记得，那巨大的匾额横放超过当时我的身高，猩红的底色，四个用金粉书写的大字，挂上去几乎占满了一面后墙，颜色鲜艳夺目。这件事不仅在街坊中引起轰动，连我所在的十二条小学的校长、老师都来相问，让我在学校里讲这个故事。那样隆重的场面和周围人们的反应，对少年的我产生了深刻的影响。我知道了，由于治病救人，父亲受到了社会的尊重；我也意识到，中医很了不起，中医事业是个高尚、伟大的事业。从那时起，我特别敬佩父亲，对中医学有了信任感，心里种下了热爱中医的种子。

按说这样的家庭背景和濡染，父亲肯定要让我学医。但在 20 世纪二三十年代我刚懂事的那个时期，中医学正遭受着巨大的冲击，当政的南京国民政府内有人提出"废止旧医"。从父亲与朋友的谈话中，我感觉到中医大夫们处境的艰难，中医的社会地位低下，很多中医大夫到南京国民政府去请愿。

我父亲眼界开阔且不保守，既请塾师来家教我学习中国传统文化，又送我到西式学校去读书。该上中学时父亲为我选择了北平最有名的教会学校——贝满女中，学费虽极昂贵，但那里有严谨的校风、一流的教育，以及德才兼备的师长。贝满的校训是"敬业乐群"，我的六年中学时光是在校训警示中成长起来的，打下了扎实的文化知识基础，陶冶了品行，培养了向上的精神，"敬业乐群"成为我一生学与行的规范。

青少年时期我有自己的想法。当时既然不能随父从医，我便选择了学习当时很新潮的"社会经济学"，1940年我考入了著名的辅仁大学。这一时期，我的先生哈玉民走入了我的生活，他已是毕业于华北国医学院的内科医生。

说到我的从医之路，还必须提及我的公公哈锐川。哈锐川，回族，生于1891年。哈锐川的父亲哈文瑞先生家境清寒，虔信伊斯兰教，素喜医道，常为回族同胞诊治疾病。哈锐川在哈文瑞先生指导下，13岁已攻读诸多医家名著。1907年，哈锐川16岁时拜在中医外科名家丁庆三先生门下。丁庆三也是回族人，在北京花市大街开设有"德善医室"。丁庆三门下弟子有哈锐川和后来以治疗皮肤病著称的师弟赵炳南等。

据弟子回忆，哈锐川尊仰老师，侍诊十年。丁公感其忠诚勤勉，将毕生心得及炼丹配药技术倾囊传授，高年后将德善医室的全部事务委托哈锐川代理，足见对其人品的信任和倚重。1917年丁庆三病逝后，哈锐川才在北平王府井大街南口正式悬壶开业。

哈玉民也像我一样，幼承家学，在四书五经和杏林岐黄的熏陶下长大。哈玉民自小在父亲的医楼里进出，耳濡目染，懂得了不少医道。他不仅聪颖，更难得少年沉稳，坐得住，肯钻研，热心参与弟子们制药，所以哈锐川在几个儿子中特别寄希望于他。20世纪30年代初，哈玉民中学毕业后，考入施今墨创办的华北国医学院，取得内科执业证书，既学中医传统理论，也学西医学基础课程。无课时他就随父临诊抄方，亲手配药，所以临床能力和药物知识非一般同学能比。1937年毕业后，哈玉民就在父亲的医馆里行医，他的医术也很快获得患者赞扬。

哈锐川先生与吾父陈树人在北平城的中医界里，一外科，一内科，私交甚笃。哈锐川为儿子求亲，在双方家长的撮合下，我与哈玉民于1939年举行了正式的订婚仪式。那时我在辅仁大学只知道刻苦读书，并不想过早结婚。但20世纪40年代抗战时期，局势动荡，人心惶惶。在双方父母催促和安排下，1942年，我在大学三年级时与哈玉民正式成婚，婚后我仍到校上课。

沦陷时期，社会上一片混乱，民不聊生，大学生毕业就是失业，我对未来的去向颇为踌躇，不甘心在敌寇的压迫下工作。最终，我决定学医，帮助先生和翁公料理医务和家事。我的从医之路是在边阅读《医宗金鉴》《外科大成》《外科准绳》等入门书籍，边参加医疗实践中开始的。

哈锐川的慈善之心和奉献义举，深深影响了我。哈氏家规：每日门诊必保留十个门诊号，给贫苦的患者免去医药费。哈锐川在早八点之前先给这些贫苦患者看。据哈氏弟子回忆，对需针刀或烙法治疗者，术前必询问其是否进食，以防意外。若遇贫穷无钱进餐者，赠其饭金，吃饱后再行治疗。哈氏医馆里常备西洋参粉及白糖，术前常免费给空腹或衣食无着的患者冲服。他们对贫困患者的仁心感染了我，铭记心中，这是作为医生的道德准则。在后来的行医生涯中，我都是像父亲和公公一样，本着"只问病情，不思回报"的态度对待患者，保持理解、同情和亲和力，因此深得病家赞赏。

我学习中医的几个阶段

访谈者： 您学习中医经历了哪几个阶段？

陈彤云： 我学习中医大体经历了三个阶段。

1. 家学与启蒙

我的祖父是晚清时期的官员，住在北京东城的东四八条，这条街里不少是显赫人家、达官贵人。本来陈氏家族走的是官宦仕途，家资殷实，但我的父亲陈树人在念高中时，祖父就去世了，从此家道中落。于是父亲年轻时决定拜师学医，以一技之长为安身立命之本。1921 年 12 月 25 日，我出生在北京东四八条的老宅里。

陈家从祖辈就崇尚苦读诗书以博取功名，"人要有名，树要留影"，是这个大户人家的信条。我还没懂事时，《三字经》和《百家姓》就像歌谣一样灌满了我的耳朵。父亲聘请了秀才做塾师，来家给我们母女俩一起上课，读《女四书》《孟子》等，接受了许多中国传统礼仪教化。那几年的家塾教育，对我后来提高儒学修养起到很大作用。

塾师要求我每天练习书法，每周要交大字和小楷作业。一到塾师放假，父亲就让我在诊室里随诊，用毛笔帮他抄药方，并常以女儿的书法示人为荣。

同时期，父亲还让我背诵《医学三字经》《药性赋》《汤头歌诀》等入门医籍，我开始懂得了一些药性。旧时的药铺包药都很讲究，每味药均要单独包，每一小包又都附有药签或插图和说明。我最喜欢的事就是将一包一包的单味药打开，与药签核对，再仔细阅读那些插图和说明，而且把小药签保留起来。就这样在年复一年地检查药味时，我从中既认识了各种草药的形状，又记住了不少药的性味和功用，中医学的一些基础理论和概念在不知不觉中灌进了我的脑子里。连翘、金银花、茯苓、半夏的用法，可以说从那时起就打下了基础。

2. 临床与实践

我的从医之路是在哈锐川医馆，在翁公的指导下边阅读《医宗金鉴》《外科大成》《外科证治准绳》等入门书籍，边参加医疗实践中开始的。最初，每日里由哈锐川主诊处方，哈玉民进行外科治疗操作，我注视这一切，伺时帮助做些辅助诊务工作，如敷药、换药、手术前准备等。那时的中医外科与西医外科很不同，分类没有那么细，所有的脓疮疔疮、淋巴结核、妇女乳腺炎、肛瘘、痔疮等各种外伤感染和急性创伤、各种皮肤病等等，均属外科之列。

外用药物和制剂是哈锐川的压箱宝。哈氏医馆当时的外用药物已达上百种，剂型分为大小薄贴、掺药、丹、散、软膏、油、酒、水调剂，治法上又分为熏、熨、洗等多种，均为哈氏医馆自制。患者多，用药量大，繁忙的实践使我对中医外用药物有了直接的认识。

哈锐川的不同凡响之处还在于，他行外科治疗是以中医内科的辨证诊断为基础，手术敏捷，往往切开脓出时患者尚不知晓，可以说他是当时中医外科医生外病内治、内外兼治的一位代表性人物。

哈氏这些内外兼治的思路和用药技巧，对我后来治疗损美性皮肤病有至关重要的影响，我对中医药治病的奇效非常认同、信仰，因此，我一直把自己列入哈锐川的中医外科门下，即外病内治。

1945年10月，哈锐川因劳累而病倒，他也有心锻炼下一代，就放手让我们行医，改为由哈玉民主诊，我进行外科处理。亲手进行大量的外科操作，使我的临床能力大长。我广泛接触了各类型患者，比如妇女乳腺炎、淋巴结炎、腮腺炎、皮肤结核、痈、丹毒、疖，以及痔疮、肛瘘，等等，我当时都能辨证治疗，特别是仅用中药内服、外敷就能把许多严重的感染和炎症控制住，取得满意疗效。

我们继承哈锐川的中医外科治疗体系，又引入一些西医外科的技术和新式设备，哈玉民工作干练又细致，而且诚恳待人，同情贫困之人，继承父亲医风，我们把哈氏医馆经营得红红火火，每日门诊量高达百人。1950年初，公公哈锐川患脑溢血去世，终年57岁。悲戚之余，我们仍继续挑起二十余人哈氏家族的大梁。

3. 学习与深造

1950年，我正式考取了中华人民共和国的行医执照，成为名正言顺的外科中医师。我与先生秉承哈锐川先生的外科治疗理念，也像父亲陈树人一样十分重视正气与病邪的辨证关系。我们认为痈、疔、疮、疡虽是局部的病变，但必须先着眼于整体。体表的病变其根本在于体内的阴阳失调，因此要审视脏腑虚实、气血盛衰、津液盈亏，以及病证的轻、重、顺、逆等。

在用药中，哈玉民极为重视气血在病机变化中的作用，以整体观念应用消、托、补三大法。例如，一般补法常施用于疮疡后期，以助扶正、收敛疮口。然哈玉民又不拘于文献的治则，亦施用于痈疡的早期。如黄芪为补气升阳、托毒生肌之药，他亦往往用于阳证早期。

这些成功病案和具有独特性的用药技巧，我都默记于心。在与先生共同行医中，我对哈氏外科学的许多治则方略，有了更深刻的理解和体验。我虽是侧重于女性患者，但对男性各类外科疾病也时有治疗，且多能手到病除。

那时由于卫生条件差，得感染性疾病的人很多，虽然国际上已出现了抗生素，但应用还不普及，更因价格昂贵，中国的很多乳腺炎、背痈、淋巴结炎、淋巴结核患者根本用不起。我在学习和继承哈氏经验的基础上，研究出一种防止乳腺炎化脓的排乳手法，避免由于积乳而造成化脓，证明中医药对感染性疾病也确有很好效果。

哈氏医馆因我的加入又吸引了一大批女性患者，因此在京城的声誉一点不亚于公公哈锐川在世时，哈氏外科已进入全盛时期。我们当时的影响从这样一件事上也可以看出：人民政府十分看重哈氏医学经验及为人，中华人民共和国召开的全国第一届卫生工作会议，邀请了哈玉民作为北京中医界的代表出席。从此，我们的医学生涯又开拓出更广阔的天地。

在卫生部的直接领导下，1950 年 3 月，哈玉民与北京名中医赵树屏、董德懋、魏龙骧、赵锡武等，受命共同筹建了北京中医学会，哈玉民被选举为北京中医学会副会长。

适值中华人民共和国建国初期，百废待兴，中医学会没有办公经费，开展学术活动也没有会址，我们商量后毅然决定，将自家医馆一楼的一百多平米无偿提供给学会作为办公场地。

那时学会刚刚成立，中医师们空前团结，纷纷参加学会活动，每天下午为会员们聚集时间。长时间的这些活动自然影响了医馆的正常营业，减少了营业收入，但我仍积极支持先生的举动。那段时期哈玉民每日奔忙于学会工作，医馆下午的治疗由我主持。

1951 年，卫生部为使旧社会过来的中医师继续提高业务水平，发展中医药事业，北京市卫生局成立了市中医进修学校，当时先生哈玉民受命创办此校并担任校长。虽然哈氏医馆业务繁忙，患者盈门，处于最好的运行时期，但哈玉民与我又做出一个决定：停办医馆，一心为国办学。这意味着，我们的收入要减少一大半还多。曾有不少人为之惋惜，更有不少患者恳请我们一周留出几天出诊，但是我们夫妻决心已定，打算全身心投入到筹建北京市中医进修学校中去。

北京市中医进修学校先后举办了多届中医进修班、北京市第一届西医离职学习中医班、西医学习中医针灸班、中医研究班、中医师资班等。后来进修学校还开办了中医专业本科班。我担任进修学校的教务主任，所有的教材编写、教师聘任等教务工作，均由我来具体操持。

经过这个学校进修的医生和学生，大多成为20世纪后期北京中医学界临床、教学、科研方面的栋梁骨干、国内外知名学者。

这时我们已有两女一子，工作极为繁忙，几乎无暇照顾孩子。我们像当时很多知识分子那样一心向党，忠心耿耿地完成党和政府交办的各项任务。我们迈出自己的医馆，以极大的爱国爱党之情，投身于国家中医药学的发展。

我始终承担着大量的教学事务和家务。而先生哈玉民素有肝病，由于对医学教育的极度投入，已开始出现肝硬化，有时累得大量呕血，血止后又立即投入工作。

1956年4月，我们又接到新的任务——受中央卫生部委托，筹建北京中医学院（现更名为北京中医药大学）。

在一无教材、二无校舍、三缺师资的困难条件下，我们又是以忘我的精神多方奔走。哈玉民不顾肝硬化的身体拼命工作，终于在同年9月以北京市中医进修学校为基地，招收了北京中医学院首届新生，并按期正式开课。后人称我们为创建北京中医学院立下汗马功劳。

我担任教务主任，主管教学组织工作。课程设置主要是中医经典和临床各科，教师都由我负责聘请，请来的均为当时国内最著名的中医专家，如蒲辅周、秦伯未、任应秋、王伯岳、余无言、方鸣谦、刘渡舟、赵绍琴、岳美中、陈慎吾等。

作为教务主任和三个孩子的母亲，其实只专心做好教学组织工作就很不容易了，但我没有放弃这么好的学习机会。每周我仔细地分配自己的时间，抽空系统听中医理论课和西医的解剖、生理、病理、微生物、寄生虫等基础医学所有课程，甚至晚上还要蹬自行车去协和医院礼堂参加每周一次的病例讨论会，同时还在市中医进修学校附属的第三中医门诊部参加每周两次下午的门诊，一直未脱离临床。早在 1953 年，我曾获得机会到东单三条儿童医院系统学习，在徐政闻院长和王玉蓉主任的指导下，认真学习了儿科常见病的治疗。

这段系统学习经历，直接接触国内中西医界最著名的医家，使我在继承家传中医的基础上，又夯实了中西医学深厚的理论功底。我以前只是看到了中医的疗效，后来通过学习中医理论和西医，对疾病又有了进一步的认识，学了西医我并没有忘记中医，仍想在中医现代化中发扬中医，为中医走向世界做些工作。

那几年我每周要穿梭于京城内外，从东城本校到西郊的北京医学院，或王府井的协和医院、东单三条儿童医院。从过去生活优裕的主妇，到自己骑自行车上下班，拿工资，吃小米，穿制服，边工作边进修，虽然辛苦，内心却感觉特别充实。1958 年，我当选为北京市东城区的妇女先进工作者。

1952 年到 1966 年的这段医学教育生涯，于我是充实的，也是沉重的。

我与哈玉民先生，在生活中既是夫妻，在医疗业务上又似师兄妹，在医学教育战线上是同事和战友。我们相亲相爱、相辅相助，正是年富力强为国效力的最好年华。当时，先生哈玉民除担任北京市中医进修学校校长外，还先后被推选为北京中医学会副会长、中医研究院学术委员会委员、中华医学会理事，并担任北京市政协委员等职务。他长期埋头工作，过度辛劳，终因肝硬化大吐血，于 1960 年 6 月 16 日逝世，年仅 42 岁。哈玉民素来作风淳朴，深受同道爱戴，业内人士无不为这位"中医界的名医"和"医学教育家"的英年早逝深感痛惜，认为是"中医界之巨大损失"。

那时的我才 39 岁，拖着三个幼小的子女，可以想见我当时的心情和境地。面对残酷的现实，我坚强地挺住了！我的念头很简单：一切向前看，努力工作，教育好孩子，好好地活下去！

1966 年，我离开了中医教育岗位，被调到北京中医医院，与当时的赵炳南先生等一同工作。说起赵炳南，就又要提到已故的哈锐川先生。赵炳南和哈锐川早年共同师从于丁庆三，哈锐川是大师哥，带过年仅十余岁的赵炳南一段，两人是名副其实的大师兄、小师弟。因此，从辈分上讲，我应该称赵炳南为师叔。赵炳南精通中医理论，对皮肤科、外科顽癣恶疮等疾患有独特的认识和治疗方法。

1968 年，我开始普通外科医生的工作。每日门诊量很大，上下午多达一百多人，患者对我的信任和爱戴给了我极大的鼓舞。20 世纪 70 年代初期，北京中医医院正式成立了皮肤科,从此,我又得以专心致志从事中医皮肤病的诊疗和研究。

育人与传承

访谈者: 请您谈谈您在中医学术传承、学术研究、人才培养方面做出的贡献吧。

陈彤云: 在中医学术传承、学术研究、人才培养方面我主要做了以下工作。

1. 学术传承

2002—2003年传承任务(北京市及国家中医药管理局师承工作带徒)开始,2007年在北京市中医管理局立项成立"陈彤云名老中医工作室",逐步完善了室站建设。包括以学术继承人员为纵线,以学术思想继承的特色、深度和广度为横线,完成了我学术思想传承脉络整理工作,完成了我的成才之路及学术思想研究报告等。对我学术思想形成的渊源、学术内涵、临床应用和研究四个方面进行系统挖掘和深入整理,实现了从"清肺胃疏肝健脾"法这一临床治疗法则到"陈氏清解法治痤疮等炎症性皮肤病"学术思想体系的提升,完善从湿从火从血论治疑难性皮肤病理论体系,总结色素性皮肤病"三脏为根,瘀滞成斑"的病因病机理论。逐步实现了理论的升华,创立"文质"学说与"调通"理论。形成了临床应用推广方案、经验方整理报告等。工作室师承人员发表传承相关学术论文百余篇,主编出版专著及教材10余部。

目前工作室人员仍在持续总结我的学术思想,提炼学术精髓。我有6名国家级学术继承人,曲剑华、陈勇、马一兵、刘清、徐佳、姜希,以跟师笔记为素材,按照每人跟师学术继承方向已系统整理。整理了与我学术生涯、中医事业、医药卫生事业有关的所有材料,包括事件及背景、图片、实物、照片、影像资料等,形成名医资料库,已展示于我的工作室。

2. 学术研究

围绕我的临床学术思想进行了多年的总结、整理、研究工作。在完成北京市中医管理局课题"中药痤疮口服液1号、2号及痤疮霜的临床疗效观察"及"北京中医皮外科四大名医学术成就整理研究"的基础上,十一五期间,进行了国家中医药管理局科技支撑计划"陈彤云临床经验、学术思想研究"课题。在此基础上，对诊治损美性皮肤病进行了进一步的研究，在临床研究基础上对"陈氏清解法"治疗痤疮的形成过程进行梳理，从文献整理，研究论文、专著撰写，影像资料制作等方面，做了系统工作，初步形成了"陈氏清肺胃调肝脾法"的理论体系，该理论研究已完成临床推广应用方案报告。目前，仍然对此法的理论和临床应用进行研究，包括采用严谨的随机双盲对照的试验设计方案，科学证实名老中医学术经验的临床有效性，已完成"陈氏痤疮清热合剂"的临床疗效观察，进行了随机双盲及安全性检查。上述研究分别为国家科技支撑计划课题及北京市青年基金课题。

在明晰我学术思想形成渊源和传承谱系基础上，细化各传承分支的传承特色，进行组织化的传承工作，从临床应用、学术理论等方面开展传承工作。突出治疗损美性皮肤病的特色疗法及外用制剂的研发，近12年定期举办全国性的"陈彤云美容中医高级研修班"，并以论文发表和出版著述的形式，系统整理我的学术思想和临床经验，使名老中医学术思想和临床经验得以深刻、完整呈现。在开展传承工作中建立了陈彤云学术传承团队，从学科团队、师承团队（包括院内师承、家庭师承、社会师徒师承）等各方面开展师承工作。近几年开展陈彤云传承团队门诊模式，制订师承计划，组织文献整理、师徒授课、解惑答疑等多种形式的师承活动。由学术继承人选择诊治明确、疗效卓著的医案、医话，我适时专门进行讲解，经过整理后形成论著。

采用前瞻设计的方法，对陈氏学术思想进行整理挖掘。举办答疑解惑讲座课，在可行的条件下由我专门进行专题解读，整理后完善陈氏损美疾病治疗的系统理论。

联合北京市薪火传承"3+3"工程各室站及首都医科大学附属北京中医医院8个室站共同组织，建立"名医传承工作室"论坛制度，充分开展室内和室站间的学术交流。建立完善、流畅的信息交流平台，以工作室为依托，以论坛结合皮肤科沙龙定期举行学术会议为制度，依托网络平台，使名老中医学术思想最大限度实现无障碍交流。工作室建设期间举办本地区和全国的高级研修班及全国美容中医论坛会每年2次以上。单独或联合举办各种类型学术会议1～2次。制作完成有关课件。

3. 人才培养

我是新中国成立后北京中医教育从无到有、从弱到强全过程的亲历者、组织者，是北京中医药大学最艰难时刻的组织者、捐助者。1950年初，中央卫生部主持召开北京中医座谈会，研究筹办行业学术组织——北京中医药学会。我的先生哈玉民受有关部门邀请，参与负责筹备工作。1951年，接上级指示，哈玉民又承担起了主持筹建中医进修学校的工作。最忙的时候，担任副校长的哈玉民毅然停了自己的诊所，把全部的时间和精力都投入到找校舍、请老师等工作中。当时的我不但要上午坚持出诊以维持家中生计，同时还随着丈夫来到学校担任教务主任，负责聘请教师、招生、组织编写教材、安排课程等工作。1956年，国家决定启动中医药高等教育，在分别位于东南西北的广州、上海、成都、北京成立4所中医学院，俗称"中医老四校"。有着丰富办学经验的哈玉民再次被委以重任，我们与沈玉峰三人共同筹建北京中医学院（现北京中医药大学）。

这之后，我还连续十几年担任《北京中医》编辑部主任，为举步维艰的中医学术幼苗的成长倾注了巨大的心力。我担任北京市中医研究所办公室主任期间，正是中医"脾的本质"研究成果频出的黄金时段。

4. 团队建设

自2007年先后成立北京市薪火传承"3+3"工程项目"陈彤云名老中医工作室"及国家中医药管理局全国老中医药专家"陈彤云国医大师传承工作室"。目前工作室有我国家级师承徒弟6位，院内外拜师徒弟10位，院外及国际跟诊学生共8位，团队培养研究生32位。已建立合理的人才梯队，持续申报课题。传承工作室面向全国开放，每年接受10名以上外单位进修、研修人员，形成培养中医药传承型人才的流动站。

工作室负责人曲剑华是我的大徒弟，主任医师，硕士生导师，现任医院皮肤科党支部书记、副主任兼北京赵炳南皮肤病医疗研究中心办公室主任。曾获"北京市经济技术创新标兵"、首都群众喜爱的"中青年名中医"、北京市中医皮肤病特色诊疗"市级职工创新工作室"领军人、中华医学会医学美容分会"学术贡献奖"、中华医学会医学美容分会"突出贡献"专家、北京市"优秀名中医"等称号；第六批北京市中医药专家学术经验继承工作指导老师。第七批全国老中医药专家学术经验继承工作指导老师。2021年，我们传承工作室验收也获得了103.7分的优异成绩，这是整个团队的成就，希望在我们的共同努力下，我们的团队能够持续传承好、发展好并把中医药的创新工作做得更好！

我作为燕京赵氏皮科流派最具代表性的传承领军人，已于2013年后陆续在全国东西南北中建立了 14 家流派传承分站；2016 年又在北京地区建立 6 家陈彤云诊治损美性皮肤病推广基地；后续又在全国设立 6 家推广基地；全国传承分站 3 家。

学术发展与创新

1. 为中医发展建言

访谈者：请谈谈您为中医的发展多次向领导建言的故事？

陈彤云：1957 年初，向周总理汇报了北京中医学院校舍简陋、师资缺乏等问题，在总理的重视领导下，1958 年及时扩大了校舍，并从全国调集师资；作为中央保健局医生，在治病之余，宣传和倡导中医的科学性、实用性，并向国务院李鹏总理、副总理吴仪提出加大力度并大力发扬中医药的建议；在国务院副总理黄菊、张高丽等接受治疗后谈及提倡宣传中医药的特色和特点——"治病求本，攻邪不伤正"；在为北京市委书记郭金龙、刘淇治疗时叙述中医辨证论治的思维方式及学术思想，并宣传中医清热凉血法的应用范围；向北京市副市长丁向阳提出中医药传统制剂的保护和恢复的建议，丁副市长感到了抢救中医药特色传统制剂的紧迫，并因我毕生关注关心中医药发展而感动。在众多领导面前，我从未谈及个人。首长们也曾关心地问我：有什么困难？我都一一否认。1985 年，由北京中医学会和全国侨联华侨文化福利基金会联合创办北京中医华侨咨询部，我出任咨询部主任，作为面向海外的第一间中医门诊部，是向国际传播中医药文化技术瑰宝的窗口和桥梁。

2. 学术创新重视科技成果转化

访谈者：您在皮肤科不断进行学术创新，并重视科技成果转化，请您谈谈？

陈彤云：我在继承中医前辈经验基础上，结合长期大量临床实践，创立"文质"学说与"调通"理论，建立四维（内外气血）诊疗体系。运用脾升胃降理论、"清肺胃、调肝脾"法、"三脏为根、瘀滞成斑"及从湿、火、血、瘀论治皮肤病等理论，强调形神同治，标本同调，病证结合，在中医皮外科及美容中医学界具有一定学术影响。精研外治，传承哈赵精髓，运用现代技术，改革剂型，创新性地研制出系列外用中药护肤品。1993 年，由我组方研制的中药"祛斑增白面膜"获北京市中医管理局科技成果奖一等奖。已研制"痤疮清热合剂""痤疮除湿合剂"等院内制剂。在此基础上，由我组方传承团队研发的金花清爽系列及洋参靓肤系列已于2017年正式上市。"草本洋参皮肤美容改善药物及化妆品应用和制备"于2019年获国家发明专利，并被评选为"北京礼物"，四次参加"服贸会"，广受好评！

3. 治疗皮肤病的经验

访谈者：请谈谈您治疗皮肤病的一些临床经验？

陈彤云：黧黑斑是中青年妇女常见的皮肤病，中医称为"肝斑"或"黧黑斑"。我按照《黄帝内经》藏象学说"五色归五脏"的理论，脾主黄，肾主黑，肝主青，认为黧黑斑等色素性增加性皮肤病的病因病机，主要与肝、脾、肾三脏有关。根据中医理论，肾主藏精，精生血，脾统血，肝藏血，肝、脾、肾三脏的功能失调均会导致气血悖逆、气血瘀滞，或气虚血亏、运行滞涩的病理表现。因此，黧黑斑的病机主要是气滞血瘀或运行滞涩，导致气血不能上荣于面，颜面失于荣养，因此我提出了"无瘀不成斑，有斑必有瘀""久病入络""久病必瘀"的中医病机学说。我运用中医脏腑辨证的方法，根据黧黑斑的临床表现将其分为五种证型加以治疗：①辨证为肝郁气滞证，采用疏肝理气的治疗原则，选用逍遥散为基本方加减治疗；②辨证为脾失统摄证，采用补中益气、摄血调经的治疗原则，选用补中益气汤为基本方加减治疗；③辨证为脾失健运证，采用健脾益气、养血调经的治疗原则，选用归脾汤为基本方加减治疗；④辨证为肾阴虚证，采用补肾养血、填精益髓的治疗原则，选用归肾丸、六味地黄丸为基本方加减治疗；⑤辨证为肾阳虚证，采用温肾助阳、化瘀消斑的治疗原则，选用金匮肾气丸为基本方加减治疗。

比如，受父亲温病学派思想的影响，我对痤疮等颜面炎症性皮肤病，借鉴中医温病学的理论和方法，擅长以清热解毒为主，佐以凉血、除湿、理气、软坚，常以中医经典中的方剂茵陈蒿汤、银翘散、泻心汤、黄连解毒汤、龙胆泻肝汤、枇杷清肺饮等为基本方加减治疗。但当我看到西医研究证实在痤疮的发生、发展中，痤疮丙酸杆菌的感染是其中重要的原因时，我就在根据中医理论辨证施治治疗痤疮的基础上，在加减药物的选择上注意选用经中药实验研究证实具有抗痤疮丙酸杆菌作用的药物，像丹参、连翘、虎杖、黄柏、山豆根、大黄、黄连和茵陈等。

西医研究发现，痤疮的严重程度与患者血清中雄激素水平呈正相关。一些迟发型和持续型女性痤疮，往往是源于肾上腺的雄激素过多。我在治疗痤疮时，通过望诊发现，一些女性患者上唇的毳毛粗重，并伴有体毛浓密、面部皮肤毛孔粗大、油脂分泌旺盛、月经量少或月经后期并常有痛经等，结合我对西医性激素与痤疮相关知识的了解，我知道这是患者体内雄激素水平偏高的表现，在辨证治疗这类痤疮时我就注意选用益母草、泽兰、当归等可提高女性雌激素活性的活血化瘀药物。而对那些迟发型的痤疮患者，我发现患者多由于生活、工作压力大而精神紧张、情绪急躁易怒，通过辨证给予疏肝理气的逍遥散或柴胡疏肝散加减治疗，从而减少了精神因素通过"垂体—肾上腺"轴导致的雄激素过多。对西医研究成果的学习和掌握，为我丰富辨证思路、探索提高疗效提供了有益的帮助。

又如，当我了解到西医研究证实黄褐斑的色素沉着与局部酪氨酸酶活性增强有关，我就注意翻阅资料，在不违反黄褐斑辨证治疗原则的基础上，在内服、外用药物中选择经过研究证实具有抑制酪氨酸酶活性作用的中药，像当归、白芷、白附子、白及、僵蚕、茯苓、丹参、蔓荆子、山茱萸、夏枯草、川芎、柴胡等。

皮质类固醇激素是 20 世纪 50 年代被发明并广泛应用于临床的。由于激素具有强效抗炎、抗过敏的作用，外用激素类药膏可以迅速缓解皮肤病的不适症状，近年来一些患者甚至有些医生有滥用激素的现象。其结果是像痤疮、脂溢性皮炎等一些本不该使用激素的皮肤病非但不能治愈，反而不断反复、加重，而且长期使用激素还引发皮肤色素沉着、皮肤萎缩、毛细血管扩张等诸多副作用，形成了所谓"激素依赖性皮炎"。这种近来新出现的皮肤病，即使在许多西医的皮肤科专著上也没有记载。我在临床诊疗工作中，通过细致问诊了解到，许多反复发生面部皮炎的患者都有长期使用激素的历史，并总结出这类患者的临床特点是：当使用激素后面部的皮损迅速消退，瘙痒等不适感也消失，可一旦停用激素，原来的皮疹和不适感又迅速复发，而且加重，迫使患者再次使用激素。这样一用激素就好、一停激素就复发和加重，反反复复地使用激素，形成了对激素的依赖。面对新出现的疾病，我还是按照中医的理论，首先将这种由于药物使用不当造成的皮肤病，归属于中医"药毒"的范畴；再根据一些口服激素药物的患者常会出现话多兴奋、消谷善饥、口渴引饮、血压升高等症状，特别是看到长期外用激素会造成皮肤肿胀发红、毛细血管扩张等损害，认为激素更应该具有"温热药"的药性特点；通过分析激素的药性特点，结合激素依赖性皮炎的临床表现，我分析认为这种新出现的皮肤病主要的病因病机就是毒热内侵，湿热上蒸，并提出了清热除湿凉血的治疗原则，以龙胆泻肝汤加减化裁而来的清热除湿汤为基本方进行治疗，取得了很好的疗效。我对于激素依赖性皮炎这一新出现的皮肤病，能够迅速找到治疗的思路和办法，一是得益于我坚持按中医辨证论治的思路去分析、确定治疗的原则和方案；二是得益于我平时注意对西医、西药的掌握和了解，得以不断丰富自己分析问题的思路和能力。

优秀中医应当具备的素质

访谈者：您认为优秀中医应当具备哪些素质？

陈彤云：我认为优秀中医应当具备以下素质。

1. 待人无高下，处世有爱心

医者是个极为特殊的职业，爱与奉献是优秀中医最需要具备的素养。这是老一辈的医德，我们继承，正在代代传播。在我们接诊的患者里，既有万里迢迢从海外前来求医的外国人，也有国家领导、政府要员，更有许多寻常百姓。无论面对的患者地位高低、财产贫富、年龄长幼，我们都该一视同仁，一贯耐心细致地认真对待每一位患者。所有跟我临诊抄方学习的学生都有一个共同的感受，就是我在与患者的交流中，总是轻声细语，即使是面对一位年轻的小姑娘，我也一如既往地用"您"来称呼对方。我出诊之前总要梳理好自己的头发，涂抹上一点淡淡的口红，我认为在患者面前注意自己的仪表是对患者最起码的尊重。

正是出于对患者的尊重，我在临床诊疗工作中，能够细心地体谅患者的内心感受，对患者的疾苦抱有深切的同情。我经常对自己的学生说：皮肤病暴露于外，特别是长在脸上，不仅瘙痒、疼痛给患者生理上带来痛苦，更给患者心理带来很大压力，所以医生耐心地疏导，细致地关怀，态度温暖体贴，对于患者有时胜似良药。

2. 论治须辨证，遣方遵经典

我认为在皮肤病的辨识上一定要坚持中医的整体观，重视人体脏腑、气血、经络生理功能与自然（气候、环境、四时）和社会因素对皮肤病的发生、发展与转归的影响。在皮肤病的治疗方面，则坚持按照中医理论辨证论治，注重外病内治，通过内服药调整脏腑阴阳气血的方法治疗皮肤病，在遣方用药时以中医各家的经典名方，特别是《温病条辨》《金匮要略》《医宗金鉴》和《伤寒论》中的经典方为基础进行加减，形成自己的用药特色。

中医针对不同种类的疾病、疾病的不同阶段，采用的辨证方法很多。我在皮肤病的辨证上，经常采用的辨证方法依旧是八纲辨证、脏腑辨证、卫气营血辨证等。我一般先用八纲辨证的方法对皮肤病的性质、病位得出初步的判断。在八纲辨证的基础上，在治疗皮肤病时，我运用最多、最广泛的辨证方法就是脏腑辨证。这是基于我对皮肤病的认识总是从中医的整体观出发，认为五脏六腑是人体生命活动的中心，脏腑与肢体、五官有着所主与归属、开窍的关系，脏腑、气血功能与皮肤的生理功能和皮肤病的发生、发展有密切的联系。因此，我通常根据患者的临床表现，采用脏腑辨证为主，结合气血津液辨证和卫气营血辨证等方法，在准确辨证的基础上，选用中医经典中的方剂为基本方来调理脏腑气血功能治疗皮肤病。

我一贯坚持中医辨证论治的原则，重视调理脏腑气血功能的"外病内治"，选方用药遵从经典名方治疗皮肤病的特色，这些可以从我对黧黑斑的治疗经验中一窥究竟。

我治疗疾病不仅坚持在准确辨证的基础上分型论治，也注意运用中医理论对疾病的病因病机进行深刻的分析，抓住病机的关键加以治疗。还是以黧黑斑为例，我认为，黧黑斑的病机关键是由于肝、脾、肾三脏的功能失调，最终导致气血瘀滞或运行滞涩，气血不能上荣于面，颜面失于荣养。因此我在辨证治疗黧黑斑的基础上，强调"治斑不离血气"，无论辨证病在何脏，都注意运用活血化瘀的方法针对病机的关键加以治疗，常在处方加减中使用当归、川芎、红花、桃仁、赤芍、泽兰、益母草（坤草）、莪术、香附、郁金等行气活血、养血活血的中药，以加强活血消斑的作用。

我认为不仅要读经典、学经典、用经典，还要勤临床、多分析、多总结！

3.学术无中西，师古更创新

我有父亲的启蒙、哈氏的家传，按说也足够我受用一生了，但我从不墨守成规和满足现状，无论是中医的还是西医的新知识、新技术，我总是迫不及待地要去学习、了解和掌握，并且在临床实践中不断探索、创新。

20世纪90年代中期，互联网在国内刚开始兴起，我其时已是近八十岁的老人了，硬是学会了使用计算机、学会了上网，为的就是能及时了解更多的新知识。平时学生们在闲谈中说起皮肤科又有了什么新药物、新疗法，我听到了马上就要学生讲给我并拿给我看。我常对学生们说："我要求你们研读中医经典，保持中医整体观和辨证论治的特色，坚持走中医的道路，但我不反对你们学习西医的知识，无论什么方法和药物，只要对治疗疾病有好处，我们都要学习。"

我在学术上这种既学习中医经典、坚持中医特色，又不分中西、兼收并蓄，不断学习、不断创新的特点，一方面是由于我青年时期受到过的良好教育；另一方面是受家庭学习的影响。我是在北京的教会学校贝满女中上中学，毕业于辅仁大学，现代教育培养了我终生学习的良好习惯和自学能力，至今我仍然可以用在学校掌握的英语与来自海外的患者进行交流。同时，无论是我的翁公还是先生，都是善于接受新知识、新技术来不断完善和丰富自己的治疗方法的中医大夫。我的翁公在北京中医皮外科界是较早采用西洋的凡士林取代中医传统的猪油、香蜡做外用药膏基质的中医大夫之一；我的先生哈玉民更是一生追求变革的医生，虽然出身于中医世家，尊崇传统，但绝不拘泥于典籍。在对待中医与西医的关系上，受施今墨老师的影响，青年时的哈玉民先生就持开明的态度，主张西为中用。新中国成立初期，在北京中医进修学校时他就组织校友学术研究会，聘请西医专家来校办讲座。他认为只有虚心学习西医的长处，才能有利于发展中医、提高中医。这些都极大地影响了我的治学态度，使我在八十余年的从医生涯中既坚持中医传统，又广泛学习一切医学新知识，以此来不断丰富和完善自己的临床经验，在学术上形成了"师古而不泥古，师古更要创新"的特色。

近年来，我坚持中医的整体观和辨证论治，注重从内脏调理治疗痤疮、黄褐斑、酒渣鼻、扁平疣、颜面激素依赖性皮炎等损美性皮肤病。我在坚持中医特色治疗的同时，也关注西医的研究进展，并不断吸收、利用，来完善自己的治疗方案，提高临床疗效。

早年哈氏父子应诊，我伺其左右，学到了不少内服、外用秘方，掌握了很多外用药物配伍、调制的技术。但中医皮外科外用药膏虽然摆脱了猪油、香蜡等传统基质，采用了延展性好、不易腐败、容易保存的凡士林基质，可由于凡士林的油性大，油污了衣物很难洗涤，而且中药不仅颜色深，而且味道往往又重又难闻，如今的患者一般难以接受，特别是那些损美性皮肤病的患者，更不愿意涂在脸上。针对这些情况，我从 20 世纪 80 年代末开始就一直大力提倡对中医外用药物的剂型进行改革。近三四十年来，我发挥自己对外用中药配伍、调制上多年积累的经验，主动与掌握现代日用化学工业技术的专业人员合作，吸取现代技术，大胆进行剂型改革和研究。通过不断调整中药的配伍，改进中药的调制，使外用中药在保证药效的前提下，尽可能脱去颜色、矫正气味，制作成更为精细、洁净的乳膏剂型、凝胶剂型、涂膜剂型等。我先后研制了"祛斑增白面膜""祛斑霜""痤疮面膜""痤疮霜"及"消痤嫩肤全效组合精华"等许多新型外用中药制剂，使传统中药外用制剂既改变了粗糙、油污、色深、味重的缺点，又保持了中药特有的疗效，历经多年临床检验，有确切疗效的传统外用中药制剂重新焕发了青春。1993年，由我组方研制的"祛斑增白面膜"还获得了北京市中医管理局科技成果奖一等奖。"金花清爽"及"洋参靓肤"系列中药护肤品已被评为"北京礼物"并四次参加国际服务贸易交易会，广受好评！

4. 用心察证候，缜密辨病证

中医治病的特点就是辨证论治，因此要取得满意的疗效，前提是辨证必须准确。而准确辨证的基础是运用望、闻、问、切四种诊察疾病的方法，客观、全面地收集患者的各种证候资料。我在诊病的时候总是非常仔细地综合运用望、闻、问、切四种诊察方法，详细收集有关疾病的信息，并进行综合分析、比较，从而对病证的性质得出正确的判断，也就是中医行业内常说的"四诊合参"。

我多年来在为患者诊治疾病时，问诊都非常仔细，总是不厌其烦。我的大弟子曲剑华医生在跟随我临床学习的几年中对此深有感触："其实依据老师多年的经验，有些常见皮肤病即使看上一眼就已经对疾病的起因、症状掌握到八九不离十了，但她仍然要详细询问患者的起病、症状等情况，以求辨证的准确。比如问女性患者的月经情况，要仔细到问清月经的颜色、质地、有无血块等，因为，同样是月经提前，如果是经血量多、质地黏稠、颜色鲜红，多半是热迫血行；如果是经血量少、质地清稀、颜色淡，则多半是脾虚不能统摄血液。那么在治疗上采用的方法和药物就大相径庭。老师尽管已经有近80年的从医经验，但临诊从不会为了炫耀自己的经验而不问患者的病情，甚至不听患者的诉说，故意表现自己只凭诊脉就能断出患者的症状。"我常对自己的学生说：医生询问患者的病情要做到耐心、细心。我总要告诫学生，了解患者的工作、生活环境，日常起居、饮食习惯，人际关系，性格情绪，妇女的月经、带下情况，以往的病史和用药情况，对于寻找病因、对症治疗，是十分重要的，是取得疗效的基础。另外，细致地询问病史，耐心地倾听患者的倾诉，也可以使患者感到医生对其病情的重视，能赢得患者对医生的信赖，取得患者的配合。

我诊察疾病十分重视望诊，尤其把望舌作为望、闻、问、切四诊中的重点。我曾经不止一次地嘱咐我的学生，一定要重视中医的舌诊，一则因为舌象比较形象、直观，相对于诊脉来说，望舌的方法医生比较容易掌握，不容易出偏差；二则望舌能比较真实地了解脏腑的变化情况。舌与皮肤黏膜属于同一体系，中医理论认为心开窍于舌，脾开窍于口，通过望舌象可以了解皮肤与内脏的变化，可判断外邪之轻重、正邪之消长和病势的进退，以及胃气的存复情况。

皮肤病多发于皮肤表面，特别是痤疮、黄褐斑、脂溢性皮炎等损美性皮肤病，多发生在面部，疾病的病灶一眼望去就可尽收眼底。所以有些皮肤科医生，特别是具有多年临床经验的医生常常戏称皮肤科医生诊断疾病靠的是"一眼"的功夫。但我却从来不是随便地看上一眼，总要靠近患者仔细观察，甚至还要经常动手去亲自触摸，即使这样，我有时还担心自己年纪大了，眼力不如以前，招呼我的学生过来帮我再确认一下。我常对自己的学生说，皮肤科疾病的病灶一般发生在体表，肉眼可见、触手可及，可以肉眼直观其颜色、边界、干湿，可以通过触摸了解其温度、软硬、深浅，为医生判断病情、准确辨证提供了非常真实可靠的依据，相对于内科医生而言，这是中医皮肤科医生在辨证上具有的天然优势，所以认准皮损是一个合格皮肤科医生的基本功。虽说皮肤科大夫在诊断上要练就"一眼"的功夫，但这一眼绝不是简单地看一眼，而是要通过仔细地观察和辨认，做到"一眼"就能认准。

在国内的中医专家里，像我这样行医七八十余年的女医生并不多见。可能是女性心细的特质，我在诊察病情时非常用心和细致，这使得我对于许多常见皮肤病往往有自己独到的认识。比如黄褐斑，我通过多年仔细地问诊和细致地观察，除了书本上介绍的那些临床特点外，还总结出其他一些特点：一是女性患者多伴有月经失调，并按照中医理论分析认为，月经的主要成分是血，来源于血海，并定期疏泄。保持肾的阴阳平衡、脾的运化健旺、肝的柔顺条达，就能保持血海的按时满溢和疏泄，月经就能正常，而黄褐斑主要是由于肝、脾、肾三脏功能失调，故患者多伴有月经的失调。二是有家族性好发人群，临床上姊妹、母女同患此病的情况很常见。我认为，先天禀赋的缺陷，以及家庭生活环境和生活习惯造成的后天失养，形成了该病有家族性好发人群的特点。三是除妊娠和口服避孕药是黄褐斑的诱因外，有多次人工流产及患有乳腺增生、子宫肌瘤等疾病的妇女也容易发生黄褐斑。四是化妆品诱发的黄褐斑日益增多，主要是化妆品中含有的重金属、香料长期刺激皮肤导致色素沉着。五是情志因素成为诱发本病的重要内因，因为情志的抑郁，会导致和加重气机的逆乱，从而引起气血悖逆、气血瘀滞而诱发或加重黄褐斑。

再比如痤疮，我注意到现在的痤疮与三四十年前相比有两个显著变化：一是年轻人的痤疮不仅粉刺重，而且多数感染，红肿明显，皮肤油脂多，皮肤晦暗得像总也洗不干净，舌苔也比较厚。二是痤疮的发病年龄有增高的趋势，不仅年轻时长痤疮，到 30 多岁也不减轻，甚至有些年轻时不怎么长痤疮的人到 30 多岁反而开始长痤疮了，并且痤疮的颜色紫暗、皮疹肿硬，女性患者还多伴有月经失调。

我按照中医的理论分析，年轻人的痤疮符合湿盛的特点，结合近年来国内生活水平迅速提高，膳食结构中肉食、油脂类食品大幅度增加，家庭对独生子女在营养上的刻意强化等社会现状，我认为，饮食结构上肥甘厚味的过多摄入，导致体内蕴湿，因此现在许多年轻人的痤疮已经不再是以前书本上总结的肺经风热证，而多属于肺胃湿热证和脾虚湿盛证，治疗必须在清热解毒的同时，增加清利湿热的药物。据此我研制的分别针对肺胃湿热证和脾虚湿盛证痤疮的内服中药制剂痤疮清热合剂和痤疮除湿合剂取得了良好的疗效。对于 30 多岁仍然不断发生痤疮者，我根据患者皮疹特点和月经不调等其他证候，结合这个年龄阶段的人由于在社会生活和工作环境中承担的压力大，常常精神紧张、情绪抑郁等特点，认为这些痤疮多属于肝郁气滞证，我通常采用柴胡疏肝散或加味逍遥散为主进行治疗，也取得了很好的疗效。

酒渣鼻，过去一般认为多是长期饮酒，使体内湿热蕴积，上蒸头面引起。我经过多年细心的观察后，却提出了不同的见解。我发现酒渣鼻患者中长期酗酒者并不多见，反倒是很多患者都有肠胃病、长期消化不良的病史，而且面部皮肤对外界的寒冷、湿热及日光晒等刺激异常敏感，稍遇到一点儿刺激立刻就充血发红，时间一长，局部的毛细血管扩张，会出现难以消除的红血丝。我根据这些临床特点，认为酒渣鼻的成因不仅是因为饮食不节、过多饮酒嗜辛辣，而且也有因为脾胃虚弱、运化不利导致的脾虚蕴湿。因此我在治疗酒渣鼻时，不再一味地清热利湿，而是注重对脾胃功能的调理，根据患者的具体证候使用健脾除湿、清脾利湿的方法治疗。针对面部的红斑，除了凉血消斑外，也根据患者皮损情况，如果是外受寒邪、血遇寒凝导致的紫红色斑或红血丝，则注意通过养血活血来消除红斑。我们要有察病情的细心和缜密，辨识病证的用心和认真。

5. 辨识皮肤病，坚持整体观

我的从医之路，可以说是在年少时接受了父亲的启蒙，嫁入哈家之后，则主要是学习和继承了哈家在中医皮外科领域的丰富经验。早年京城百姓的生活条件和卫生条件比较差，疮疡、痈、疽等外科感染性疾病很多。我的公公哈锐川治疗外科病，在重视外用药物治疗的同时，秉承中医理论，更重视人体脏腑、气血的调理，认为疮疡、痈、疽等病虽外发于体表，但体内脏腑、气血功能失调是发病的主因。我继承哈锐川老先生的经验，在治疗乳腺炎、背痈、淋巴结炎、淋巴结核等感染性疾病时，从整体观出发，根据脏腑、气血辨证，创造了一套以散结消肿为主、以扶正为辅的治疗方法，在当时没有抗生素的情况下，取得了满意的效果。

新中国成立初期到 20 世纪 60 年代初，我与丈夫哈玉民一起参与创办北京市中医进修学校，在担任教务主任组织教学工作的同时，又抓住难得的学习机会，聆听了蒲辅周、秦伯未、任应秋、王伯岳、余无言、方鸣谦、岳美中、陈慎吾、赵绍琴等当时国内中医名家的课程，系统学习了中医经典理论，也深刻理解了中医整体观的核心就是重视人与自然"气候、环境、四时"和社会的协调统一，具体到皮外科就是重视疾病的发生、发展与转归和人体脏腑、经络、气血功能和自然、社会环境的内在联系。

20 世纪七八十年代以后，随着生活条件和卫生条件的改善，传统中医外科的疾病谱发生了很大变化，痈、疽等感染性疾病日益减少，疮、疖、癣、风、丹等皮肤病逐步成为门诊的常见病种，并且人们对皮肤保健和美容也越来越重视。20 世纪 70 年代初期，赵炳南先生在北京中医医院正式成立了全国中医界第一个皮肤科，从此皮肤病从传统中医外科中分离出来，成为重点研究的领域。从那时起，正是在赵柄南先生的指导下，我也逐步形成了以治疗损美性皮肤病为主的临床特色。赵炳南先生在分析皮肤病时，总是强调"有诸内必形诸外，没有内患不得外乱"。我继承了哈老和赵老重视皮外科疾病的内因，强调外病内治的临床经验，始终坚持以中医的整体观来辨识和治疗皮外科疾病，成为我多年行医生涯中最突出的临床特色之一。

根据中医理论，我认为，五脏六腑是人体生命活动的中心，脏腑与肢体、五官有着所主、所属、开窍的关系。因此，皮肤病的发生、发展与五脏六腑的病理变化有着密切的联系。

气血是构成人体的基本物质，依赖脏腑功能活动而产生。气是维持人体生命活动的根本动力，气的推动作用、温煦作用、防御作用、固摄作用、气化作用对维持皮肤的正常生理功能非常重要；血循行脉中，内至脏腑，外达皮肉筋骨，对全身组织器官起着营养和滋润的作用，对于保持肌肤的健康起着重要的作用。由此我提出四维（内、外、气、血）诊疗体系。人体经络内连脏腑，外属筋肉、皮肤、五官，将人体脏腑、筋脉、肌肉、皮肤紧密联系在一起。脏腑精气和气血通过经络与十二筋脉、十二皮部的联系、输送作用，使关节舒利、肌肉丰满、皮肤润泽。因此，我认为，脏腑、气血、经络功能的失调必然会引起人体肌肤、毛发的病理变化。

按照中医的整体观，我在分析皮肤病的病因病机时还关注自然和社会环境的变化，以及人的心理因素对人体的影响。比如，我认为近年来全球气候的变暖，使六淫之中热邪更多侵袭人体；生活水平的提高带来饮食结构中肥甘厚味和腥热香辛食物摄入的增加，也使人容易受到热邪的侵袭；社会变革的动荡，生活节奏的加快，工作压力的增加，导致人们精神的紧张、压抑等，按照中医五志皆可化火的理论，使火热之邪成为颜面炎症性皮肤病的主要致病邪气。

6. 天人和谐美，精神内守强

我今年已经 101 岁了，还能工作和带教，人们时常问我养生、保健和养颜的秘诀，我总会开玩笑说："秘诀就是：我的生活不如你，粗茶淡饭。"我没有烟、酒、茶、咖啡嗜好，饮食清淡，每日必食蔬菜水果和五谷杂粮。我的饮食谱中，总有绿叶蔬菜、豆腐、菇类这几样，或玉米面的贴饼子，必喝一小碗杂豆粥。我唯一讲究的是要经常吃新鲜水果和蔬菜，我认为这有利于补充维生素和纤维素，有助于皮肤的营养，保持水分和弹性，促进肠胃的消化，排除大肠的废物。比如价廉物美的西红柿是我最爱吃也是每天要吃的。每日几乎都有一小盘凉拌芹菜，是为了利于大肠蠕动。

除去早餐吃苹果外，每晚九点前后我还要吃一次水果，以柑橘、猕猴桃为主。我的食谱和入量都是从营养均衡出发，虽然我也爱吃海鲜，但总能节制食用。不吃辛辣或味道厚重的甜食，也经常劝别人为了健康，饮食一定要加以选择。

我的美容观是："我们所说的皮肤好，并不借助于化妆涂出来，而应该是来自健康，健康皮肤自会有光泽，眼睛会炯炯有神，头发黑密，耳聪目明，说明五脏六腑的功能都很协调、平衡，有了内脏的健康，面容的美自然就有了。这些才说明你具备了健康的根本，健康的肤色才是真正的美，美是蕴于健康之中的。"所以我提出评价美的标准首先是：人的身体是否健康！

我认为，中医许多经典论述都说明，五脏精气的旺盛与人体的面色、肌肤、毛发、爪甲、四肢、肌肉的健康、完美有密切的联系。其中先天肾气的推动作用、温煦作用、防御作用、固摄作用、气化作用和后天脾气的运化，对维持人的容貌和体态美，起着决定性影响。

反之，脏腑、气血、经络功能的失调，必然会影响到人体肌肤、毛发、形体的协调美观，这就是"有诸内必形诸外"。

我认为现在不论男女老少都希望自己容颜亮丽，而若想保持青春，首先要保护好自己的肾气。肾气足，脏腑协调，则皮肤光润，骨骼强壮，牙齿坚固，头发茂密。

其次就是要保护好后天脾胃。吃得好，吃得香，消化、吸收好，会把营养输送到身体的各个部位，当然就满面红光了。这样的人一定是精神焕发，生气勃勃的。

所以我又提出以下四点。

第一，就是调节情志。保持心态平和，也就是"养心"。少有私心杂念，无贪，不攀比，心情自然平静。宽以待人，保持心里宁静，就能"精神内守，病安从来"。有了健康就有了一切，也就有了美的肌肤。

第二，在饮食方面，我主张要少进甜食。甜品易使人头发脱落，过分摄入酸甜苦辣咸，会对人体毛发、筋骨、肌肤、爪甲的荣润色泽产生伤害。另外，"饮食自倍，肠胃乃伤"，故要做到"饮食有节"。既不要禁不住美食的诱惑嗜食无度，致使疮疖丛生；也不要盲目减肥，长期营养摄入不足，造成皮肤枯槁。总之，要根据自己的体质，科学地安排膳食。

第三，就是运动。只有通过运动增强体质，才有肌肉筋骨坚壮，气血充盈，精神抖擞，面孔红润。运动不光是四肢，实际上是通过大脑在支配你运动，保持平衡，所以运动也是脑力锻炼。采取什么样的运动，还要因人、因年龄而异。我多年来采用的方式是以较快速度步行 3000～5000 步，每日如此。年老者，防止摔倒很关键，强健双腿肌肉，防止肌肉无力，很重要！

第四，是睡眠。睡眠是否充足对皮肤的好坏非常关键。中医特别讲人与自然的和谐，应该是日出而作，日落而息，就符合自然规律。凡是经常晚上熬夜的人，皮肤会晦暗无光，皱纹出现较早。

我会时时向大众宣讲：要想皮肤好，必须注意心态、饮食、锻炼和睡眠。"人与天地相参，与日月相应"，人应顺应自然四季寒暑变化，调和情志、平衡阴阳的"顺时调神"，此为养生之原则。

八九十岁时我比以前还要忙，要带徒，要写书，要出诊……被列入第三、四、六批全国老中医药专家学术经验继承工作指导老师，鞭策我必须认真对待学生，时常重新复习中医经典，否则就对不起他们。

今天我作为一名女性，在百岁高龄，获得了社会民众给予的普遍认可和敬仰，迎来人生最辉煌的崇高声誉，其实不仅在于我顺应自然规律的科学养生，更在于我内心境界的充实，思想力的饱满，精神力的坚强，以及头脑永远处于接受新知识的活跃状态。我越学越觉得自己掌握的知识太少，该学的东西太多，现在就是苦于时间太不够用。

党和政府如此重视和扶持中医药，现在就等待我们去做，使中医药事业得到发展，得到创新。我要做好传承工作。

我对传承老中医经验的体会

访谈者：您对传承老中医经验有哪些体会？

陈彤云：几十年的传承工作使我感到：老师要做到大爱无私，能全身心投入传承工作，并毫无保留地传授知识、技能与经验，教学相长，时时更新知识结构，做到中西医融合汇通，师古更要创新，永远对知识不满足，永远都在惦记着患者，永远让自己的思维和体能处于活跃状态！

我选择徒弟与学生时首先注重品行端正、热爱中医药学事业忠贞不渝者，并同时具有仁心仁术，肯于吃苦；甘于奉献，勤奋努力；钻研思考，善于总结；多读经典，勤于临床，一定具有团队协作精神！

名医寄语

党和国家高度重视和扶持中医药，现在是中医药发展的大好时机，机不可失，我们要只争朝夕，使中医药事业得到蓬勃发展，并得到发展与创新。目前摆在我们面前的责任就是不断研读、学习经典，温故知新，付诸实践，更要把传承工作认真做好，不断创新发展，这是历史赋予我们的光辉使命，希望我们老中青以高度的责任心，积极踊跃参与其中，为了一个共同的目标——为发展中医药事业贡献力量！

（陈彤云国医大师传承工作室　曲剑华整理）

第八章　林毅

林毅（1942—），女，福建古田人，中共党员。第四届国医大师、首届全国名中医，广东省中医院（广州中医药大学第二附属医院）主任医师、主任导师，卫生健康委、国家中医药管理局重点专科学术带头人，香港大学荣誉教授。国医大师及全国名中医中唯一的乳腺病专家。国家第二、四、七批全国老中医药专家学术经验继承工作指导老师。2017年获国家人社部、国家卫生计生委、国家中医药管理局授予首届"全国名中医"称号。2022年获人社部、国家卫生健康委、国家中医药管理局授予第四届"国医大师"称号。

林毅，1965年毕业于广西中医学院中医专业，历任中华中医药学会乳腺病专业委员会主任委员，现任中华中医药学会乳腺病分会名誉主任委员、世界中医药学会联合会乳腺病专业委员会第一届理事会顾问。1986年、1995年两次荣获全国卫生先进工作者称号，1993年获国务院政府特殊津贴，1994年获广西自治区人民政府授予"广西优秀专家"称号。1995年获国家中医药管理局批准创建国内唯一"全国中医乳腺病医疗中心"，任首届中心主任。2012年获广西卫生厅、人社厅授予"桂派中医大师"称号。荣获中华中医药学会"中医乳腺病学术发展杰出贡献奖""李时珍医药创新奖""全国最美中医"等奖项。

从医近六十年，林毅提出"从六郁治乳"学术思想。创立乳腺增生病"中医药周期疗法"、乳腺癌"中医分期辨治"、乳腺炎"燮理阴阳、立法衡通"诊疗体系，创建从预防、已病、病后到康复全病种、全过程道术结合中医防治体系。主编专著7部，作为第一完成人获省部级科技进步奖3项，研发中药创新药"金蓉颗粒"于2018年上市。

机缘巧合，投身中医

访谈者：您是怎么走上中医之路的？

林毅：我出生于一个医学世家。我的外祖父黄道培是福建古田人，曾任福建省建瓯医院院长。我的父亲林得成，原是桂林市人民医院（前身为"善后救济总署广西分署设立的临时医院"）检验科主任，新中国成立后担任广西壮族自治区生物制品所所长。我的母亲黄彼清，是广西壮族自治区人民医院一位医术精湛的西医妇产科专家。1942年，我出生于抗日战争时期赣州城里的一个军营中。当时，我父母正在驻扎于江西赣州的叶挺将军的部队中担任军医。我出生时，正是抗日战争最艰难的阶段。因此，我父亲给我取名为"毅"，并说："孔子曰：士不可不弘毅，任重而道远。"他希望我能接上父母亲的班，传承医道，以仁心仁术大济人世苍生！

我年少时曾经深深地着迷于"航空梦"，1959年高二毕业前夕，我通过严格筛选最后被选中保送空军某军事学院，但是这个梦想却在临行前因为一个从不曾联系过的海外亲戚而破碎了。我一向是个不服输、不气馁的人，虽然失去了保送机会，但我暗下决心一定要考上北京航空学院。高考放榜，上北航的梦想眼看就要实现了，却没料想那一年国家政策有了变化，我的档案被转到二类档的广西中医学院。知道录取结果后我非常伤心，三天没出门。因为出身于西医世家，当时我对中医的印象就是"江湖郎中"，怎么读啊？得知我的情况后，父亲的老朋友、时任广西壮族自治区卫生厅黄征厅长亲自登门来看我，亲切地开导我说："你们家虽是医学世家，但都是西医，对中医可能还不太了解。中医是祖国的传统医学，博大精深。中医流传数千年而不衰，对保护人民健康、对中华民族的振兴是功不可没的，是大有前途的。你一定要去读，你一定会读得好！"正是黄厅长的一席话，让我豁然开朗，迅速走出了低谷，从此确立了奋斗一生的目标：学好中医，振兴中华医学！

我是那种一旦确认了目标，就要全力以赴去做的人。进入广西中医学院以后，我便一头扎进了浩瀚的中医知识海洋。在校期间，我还被推举为学生会文体部长、文工团长、团委宣传委员。因为担任的学生干部职务较多，每天总有同学为了各种各样的事情前来找我。还记得当时为了集中精神学习，我常常偷偷地爬上校园中的荔枝树，躲在上面背书，心中暗暗发誓"不熟背经典不下树"，就这样较着劲，不知不觉中，打下了坚实的理论基础。时至今日，我还是能随时背诵出医书典籍的方歌、原文或论述，这都与当时的努力用功密不可分。

勤求古籍，钻研临床

访谈者：您是如何学习中医的？

林毅：如果说，是命运让我选择了中医，那么正是中医的博大精深与神奇疗效让我深深爱上了中医。由于在校期间成绩优异，因此当时学校选派我作为队长，带队到桂林市中医院和人民医院实习。1965年在人民医院实习期间，我所在的科室接诊了一位奇怪的患者。这是一位新婚第二天的农民青年，在劳动中遇到大雨，淋雨后出现剧烈头痛，高热不退，颜面潮红，肩背颈项强直痉挛，前来求医。医生为患者做了全面检查，查不出病因，经过西医各种方法治疗，病情也没有一点好转。为了治病，患者已经把家里的房子、家畜和树林都卖掉了，钱也花光了。当时，我根据患者的症状，结合学到的中医知识，辨证应为"夹色伤寒"，想到了伤寒老师传授的经验方"五虎汤"方证对应，应该有效。然而这是西医院，没办法开中药，自己又是实习生，不能独立用药。眼看着患者每况愈下，我决意一试。于是，在未告诉患者的主治医师、神经内科陆启庆主任的情况下，连夜回桂林市中医院买回药材，冒险给患者煎了一剂五虎汤服用。次日主任查房，我躲在门外不敢进去，听到查房的陆主任大声地询问："是谁给患者吃的中药？"我心想："糟糕了，患者是不是吃出问题了？"赶紧低头走进去，承认后准备接受批评，没料想却获得了主任的赞扬。原来，一剂汤药下去，患者不仅奇迹般地退热了，而且头项痉挛也得到明显缓解。主任破例让我继续用中医治疗，这在特别重视规矩的西医医院可是从来没有过的事情，一个星期后患者就痊愈出院。正是这次经历让我在这个老牌的西医院中出了名，我自己也被中医药的疗效震撼到了，第一次切身体会到传统的中医药所具有的独特优势和神奇魅力，更加坚定了我走中医之路的决心和信心。

访谈者：毕业之后，您是如何抉择就业方向呢？

林毅：毕业之际，我收获了三份工作机会，分别来自广西中医学院、桂林市中医院和桂林市人民医院。我考虑了很久，最终决定遵循自己内心对临床的热爱，放弃了留校机会，决意在临床中磨炼，提升中医技术。1965年至

1979 年，我先后在桂林市中医院、陕西临潼的军队医院工作，期间接诊了大量患者，在内外妇儿等科都得到了锻炼。

1979 年，我从军队医院调回桂林市中医院外科工作。当时整个外科就我一个女大夫，很多女性患者来看病，我不去谁去啊。也正因如此，在繁忙临床工作中，我迅速成为医院外科的一名骨干。当时由于卫生条件差，急性化脓性乳腺炎的患者非常多。西医常规以抗生素与手术切开排脓引流治疗，患者不仅必须停止哺乳，切口大，术后愈合时间长，而且由于手术瘢痕形成，严重时往往造成乳房畸形及泌乳功能障碍。作为一名女性，我能感受到那些饱受疾病折磨的患者的痛苦。为了突破难点，找到更好的办法，我想到了华佗"火针"。火针疗法，古称"焠刺""烧针"，是将针在火上烧红后，快速刺入人体特定部位，以治疗疾病的一种传统方法。明代高武《针灸聚英》云："火针者，宜破痈毒发背，溃脓在内，外皮无头者，但按肿软不坚者以溃脓。"我通过技术改良，用"电火针"刺破脓肿后形成圆形焦痂附着、内壁光滑的引流通道，直达脓腔，再用提脓药捻引流排脓。这套继承中医理论并创新的"火针洞式烙口 + 提脓药捻引流"方法，治疗急性化脓性乳腺炎在临床实践中获得显著疗效，达到了无需住院、创伤小、出血少、瘢痕小、疗程短、不影响继续哺乳之目的，平均愈合时间比切开排脓少 20 天，减轻了患者的痛苦。中医优势的发挥取得了初步的成功，看到众多女性患者解除了病痛，我真是开心极了！

在我眼里，临床上的问题、患者的需求，就是再小，也是大事。例如，哺乳期乳腺炎的发生往往与排乳不畅、宿乳阻塞有着密切关系，因此保证排乳畅通是治疗乳腺炎成功的关键。而当时常用的吸乳器难以疏通乳房深部或远端乳管的宿乳与结块。因此，我积极寻找办法，整理总结了一套"揉抓排乳"技术。该技术通过手法操作，能够使淤乳得到有效排出，有效预防了郁滞期乳腺炎进一步发展，避免成脓，为哺乳期妇女解决了大问题。这种方法看似简单，但对于排乳不畅的女性来说，却能够帮助患者极大地缓解痛苦。无微不至地帮助患者，"让患者花最少的钱，把病治好"是我在临床工作中一贯的宗旨。我认为只有怀着这样的仁心和耐心去工作，才能真正地成为一名老百姓的医生。

创立专科，建设分会

访谈者：您是如何想到要创立乳腺专科的？

林毅：20 世纪 80 年代，乳腺疾病分科不明确，有的在外科治疗，有的在妇产科治疗。乳腺疾病的发病率非常高，但却连专门治疗的科室都没有。作为一名女医生，我更能切身感受到患者的痛苦和需求，暗下决心把攻克危害妇女健康的乳腺疾病定为终生事业。于是，在临床工作取得进展的同时，我也萌生了一个想法：建立中医院乳腺科！1984 年，抱着发挥中医特色与优势，为乳腺病患者解除痛苦的愿望，我提出组建乳腺科的设想，并得到了桂林市中医院领导的大力支持。这一年，全国中医系统第一个乳腺专科正式成立。

建立专科收治患者不是我们最终的目标，我更希望中医乳腺专科的建设是朝着"中西并重，博采众长"的方向发展。因此，我规定科室医生要定期检索国内外学科前沿文献，定期进行汇报交流学习。自己也以身作则，时至今日仍然将最新的科研论文或研究成果打印出来，放到包里，随时研读。这种包容的胸怀和进取的精神不仅感动了患者，也打动了西医医院的医生。门诊经常有患者自我介绍称："是某某西医医院的某位主任介绍我来的，他说你这个情况，一定要去找林毅教授看病吃中药。我在病友交流群里提到了您，大家都一致认为您的中药疗效好！"

我提出在中医临床指导思想上要贯彻"识病为本，辨证为用，病证结合，标本兼治"，在诊疗方法决策上要坚持"中医优势病种能中不西，疑难病种衷中参西，急危重症中西结合"。作为一名中医，一定要对现代医学有着包容的胸怀，要时刻掌握最前沿的学科发展动态。只有这样，才能为中医临床注入新鲜血液，才可能把握住乳腺病领域中医特色与优势发挥的最佳切入点。

1984 年，我被任命为桂林市中医院院长。上任伊始，我便提出了"以急诊为龙头，以专病建设为突破口"的发展思路，并为学科发展确立了八个必备条件：第一，有本专业的学科带头人；第二，有一支结构合理的人才梯队；第三，有固定的床位、专科诊室和门诊时间；第四，在社会上享有盛誉并拥有大量的患者；第五，有疗效确切的专科专病系列制剂；第六，有专科配套的先进医疗设备；第七，有专病临床总结和论文、课题与专著；第八，掌握国内外本专业中西医文献与最新信息。这八条标准，包涵了专病建设应具备的各种基本要求，很快得到国家中医药管理局的认可，成为全国中医专科专病建设的参考标准。在此思路指引下，短短几年时间，桂林市中医院面貌便焕然一新。1994年，桂林市中医院被评为全国第三家挂牌的"全国示范中医医院""三级甲等中医医院"。1995年，桂林市中医院乳腺科获批成为"全国中医乳腺病医疗中心"建设单位，1997年7月通过专家评审验收，正式挂牌，当时在全国也是唯一一家。2021年，桂林市中医院乳腺科通过欧洲EUSOMA认证，成为国内首个通过欧洲EUSOMA认证的乳腺病医疗中心。

1997年7月，经广西壮族自治区卫生厅和广东省中医药管理局联合批准，我受邀前往广东，再次挑起重担，开创广东省中医院乳腺病科，成为广东省中医院乳腺病中心的学科带头人，肩负起建设两广乳腺重点专科的重任。在院领导的大力支持下，经过我和科室同事们的不懈努力，广东省中医院乳腺病科在短时间内实现了从无到有、从小到大、从大到强的跨越式发展，于1999年被广州中医药大学评为校级重点专科；2000年被广东省中医药管理局评为重点专科；2002年成为国家中医药管理局重点专科建设单位；2006年以高分通过了国家中医药管理局重点专科专病验收，随即进入了国家中医药管理局的"十一五"重点专科强化建设单位。如今广东省中医院乳腺科已成为国内规模最大的中医、中西医结合乳腺病中心，年服务患者19万人次、年乳腺癌手术量近千台，在全国中医院名列第一。

访谈者：您是如何想到要创立乳腺病分会的？

林毅：乳腺专科已经建立，并对全国中医乳腺病临床有了较大的影响。为了更好地推动中医乳腺病诊疗规范化，使中医乳腺科医师有章可循，我在担任中华中医药学会外科分会乳腺病专业委员会主任委员时期，牵头组织全国中医乳腺病领域专家，先后制订乳腺增生病诊断、疗效判定与乳腺癌分期辨证等多项国家中医药管理局、中华中医药学会诊疗规范及行业共识。并推动专业委员会于2016年升级为中华中医药学会乳腺病分会，成为国家级二级学会，搭建了高水平学术交流平台。

不断探索，丰富理论

访谈者：请谈谈您在乳腺疾病理论及治疗方面是如何不断传承与创新的？

林毅： 中医学对乳腺疾病的研究有着悠久的历史，几千年来，经历了起源、形成、发展和成熟的不同阶段。我发现历代中医文献对乳腺的生理病理、病因病机、诊断治疗、预防及护理等，均有非常丰富的记载，并可以在同一平台上与现代医学沟通，以求达到共识。

如传统中医理论中"肾－冲任－天癸"中医性轴说，与现代医学的"下丘脑－垂体－卵巢"之性轴学说不谋而合。基于这一认识，我于20世纪80年代末提出采用辨证与辨周期相结合思路，创新性将"中医药周期疗法"理论运用于乳腺增生病临床实践。辨周期即依据乳腺周期性生理特点分期论治，可分为经前期（黄体期）和经后期（卵泡期、排卵期）两期，化繁为简，因期论治。在辨证的基础上，经前重在疏肝活血、消滞散结以治标，经后重在温肾助阳、调摄冲任以治本。与单纯辨证论治相比，周期疗法不仅符合女性生理、病理变化规律，而且能更大地发挥中医药疗效，具有可操作性、可重复性强的优势。基于此，我研制出了消癖系列口服制剂，根据不同时期特点，以"消、补、散、活、泻"为法，经前盈而泻之，经后疏而满之，为乳腺增生病中医治疗注入了活力，临床运用取得满意疗效。针对具有高危因素的痰瘀互结、冲任失调型乳腺增生的潜在病变风险，在此基础上优化形成的"消癖颗粒"获得了国家食品药品监督管理局临床研究批件，于2018年获批上市，是国家实施上市许可持有人制度以来首个获批的中药创新药；也是首个参照美国FDA标准，按中、西标准同时通过审评的中药创新药。

"识病为本，辨证为用，病证结合，标本兼治"的诊疗思想，也同样指导着我治疗乳腺癌的临床实践。乳腺癌的复发转移与机体内环境失衡密切相关，其发生发展是机体内环境（土壤）与肿瘤细胞（种子）共同作用的结果，即肿瘤细胞只有在合适的机体内环境中才能不断增殖生长并向远处转移。我认为可手术乳腺癌由于手术、化疗、放疗等不同治疗方法的干预，机体内环境（土壤）发生了截然不同的变化，我运用中医整体观念，从调节内环境入手，确立了对可手术乳腺癌预防术后复发转移的中医介入思路，提出"乳腺癌中医分期辨治"理论。从而确立了乳腺癌围手术期、围化疗期、围放疗期及巩固期的分期治疗体系，并在临床实施过程中验证了这一理论的科学性，不仅符合乳腺癌现代医学不同治疗阶段临床病机变化的特点，而且便于临床实际操作。

针对乳腺炎性疾病，我依据"腐去肌生"理念，基于"郁久化热—热盛肉腐—肉腐成脓"的病机过程，提出以"燮理阴阳，立法衡通"为理论指导的乳腺炎性疾病诊疗思路，总结形成"内治以衡为法，外治以通为用"的系列综合疗法，以"内外合治，内治为本，外治为宗"为指导思想。疡科之治，首辨阴阳。外治"以通为用"，创立"通、拔、刮、引、敷"五联法，涵盖火针洞式烙口引流术、提脓药捻引流术、土黄连纱条引流术、搔刮棉捻祛腐术等一系列外治药物及中医外科手术方法，纲举目张，针对乳腺炎性疾病常为多型并存，选用不同方法灵活治疗。内治强调"以衡立法"，依据疾病分期"审其阴阳，以别柔刚，定其血气，各守其乡"，选用消痈溃坚、益气健脾等法为治，以平调阴阳。形成了道、法、术、药、械诊疗体系，最终达到内外兼治、燮理阴阳、提高疗效、缩短疗程之目的。同时提出基于"异病同治"的理念，对于病因不同、病机相似的各类乳腺炎均可采用相同的理念和方法进行治疗。该系列疗法具有创伤更小、毒副作用更少、外形更美、功能更好及复发率更低的优点。

同时，我在系统继承历代医家郁证学说精华的基础上，结合多年临床体会，创立了"从六郁治乳"理论，以及"治乳独取中焦""治乳从气，不离乎肝，不止于肝""治乳需治痰，重在调脾肾"等学术观点。"从六郁治乳"即是在临证辨治乳腺相关疾病时，应以六郁（即气郁、血郁、痰郁、湿郁、食郁、火郁）辨之，从六郁治之。从六郁治乳分为急则治标、缓则治本两个层次，临证治疗中应先治标以解标证之郁，即以六郁中气、血、痰、食、湿、火其中一种为主或者多种郁证夹杂的临床表现。缓则治本，是指通过六郁辨证，究其本源，明辨患者的脏腑失和、气血亏虚之所在，调和气血脏腑阴阳，如此达到病证结合、标本兼治的目的。临床诊疗中采用祛除诸郁"八法"——疏肝、化痰、祛瘀、清热、利湿、消食、健脾、补肾，总以平衡调治为宗。

医者弘毅，任重道远

访谈者：请用几个关键词来概括一下您这近六十年的从医之路？

林毅：我这辈子很幸运，有党的指引、领导的支持和同事的协作，只要认真努力地做一件事，终能获得成功。时至今日，我仍坚持每周六天的临床工作，从不间断。当医生是我最大的热爱，为患者排忧解难是我终生的使命和责任。我现在能够有事情忙是好事，说明民众需要中医，说明中医有生命力。

在近六十年的行医生涯中，我始终怀着对中医的热忱、对学术的追求，精诚治学，博采众长。作为新中国成立以来首批科班出身的中医医生，我扎根一线临床半个多世纪从不敢有一丝懈怠。我常说"西医要学得好，中医要过得硬，要做现代中医"！

回顾我的从医之路，我想用"命运"和"使命"两个词来概括。

机缘巧合从"航空梦"转向了"中医药"，是命运的安排，而将所有心血倾注到振兴中医药、发展中医药、创设中医乳腺学科中，是我的光荣使命。我这个人从不好意思为个人的事开口要求点什么，可是只要对患者需要、对学科建设、对医院发展有利，乃至对振兴中医、对健康中国有利的事情，什么都敢去争一争。我总是会问自己：尽力了没有？"选择中医药，我无怨无悔！攻克乳腺病，我风雨兼程！"我想我没有辜负父亲为我取名时的期盼和嘱托：医者弘毅，任重道远！

薪火相传，生生不息

访谈者：如何传承中医药，您对新时代年轻中医人有何建议？

林毅：传承是中医药发展的根基，创新是中医药发展的动力。时代赋予了中医人前所未有的机遇，我们重任在肩。我真诚地希望年轻中医人切实做到原汁原味地传承，遵循"传承不泥古、创新不离宗"的原则！熟读经典、多跟名师、扎根临床。以临床确切的疗效为依据，坚持优势病种能中不西，疑难杂症衷中参西，急危重症中西结合。期待年轻人保持高尚的医德、培养精湛的医术和良好的与患者沟通的能力，坚持文化自信、道路自信、理论自信，做新时代中医接班人！

1. 熟读经典

中医经典构成了中医药理论的核心内涵，也是中医临床思维及防治疾病方法的依据和源头。《医宗金鉴》指出："医者，书不熟则理不明，理不明则识不精。临证游移，漫无定见，药证不合，难以奏效。"熟读经典，乃至熟背经典，是干中医的基本功。与此同时，我认为在读经典的同时，也应该熟练掌握现代科学研究方法，如文献学研究方法、统计学研究方法及数据挖掘研究方法等。熟练掌握这些现代科学研究方法，能够使年轻人在熟谙和领会经典的基础上，更深层次地挖掘中医药资源，运用科研技术开展研究，破解中医密码，揭示隐性真理，方能守正创新。

2. 多跟名师

在我的学习过程中，也曾经跟过名医，得到老师言传身教。潜移默化地学习老师的学术思想、辨证思维方式、操作技能手法、处方用药方法。通过继承名医名家经验，年轻中医可以少走弯路。同时，名老中医经验也是中医药学传承的重要载体。通过师承模式的推广，为中医药学的传承贡献属于年轻人的力量，可谓一举两得。尤其是中医强调心悟、灵感、直觉等思维方式，只有经过长期的跟师学习体验，直观领悟，内向反思，才能心领神会，体会和感悟到名老中医治疗用药的良苦用心和用意。

3. 扎根临床

近六十年的一线临床实践，是我能够在临床中发现问题、解决问题，寻找中医与现代医学切入点的底气。对中医药的热爱与信心，是我能够在中医理论和实践中不断继承、创新的力量源泉。有人问过我："为什么你觉得现代医学的难点与盲区可以成为中医治疗的切入点？"我说："我有把握，这个把握来自于博大精深的中医药学，更来源于数十年如一日的临床实践。""早临床、多临床、反复临床"，是学习中医乃至任何一门医学的不二法门。在熟读中医典籍及跟师过程中学习到的经验，只有在临床上得到不断应用和验证，最终形成属于自己的经验，才是中医思维完整的承袭。经典和老师可能都会告诉你，"见肝之病，知肝传脾，当先实脾"，所以你看到肝病患者可能会给他健脾，但有时候可能没有效果。为什么有时候有效？有时候没效？什么时候才能有效？这需要你在临床中仔细领悟、体会和提升。

4. 医德高尚

做一名医德高尚的医生，以患者需求为导向，才是大医精诚。医生的职责就是竭尽全力为患者医治疾病，帮助患者恢复健康。医生不仅应医术精湛，还当具备普救众生的仁爱情怀，这是一种医务工作者独有的精神境界。医务工作者不仅是一份谋生的职业，更是一种实现自我价值的信仰，需要不断精进、不断奋发。我常对学生说：只要不是为了你自己，为患者好的事情，不要有所顾虑，应该勇敢地去做。

5. 中医自信

身为中医人，必须首先吃透、消化、汲取祖国数千年中医药知识精华，只有了解前人的学术精髓，才能在继承的基础上创新发展。从文化传承角度来看，中医药文化是中华文明复兴的开路先锋；从文化创新角度来讲，推动中医药与现代科技、文化的对接、融合，强化其作为连接传统文化与现实生活的纽带作用，有助于建立以健康实践为旨归的中国文化新体系；从文化传播布局而言，宣传中医药文化是为世界卫生发展贡献中国智慧、提供中国方案。要博极医源，精勤不倦，传承精华，守正创新，坚持文化自信、理论自信、道路自信、方法自信、疗效确切，将解民疾苦、弘扬中医作为终生的奋斗目标！

6. 无远弗届

如果让我回首总结我的行医生涯，我想最重要的就是不给自己设限吧。就像 1965 年，我本科毕业，选择了桂林市中医院的工作时，我没有想过 20 年后会成为这家医院的院长。但是我一直坚信，每个人都需要在自己的岗位上兢兢业业，细细耕耘，面对困难时迎难而上，面对机遇时才能准确把握。而 1997 年，当时我已经到了退休年龄，在桂林已经建成国内首个全国中医乳腺病医疗中心，但当收到创建广东省中医院乳腺科的邀约后，我还是义无反顾地来到广州再次从零起步创业。上市新药金蓉颗粒的处方，是我在 21 世纪初创立的，当时我已经年逾花甲。金蓉颗粒前后研究攻关超过 15 年，最终在 2018 年末获批上市，那时候我已经 76 岁了。我的经历可以为广大中医人提供一点经验，那就是只要有一颗恒心和一股子韧劲，年龄和困难都不能成为绊脚石。

志之所趋，无远弗届！愿与后学一道，在党的领导下，坚持以传承精华、守正创新、突出特色、促进融合为原则，充分发挥中医药防病治病的独特优势和作用，坚定不移地为建设健康中国、实现中华民族伟大复兴的中国梦，贡献我们的智慧和力量。

传承是中医药发展的根基，创新是中医药发展的动力。时代赋予了中医人前所未有的机遇，我们重任在肩。我真诚地希望年轻中医人切实做到原汁原味地传承，遵循"传承不泥古、创新不离宗"的原则！熟读经典、多跟名师、扎根临床。以临床确切的疗效为依据，坚持优势病种能中不西，疑难杂症衷中参西，急危重症中西结合。期待年轻人保持高尚的医德、培养精湛的医术和良好的与患者沟通的能力，坚持文化自信、道路自信、理论自信、方法自信、疗效确切。学习好、传承好、发扬好名师的临床精华，在传承精华的基础上，博采众长，优势互补，创造新的价值。希望年轻人继续秉持高昂的热情，做新时代中医接班人！

（林毅国医大师传承工作室　司徒红林整理）

第九章　南征

南征（1942—），男，朝鲜族，吉林省龙井人，中共党员，教授，博士生导师，长春中医药大学终身教授，长春中医药大学附属医院主任医师。第三、四、五、六、七批全国老中医药专家学术经验继承指导教师，2017年，人社部、国家卫生计生委、国家中医药管理局授予首届"全国名中医"称号。2022年，人社部、国家卫生健康委、国家中医药管理局授予第四届"国医大师"称号。

国务院政府特殊津贴获得者，吉林英才奖章获得者，卫生健康委、国家中医药管理局糖尿病重点学科学术带头人，中国代谢病协同创新平台专家委员会副主任，吉林省名中医、长春知名医生，长春名医，全国中医名词审定委员会专家、全国民族医药文献整理项目专家、国家科学技术奖励审评专家，国家中医药管理局第一、二、三、四批全国中医（临床、基础）优秀人才研修项目授课专家、中华中医药学会理事、世界中医药学会联合会糖尿病专业委员会名誉会长、中国民族医药学会朝医药分会名誉会长、国家新药评审委员会委员，吉林省中医药学会高级顾问、长春市中医学会名誉理事长、吉林省中医药学会糖尿病专业委员会名誉主任委员、吉林省中医药防治艾滋病专家组组长、延边大学"高端人才"特聘教授、博士研究生导师。临床擅长治疗糖尿病及其并发症、肾病、心病、尿毒症等内科疑难杂症。

我的从医历程

访谈者：您是怎么走上中医之路的？

南征：我于 1959 年 8 月考入长春中医学院，那年我 17 岁，开始系统学习中医。作为朝鲜族学生来说，遇到的第一个问题就是对医古文的恐惧，对古汉语理解的困难，但是我深知中医学博大精深，要想成为真正的中医医生，学习中医经典古籍是必经之路。怀着对中医的热爱和成为真中医的信念，我比汉族同学更刻苦地学习医古文，死记硬背，并由此逐渐熟悉了古汉语，度过了六年大学生活。毕业后留附院工作，在繁忙的医疗、教学、科研等工作中，我仍然不放弃对中医四大经典、金元四大家医书、明清医籍的研读，为临床打下坚实的理论基础。

我早年跟师于陈玉峰、张继有、任继学、刘冠军、刘柏龄、杨宗孟等国家级名医，学《黄帝内经》《金匮要略》《温病条辨》《本草纲目》，懂得了阴阳之道、五行相生相克、养生之道、五运六气、阳道实、阴道虚、整体观、辨证论治、辨证用药；对于经典古籍内容，熟读经典、背诵，牢固掌握"不治已病治未病""治痿独取阳明""风为百病之长""五脏六腑皆令人咳""病痰饮者，当以温药和之，苓桂术甘汤主之""膏粱之变，足生大疔""冬伤于寒，春必病温""热因热用，寒因寒用，通因通用，塞因塞用""三部九候论""散膏、膜原"等有关经文，熟记在心。

1962 年课间实习中，跟师于段英连、马志、朱志英、阎亚泉等老一辈名医，随诊治疗，跟名师，多实践，理论联系实际。临床实习胜读十年书，使我茅塞顿开，坚定了"走中医路，做中医人"的信念。经过 6 年学习，以优异的成绩毕业并留校，从师于任继学、刘柏龄等名老中医。

1982 年 9 月 17 日，经省厅及学院领导批准成为任继学助手，历经 3 年的学习、5 年的努力，总结任老临床经验并撰写成 30 万字的经验录，名为《悬壶漫录》。其间，边跟师，边读经典，边临床，先后发表了《论仲景金匮治热十法》《论任继学名医名论名术》《任继学简介》等。真正做到了读经典，跟名师，多临床。

《医述》云："医病先医人。"我认为"信者为医"，诊病时严格要求患者改变不良生活习惯，告诫患者调整心态，充分调动身体的自愈能力，信任医生，帮助患者树立战胜疾病的信心。我也相信疾病是可以预防的，摄生养慎是预防疾病的关键之所在。对于已病患者，应做到"已病防变"，如《伤寒论》所言"自利不渴者，属太阴，以其脏有寒故也，当温之，宜服四逆辈"，寓补火生土之意，以防止脾病及肾；糖尿病患者一旦出现腰酸、乏力、夜尿增多等症状，便要告诫其"务在先安未受邪之地"，积极采取措施控制血压、调脂，避免应用损害肾功能的药物，防止糖尿病肾病的发生；对于易感的肾病患者，常以玉屏风散加减益气固表。医生应努力做到的最高境界是"上医治国，中医治人，下医治病"。

《黄帝内经》言："谨守病机，各司其属。"我一向强调中医临床思维的重要性，提倡辨证求因，审因论治；秉承"医病先医人"的思想，强调"治未病"；重视中医内科疾病的外治法；擅治糖尿病及其多种合并症，提出新说"肾病上下同治"等。只有谨守病机，才能明辨所属，投剂不误。病机把握不准确，泥于一证一型，就不会看到证候的不断发展变化，从而就失去了中医辨证的真谛。

奋斗在教学、临床、科研一线

访谈者：您对"教学、临床、科研"这三方面如何取舍和兼顾？

南征：我认为教学上是这样一个过程：自己从学生到老师这个过程，学之后就觉得存在不足，教之后觉得教的有困难，这才有之后的自信自强，努力奋斗。教育这个方面呢，孩子们能不能原原本本地学习中医、掌握中医，能不能从心里面体会到中医的伟大、中医的特色。中医是中华文化的重要组成部分，中医强则祖国强，中医衰则祖国衰，中医无则国家亡，从这个高度上让我们的孩子认识中医、实践中医。

学不学中医的问题已经解决，因为学生们已经到了中医药大学，那么我们导师在教学中有什么责任呢？要让他们努力奋斗，不要动摇，不要失去信心，不要迷失方向，特别是有的人毕业以后怀疑中医、不从事中医，甚至背叛中医，这个是综合因素的影响，既不能只盯着校领导，也不能光盯着任课老师，更不能只盯着学生，需要我们这些人发挥作用，这就是重大的责任感与担当意识。被称作终身教授，那就需要全心全意、一心一意地从"灵魂深处"的角度培养"真中医、铁杆中医"，从我们这些老同志开始努力奋斗。已经是辉煌的六十年，未来会更灿烂。

医疗的责任更重了。中医是人文、科学、实践、经验、救死扶伤、治病救本、治人救命、治灵魂的仁术。不要过多地在科学上下功夫，要牢记

"仁术"的概念与精髓，而不只是工程技术，所以必须重视临床，这一点要明确。

科研，按照国家与教育部的相关要求，我这个年龄不能申报课题，但是还要带博士啊，那怎么办，就需要与其他人共同申报，我是其中一员。现在存在矛盾，需要按照国家与教育部的相关要求，完成相应课题，学生最终是怎样掌握临床，患者老老实实的对照组，这么做不允许，需要在实验动物中做实验发挥作用。不管怎样，还是要在临床上下功夫，我也在探索中医如何带"临床"博士，争取闯出一条路来。

对青年中医学习的建议

访谈者：您对青年中医的学习有何建议？

南征：我认为其实青年中医的学习也需要分几个阶段。学生们刚入学，医院不能大包大揽，大一、大二年级教基础课程的老师们要团结在一起，要重视基础教育、中医四大经典的教学，我希望内经、温病、中药、伤寒，还有金匮要略、汤头歌、中药四百味，在大一、大二解决，阅读、精读，不要让他们分心，一会整一下临床，一会整一下临床。不要着急将临床与理论结合，日后会有很多时间来结合的，没有基础理论，不可能与临床结合的。要不然会出现孙思邈在《大医精诚》中提到的问题，读了三年医书就觉得世间没有治不了的病，等治了三年病却发现世上没有治病的方。

三年级内科的第一堂课我一定要亲自去讲。学生要养成一个好的学习习惯，不要急着实习，有这么大的医院，日后会有很多跟诊、临床实践的机会与时间。理论联系实际是终身的事，中医学习是终身的事，学习中医的人不管从事哪个行业，都不应该放弃对专业的钻研与实践。

读经典，跟明师，我要求，学生跟"明"师，不要有名无实的人，这个"明"是明白的意思，不是"名气"。理论学了，跟老师实践，如果不说中医话，不看舌、不诊脉，开西药对付，怎么传承中医呢？跟对明师才能真正将中医传承下去。学生也得谨记，不要跟不讲中医的老师。本来学生的素质挺好，临床上待一段时间，发现原来这么简单，不用问诊了，病理出来了、药方出来了，也不用方剂、汤头歌了，前两年的学习"白学"了，西医课程学完，把中医的内容怀疑了，就会出现孙思邈在《大医精诚》中说过的问题：世有愚者，读方三年，便谓天下无病可治；及治病三年，乃知天下无方可用。

比如针灸针刺，学生学完解剖后，有些就会产生疑惑，很多地方不能扎，万一弄成"气胸""阑尾炎""头部出血""细菌感染"怎么办？脑神经不要扎错了，要不后果严重啊！其实正常学习完解剖后，应该对学习针灸有帮助，现在有时候学生反倒害怕针灸了，针刺不管什么位置都变得畏手畏脚。这就需要任课老师与临床老师共同配合，形成合力，才能有助于学生学好中医。

学习中医一定要读经典，否则不能正确地学习与理解中医医理。比如"咳嗽"，"五脏六腑皆令人咳"，弄清楚不只是"肺病"才能导致人咳嗽，不就与临床结合了；"治痿独取阳明"，还要注意"肝肾"，这里面还有"见肝之病，当先实脾"，还会有"甚而甚之"，老师在讲的时候不理解，学生反倒理解成"肝病"不用从"肝病"论治，直接通过补益"脾胃"来治疗了，这怎么对？不治疗"肝病"，直接治疗"脾胃"就是"不治已病治未病"了么？这不是歪了嘛？"不治已病治未病"是检查身体、发现问题，发现问题再进行治疗，就是"不治已病治未病"了？不是这样的道理，这是有问题的。什么是"治未病"？现在"大暑"的节气，需要防暑，有病无病就把藿香、佩兰加入到药方里面，就不中暑，清除"暑气"，气血通畅、解决湿气阻挡的问题，使气血盛。所以我们强调"不治已病治未病"，同时背好脉诀、中药四百味，再与临床结合，开方子不就是背汤头歌诀？摸脉不就是重温脉诀？写病历不就是写病机吗？这就回归到"临床"，理论与实践结合起来了。中医就是反反复复学习经典、反反复复临床的过程，只要稍微一努力，就能有所成就了。

现在有的学生说自己累，不努力，有的听不懂就不学了，有的学完忘记了、脱离了，认为《伤寒论》用处不大。有的老师只讲教材，只看教科书，不看舌诊、不看脉诊，张仲景、孙思邈有言，一定要认真摸脉，40次、50次的，认真地看舌，运用望闻问切，不是个体，而是整体，也不是实验，而是活生生的人，老鼠可以实验，人可以实验吗？怎么提高疗效呢？不就得读经典、跟明师，也不讲多临床，而是真临床，真正去明白一个处方、了解一个疾病。

我对中医象思维的理解

访谈者：谈谈您对中医象思维的理解？

南征：我临床实践中常遇到这样一个问题。为什么同一个病，多个大夫看病，结果处方都不同，然而都有效呢？回答是：一，同病异治；二，治一病有多方；三，八法中每一法，均有多种有效药；四，医生学习经历、水平、思维方式不同，用药习惯不同；五，每一位中医师治疗个性化，是中医特色文化之一。其结论关键是象思维。

何谓象思维？象思维，即取象比类思维，"象思维"是中医人传统的认识论方法。一开始医者用感官认识药物的"象"，初步掌握其特性，再结合机体、自然界具体情况，天地人同一整体思考，从宏观认识其作用功效，然后用来治病，从医治实践中获得用药理论。再以此理论指导，反反复复认识药物，再用药治病，通过不断地实践和总结，逐步形成中医药的理论。

"象"，征象、共象，是指模仿自然现象的认识或行为方法。"类"，种类相似，《尔雅·释诂》曰："类，像也。""象思维"的思维方法有类比推理、特殊的推理、归类推理等。《内经》中的象思维，以"援物比类"的方法认识人体生命规律。《素问·示从容论》曰："夫圣人之治病，循法守度，援物比类，化之冥冥。"《内经》将人体与自然物视为同一大类，善于从一些远缘事物中寻找相通之处，然后类比推演，是一种援引自然界中一些与人体生理相似的规律性道理，推论人体生理病理的变化及其施治方法的逻辑方法。《素问·五脏别论》以天地的动与静进行比拟认识，认为五脏"藏精气而不泻"，六腑"传化物而不藏"。《素问·阴阳应象大论》曰："风胜则动，热胜则肿，燥胜则干，寒胜则浮，湿胜则濡泄。"《素问·至真要大论》曰："主病之谓君，佐君之谓臣，应臣之谓使。"均是取象比类的思维方式方法。以自然事物的征象，类推人体生理、病理规律。从"意象"到"个象"的推理方式。所谓"意象"又称为"共象"，是指经过长期的实践观察，总结出的蕴含在很多事物现象之中的征象，如阴阳、五行、八卦、河图、洛书、太极等。由于"意象"表达事物的共性或内在抽象涵义，因此，从理论上言，更接近事物的本质和规律。其推演的结论，《素问·五脏生成》言"五脏之象，可以类推"。在以"象"为主要思维方式的古人眼中，大千世界，无不是象。药象与人象或病象，本质是通过气相感、类相应，而发生关联效应。古人在识药过程中摸索出的一些"象规律"，如以药物不同部位、质地、形状和生活习性来论药物的升降和功效，为诊治人之疾病，打下了理论和实践基础。道在前，术在后，道术结合，上工治国，中工治人，下工治病。上工治病，不治已病治未病，是《内经》中典型的象思维之经典名句。

我对"一则八法"的理解

访谈者：谈谈您对"一则八法"的理解？

南征：何谓治则治法？治则，是治疗疾病的法则，是大的原则。它的内容包括了因时、因地、因人制宜，标本缓急，正治反治，寒者热之，热者寒之等等。治法，是在治则的指导下，根据不同的具体病情，所采取的具体治疗方法。它由治疗法则所规定，并从属于一定的治疗法则。治法多种多样，如"实则泻之"治则中的解表法、攻下法等。正如《素问·阴阳应象大论》云："阴阳者，天地之道也，万物之纲纪，变化之父母，生杀之本始，神明之府也。治病必求于本。"治病必求本，必须做到《素问·疏五过论》说的"圣人之治病也，必知天地阴阳，四时经纪。五脏六腑，雌雄表里。刺灸砭石，毒药所主。从容人事，以明经道。贵贱贫富，各异品理。问年少长，勇怯之理。审于分部，知病本始。八正九候，诊必副矣。"

我根据以上中医经典理论，结合多年的临床经验，提出中医治疗常见多发疑难危重症的"一则八法"。"一则八法"使患者自我调养"精、气、神"，树立战胜疾病的决心和能力。疗程结束，医生总结医案，存档保留，患者回顾疗程，反省醒悟，写心得日记，警示后人，其结果疗效相当可观，得到同行同道们的认可。实为严格管理患者、严肃控制疾病、和谐医患关系、提高中医疗效的有效机制。

一则，就是诊治原则。在中医药理论指导下，扶正祛邪，攻补兼施，动静相合，寒热并用，标本兼顾，上下兼治，内外互治，辨证识病，识病求因，审因论治，治病治人，急则治其标，缓则治其本，标本同治，治病治本，治病必求于本的中医诊治原则。需要时中西医综合诊治。"上医治国，中医治人，下医治病。"治国者，中医之道也；治人者，中医之本也；治病者，不治已病，治未病，中医之术也。辨证求因，审因论治，治人救命者，中医之则也。治病必求于本。那么关于现代检测报告和数据，我们怎么理解辨证求因之"因"呢？中医应将这些现代检测报告和数据等检测手段的结果作为辨证求因之继续，望闻问切之延伸及补充就够了。如西医病名、诊断、名词术语、心电图、超声、血压、血尿常规、影像检测、X线、脑CT等。

《素问·四气调神大论》云："夫四时阴阳者，万物之根本也，所以圣人春夏养阳，秋冬养阴，以从其根，故与万物沉浮于生长之门，逆其根，则伐其本，坏其真矣。故阴阳四时者，万物之终始也，死生之本也，逆之则灾害生，从之则苛疾不起，是谓得道。道者，圣人行之，愚者佩之，从阴阳则生，逆之则死，从之则治，逆之则乱，反顺为逆，是谓内格。"此"八法"是主要针对中医疑难危重症综合诊疗所提出的治疗方法。其内容包括：内外同治法，饮食运动法，养生静卧法，标本兼顾法，反省醒悟法，精神养心法，心得日记法，依从教育法。

一法：内外同治法。内治法是通过口服药物治疗疾病的方法。内治法在临床上既可单独使用，又可根据病情和外治法配合使用，相得益彰，取得更好的临床疗效。《理瀹骈文》云："外治之理，即内治之理；外治之药，即内治之药。所异者法耳。"指出了外治法与内治法只是在给药途径上的不同。我们在临证中常常内治结合外治法。

二法：饮食运动法。分为饮食和运动。

饮食法：唐·孙思邈《备急千金要方》云："治之愈否，属在病者，不自爱惜，死不旋踵，其所慎者有三：一饮酒，二房室，三咸食及面。能慎此者，虽不服药而自可无他。不知此者，纵有金丹亦不可救。深思慎之。"唐代《辟谷诸方》倡导辟谷养生，其中有"休食方"。辟谷是理解自噬理论的重要途径。自噬是指细胞在饥饿时吃掉无用或有害物质，以提供自己需要的能量。辟谷、节食，降低餐后游离氨基酸浓度与胰岛素水平，对提高自噬能力、延缓衰老有积极作用。

运动法：可以适当做一些中医养生保健运动，以防病强身。如果坚持天天锻炼，定能"代谢旺，精神爽，气血活，利大便"。对中老年人，建议"晨起开始，揉搓身子，下床动动，经络通通"。"饭后百步，慢走小路"，既呼吸新鲜空气，又忘却烦恼。根据自己的体力保持适当的运动量，注意循序渐进。当然，也要"多动脑"，读书、看报、写字、画画等，可以锻炼大脑。

三法：养生静卧法。①防止过劳，卧床休息；②保持正常生活方式，规律作息，晚饭后4小时入睡；③避风寒，保温暖，调情志，按时用药。正如《素问·上古天真论》所云："法于阴阳，和于数术。形与神俱，度百岁乃去。""夫上古圣人之教下也，皆谓之虚邪贼风，避之有时，恬淡虚无，真气从之，精神内守，病安从来。"《素问·生气通天论》云："精则养神。"明·王阳明《传习录》云："静未尝不动，动未尝不静。"静，入静守意，静中有动，乃炼脏腑、经络，提高机体功能的养生方法之一。

四法：标本兼顾法。《素问·汤液醪醴论》曰："病为本，工为标，标本不得，邪气不服。"标本相得，邪气制服，其病痊愈。患者为本，医者为标，医生应调动患者之防病、抗病、治病能力，调动患者的精气神，促进患者早日康复。内因是关键，外因是条件，外因通过内因起作用之理，即标本相得之道。医生应做到"辨证求因，审因治人，治病治本"。医院应该以医生为中心，患者为本，疗效为目标，建立正确的医患关系，达到管理患者、控制疾病的最终目的。

五法：反省醒悟法。教育患者在吃、喝、拉、撒、睡、动、情、测等方面，自己找自己的毛病，承担责任，深刻反省，早日醒悟，增强战胜疾病的信心、活力，恢复"精气神"，达到康复之目的。《素问·至真要大论》云："有者求之，无者求之，盛者责之，虚者责之。"应该做到有无皆推求，虚实皆问责。《素问·上古天真论》云："黄帝问：今时之人，年半百而动作皆衰者，时世异耶？人将失之耶？岐伯对曰：今时之人不然也，以酒为浆，以妄为常，醉以入房，以欲竭其精，以耗散其真，不知持满，不时御神，务快其心，逆于生乐，起居无节，故半百而衰也。"

六法：精神养心法。由于人体精气神的存在，《内经》要求中医诊病一定要医患互动，用药和调神兼顾，患者不能只求医生，应同时努力调节自己的精、气、神，从而战胜疾病，早日达到阴阳平衡，终而实现康复。《灵枢·小针解》云："古之治病，唯其移精变气，可祝由而已。""得神则倡，失神则亡""阴平阳秘，精神乃治""五脏者，所以藏精神气血魂魄者也。""神者，正气也""形与神俱""精则养神"。《素问·汤液醪醴论》讲："何谓神不使？岐伯曰：针石，道也，精神不进，意志不治，故病不可愈。今精坏神去，荣卫不可复收。何者？嗜欲无穷，而忧患不止，精气弛坏，荣泣卫除，故神去之而病不愈也。"《素问·举痛论》谓："百病生于气也。"药可以治病，不可以治神，患者的神只能自己养、自己调。这个道理，医生必须得彻底真正弄懂！

七法：心得日记法。患者记录自己治疗中的养神过程、心得体会、疑难问题、想法建议等。患者写好治病日记，是医生在医院书写的病历、病志的继续，是患者自己管理自己、控制自己疾病的有效措施。

八法：依从教育法。《灵枢·师传》云：“黄帝曰：胃欲寒饮，肠欲热饮，两者相逆，便之奈何？且夫王公大人，血食之君，骄恣从欲，轻人而无能禁之，禁之则逆其志，顺之则加其病，便之奈何？治之何先？岐伯曰：人之情，莫不恶死而乐生，告之以其败，语之以其善，导之以其所便，开之以其所苦，虽有无道之人，恶有不听者乎？”《灵枢·师传》曰：“黄帝曰：治之奈何？岐伯曰：春夏先治其标，后治其本；秋冬先治其本，后治其标。”经过劝告与说服，通过讲清“败、善、便、苦”，达到医患协作，管控疾病。医生如不依从中医理论，不依从中医药经典，照样须教育之。

如何发扬中医的特色

访谈者：如何才能发扬中医的特色？

南征：我认为发扬中医的特色，应该做到以下两点。

1. 坚持“记忆、思维、决策、创新”之路

中医学与现代医学相比，具有独特的理论体系，因此我认为，中医的临床思维与决策，亦具有其独特之处。首先，中医的临床思维方法学分为三个层次——哲学层次、中间层次、直接层次。三者互相补充，互相促进，共同构成临床思维方法学的完整体系。其次，中医临床思维有三大特点——整体性、宏观性、动态性。我常说：我们面前摆着这样两种思维方法，即“研究中医”还是“中医研究”，而我们需明确二者的区别而坚持“研究中医”。我提倡中医的“记忆、思维、决策、创新”思维系统。在掌握了中医临床思维方法之后，我们要在继承的同时，不断创新来继续推动中医事业的发展。中医如一口饱经风霜的古井，几经劫难，仍能流出甘甜清澈的水，孕育中华儿女。我们的责任就是要用自己的知识和智慧，来修缮这生命之源。积累前人的知识，进一步研究探索，将“井”挖得更深，不断开辟新领域，发现新规律，提出新理论，创立新方法。让中医在科技飞速发展的今天，能够放射出更加璀璨的光芒。

2. 提倡辨证求因，审因论治，综合治疗

我提倡辨证求因，审因论治，强调辨证论治首先要辨出主证，兼顾他证，注意辨识真假。临证重视辨证论治十法，即定位、定性、定证候、定诊

断、定理、定法、定方、定药、定调、定防十大法。反复强调辨证是论治的依据，论治是对辨证的检验，辨证论治过程中必须弄清证、病、症、候之概念。同时，辨证论治还要抓住疾病的病因、发生、发展变化全过程。单独强调辨证是不够的，应该先审病因，做到辨证求因，审因论治。如治疗消渴病，单纯降糖是远远不够的，应重视情志、体质、饮食、寒温失度、食复、劳复在疾病发生发展中的作用。又如在慢性肾病治疗过程当中，我认为本病起于喉核，强调外感六淫之邪侵入咽喉在发病过程中的重要性，绝不单纯治肾。正如《黄帝内经》所言"必伏其所主而先其所因"；我很推崇宋·陈无择《三因极一病证方论》，该书是我国现存第一部病因学说专著，系统地阐述了"三因学说"，是分析疾病病因的纲领。我经常告诫学生，现代中医医生治病不能忽略审因论治的重要性，应积极寻找病因，以达到事半功倍的效果；若只单纯辨证论治，不去了解病因就开方下药，将会陷入一味用药而不求溯源的境地。诊病中除了应用口服中药汤剂，对于合并有尿路感染的患者给予中药外洗剂治疗，肾功能有改变的患者予中药保留灌肠；对于高血压及类风湿关节炎、痛风病的患者，分别以不同中药浴足治疗；对于应用过激素的肾病综合症患者给予中药代茶饮，以抵抗激素对人体的不良反应及耐药性。尽量做到特色鲜明，方法多样。

选择中医，我的必然

访谈者：谈谈您为何选择了中医并为之奋斗一生？

南征：很多人学中医，但选择中医的原因各不相同。中医本身是古老的、"过时的"，中医走到今天，历经磨难，甚至曾到被消灭的边缘。如今西医传入中国已经二百多年，在这种背景下，有很多家长、很多孩子依然选择了古老的中医，为什么？因为中医药是文化，她深深地扎根于中国百姓的心中，其中有我们的父母，还有我们自己。

中医是古老到再不可能古老的一种学问，她是中华五千年文明的结晶，中国古代科学的瑰宝，中华文明的瑰宝，打开中华文明宝库的钥匙，她护佑着中华民族，使祖国繁荣昌盛。

选择中医，我的必然，那么我们必须讲清以下几个问题。古，古老，有没有尊古的必要？比如，孔夫子"复礼"，历史上是有过、提倡过，孔子作《春秋》正名周礼而让乱臣贼子恐惧。司马迁作《史记》，也是为了把历史作为当时及后世的借鉴，这些都是"古为今用"之杰作。很多古老的学问都有其正确的一面，现代现实实践当中完全可加以应用，关键在于尊古而不泥古，承古开今，古为今用。有两千四百多年历史的中医药，在传承过程中有没有精华、精髓？能不能为我们现代人借鉴？有没有比现代医学更科学、更高明之处？答案是"有的"。如《素问·五脏别论》曰："凡治病必察其上下，适其脉候，观察志意，与其病也。拘于鬼神者，不可与言至德。恶于针石者，不可与言至巧。病不许治者，病必不治，治之无功矣。"两千四百多年前中医药与鬼神决裂时，西医鼻祖希波克拉底还处于巫医、巫术状态！

现代的西医，同样有很不完善的一面，也很不理想。西医治不了的病不断出现的今天，有没有古人的治病经验可以借鉴呢？这就需要中医的存在。往深点说，古代有没有好东西？古代有没有精辟的理论？古代文化复兴，古代的理论，古代的经典，古代的科技，有没有超过现代的？当然有，比如说《易经》，仍然是现代水准解不开的谜；《内经》，仍然在指导现代临床；《伤寒》《金匮》《温病》《本草》仍然解释得了现代常见、多发疾病的一些要害，并有一些行之有效的治疗法则、方法。这就说明了中医是百姓的需要、西医的需要，而且她为中华民族的健康能做贡献。中医药学不属于现代医学科学范畴，中医药学属于古代人文哲学、经验诊疗医学范畴，属于古代科学技术——象科学范畴。二百多年的现代医学科学智慧，不可能完满诠释两千多年古老医药学经典之精髓。因为现代分析还原医学，正处于转换系统医学之过程中，所以现代医学科学判断事物真伪尚存缺陷。

世界卫生组织警告：如果人类不停止滥用抗生素，人类在新的严重感染面前将再次无药可治。中医药则不然。《素问·上古天真论》未病先防有"三则六法"。"其知道者……度百岁乃去"，食饮有节、起居有常、不妄作劳，此乃三则也。虚邪贼风，避之有时；恬淡虚无，精神内守；志闲少欲，心安气顺；不嫉妒上，不鄙视下；不迷声乐，不迷淫邪；不惧于物，此乃六法也。以上"三则六法"是未病先防的法宝。

名医寄语

中医药是祖先留给我们的宝贵财富，中医药大有作为、要早作为，中医药振兴发展迎来了天时、地利、人和的大好时机。让我们淡泊明志，宁静致远，静下心来，读经典，跟明师，多临床，做明医。把临床、教学、科研、社会服务等工作做得好上加好。认真管理患者，严格控制疾病，认认真真地做一名既负责任，又有担当的真中医。反对中医西化，反对套西灭中，反对跟在西医后边跑，反对重科研、轻临床。要下苦功夫攻关，能作为，早作为，勇攀医学高峰，敢治疑难重危急证，为人类健康做贡献！

　　我们必须要努力，不忘初心，牢记使命，把祖先留给我们的宝贵财富中医药继承好、发展好、利用好；我们必须要努力，继承中医精华，传承中华文化，促进华夏文明，振兴伟大中华，早日实现民族复兴！让中医药这块瑰宝闪烁出更耀眼的光芒吧！

（南征国医大师传承工作室　刘世林整理）

第十章 钱英

钱英（1937—），男，全国名中医、首都国医名师，教授，主任医师，硕士、博士研究生导师，享受国务院政府特殊津贴。2013 年被评为"首都国医名师"，2017 年获国家人社部、国家卫生计生委、国家中医药管理局授予首届"全国名中医"称号。1937 年 6 月出生于天津市，1962 毕业于北京中医学院（今北京中医药大学）中医系，历任首都医科大学中医药学院副院长、北京中医医院副院长、大内科主任等职。钱老是肝病名医关幼波教授的首位学术继承人，主持"著名老中医关幼波教授对肝炎的辨证施治电子计算机程序研究"为全国首创，获北京市科技成果奖一等奖，是全国中医肝病学界领军人。钱老担任全国中医肝胆病专业委员会主任委员 30 年，牵头创制病毒性肝炎中医疗效判定标准、中医辨证标准和肝硬化腹水中医疗效判定标准，写入全国规划教材《中医内科学》。他牵头开发我国首批辨证治疗乙型肝炎的Ⅲ类新药——乙肝清热解毒冲剂、乙肝养阴活血冲剂、乙肝益气解郁冲剂，对乙肝的辨证施治起到指导与引领作用，该系列药在全国推广应用 20 余年，取得了很好的临床疗效。钱老主持"软肝煎治疗乙肝及抗肝纤维化的临床及实验研究"，其成果获 1996 年国家中医药管理局科技进步奖三等奖。出版《肝炎论治学》《肝病的中医调治》等五部肝病专著，亲自撰写并以第一作者发表相关研究论文 31 篇，充分展示了诊治肝胆病独到的学术见解和丰富的临床经验，对我国中医肝病临床及科研工作有重要的指导意义。钱老从事中医内科的临床、科研及教学工作 60 年，擅长诊治慢性肝病和慢性肾病，其突出的临床经验和特色包括五个方面：①提出"见肝之病，其源在肾，亟当固肾"的学术思想；②力倡"体用同调"法是治疗肝病的中心环节；③创立"截断逆挽法"治疗慢性重型肝炎；④提出治疗肝病必用"和血法"；⑤善用扶正解毒化瘀辨治原发性肝癌及其术后。创制了软肝煎、槲芪散、截断逆挽方等，在抗肝纤维化、治疗原发性肝癌、治疗慢性重型肝炎等方面，均取得很好的临床疗效，并获得国家级科研基金等的支持和科研成果奖励。钱老领导并完成了北京市中医及中西医结合肝病、传染病等的重点学科建设，任第三、四、五、六、七批全国老中医药专家学术经验继承工作指导老师，兼任全国优秀中医临床人才研修项目等指导老师，钱老培养各类继承人 32 人次，长期跟师的直传弟子 16 人，其中博导 5 人，优秀的弟子代表有首都名中医车念聪、李秀惠，优秀名中医张秋云等，仅北京的再传弟子就有 72 人，形成了星火相传、欣欣向荣的景象，为北京中医、中西医结合肝病的学科和队伍建设做出了重要贡献。

我的学医缘由

访谈者：您是怎么走上中医之路的？

钱英：我学医主要跟我的家境和自己手臂受伤骨折有关。我考大学是1956 年，那会儿可以同时填报几个学校、多个专业。我高中成绩很好，有机会填报更好的学校，但当时家里很穷，姊妹也多，父母供养我们非常辛苦。当年北京中医学院刚刚成立，是第一次招生，可以免学费，还给生活补贴，就不怎么需要花家里的钱了；而且，我中学的时候喜好打篮球，把胳膊摔断过一次，当时没钱做手术，是一个中医骨伤科医生给我保守治疗治好的，我对中医也产生了一些兴趣。所以，就赶紧把北京中医学院填在第一志愿了，也被顺利录取，成了北京中医学院第一批学生。我在北京中医学院学习六年，毕业实习在西苑医院完成，有幸得到很多中医名师的指点，如任应秋、徐季含、施奠邦、陈彤云、姚正平、郗沛龄、关幼波等，受益颇多，为自己后来的发展打下了坚实的基础。

我学习研究中医的三个阶段

访谈者：您学习研究中医经历了哪几个阶段？

钱英：我是新中国成立后北京中医学院培养的第一批本科生，一生学医、行医过程大致可分为三个阶段：大学阶段是打基础阶段，工作前 20 年是成长阶段，工作 20 年以后是逐渐走向成熟的阶段，形成了自己的临床经验和学术思想。

1. 大学打基础阶段

医学上任何成就的取得都是经过一番辛勤的努力得来的，要想在中医学上取得一定的成就，本科阶段打下坚实的基础非常重要。1956 年，我中学毕业后以优异的成绩考入北京中医学院第一期，开启了人生最重要的里程——学习中医和从事中医事业。建院初期，北京中医学院从全国各地遴选了一大批优秀教师充实到师资队伍里，如著名医家秦伯未、刘渡舟、任应秋等，能聆听这些名医大家的讲课，为我以后的学习、工作打下了坚实的理论基础。我认为，大学系统的课堂教学及良好的师资对培养中医人才比传统的师带徒教学方法还是更好一些，因为师带徒的培养环境下师资单一，是很难同时学习很多大家的经验的，虽然师带徒的模式也有很多好处，但在打基础阶段，还是系统的大学教育更好一些。不过，目前中医院校基础阶段，普遍缺少有很好临床经验的教师授课，可能会出现一些问题，比如培养出来的学生很多，但真正能干好中医的人才可能不多，对这个现状我多少有些担忧。还有，《黄帝内经》《伤寒论》《金匮要略》《温病学》等经典课程是中医学的基础，学好中医的基础就必须要熟读这些经典，这是大学阶段的重要任务；当然在以后的临床过程中还要反复研读，反复实践，有很多难以解决的疑难问题往往能通过灵活运用中医经典中的理论、方法得以解决。1961—1962 年我到西苑医院开始为期一年的毕业实习，在课堂上打下坚实的中医基础以后，实习阶段跟随老师开始走向临床，慢慢我发现勤于临证是学好中医的另一个关键。在临床实习阶段，对我影响最大的是施奠邦和徐季含两位老师，他们重视脾胃的思想对我后来学术思想的形成有很大的影响。在总结两位老师经验的过程中，在老师的指导下，我研读了李东垣的《脾胃论》和叶天士的《临证指南医案》，对治疗脾胃病有了一些认识和心得，觉得很多脾胃病往往是脾阳、胃阴同时受病，应脾阳、胃阴同调，这就是吸收了《脾胃论》和《临证指南医案》学术精华形成的认识。

2. 工作前 20 年成长阶段

大学毕业后我被分配到北京中医医院工作，任住院医师，开始是跟随姚正平老中医学习肾病的治疗。姚正平老中医以擅长治疗肾病而闻名京城，我跟他学习到很多独特的经验，期间收获最大的是姚老运用三焦气化学说治疗肾炎水肿的经验，姚老根据《黄帝内经》三焦气化理论治疗肾炎水肿，重视肺、脾、肾的功能调理。刚开始时，见姚老治疗肾炎常用大量麻黄、附子、生黄芪，特别是用麻黄量达 30g 以上，颇为不解，后请教姚老，原来姚老认为治疗水肿关键是要使三焦气化通畅。《黄帝内经》云："三焦者，决渎之官，水道出焉。"所以，三焦就是水道，决不能因为西医称为肾炎而见肾治肾。从中医角度讲，肾炎水肿是水液代谢障碍的疾病，根本病机在于三焦气化不行了，水道不通，中医治疗肾炎的着眼点要抓住"三焦"。

"上焦如雾"。肺主宣发肃降，而肺的宣发在水液代谢过程中起重要作用，如急性肾炎多属中医学"风水"范畴，由风邪犯肺影响了肺的宣发肃降，要开肺逐邪，宣通利水，莫过麻黄。麻黄并非虎狼之药，麻黄不得桂枝则不热，量足够，疗效才能卓著，用好了麻黄，就对上焦起到"提壶揭盖"的作用。

"中焦如沤"。脾主运化水湿，土能制水，《内经》说："饮入于胃，游溢精气，上输于脾，脾气散精，上归于肺，通调水道，下输膀胱，水精四布，五经并行。"所以中焦脾胃在水液代谢的过程中也起重要作用,其中最关键的是脾的升发作用,因此姚老治疗肾病水肿常用大量生黄芪,一则能健脾益气,主升,助力脾气散精于肺,再宣发肃降;二则能走表实表,使在表之邪得以宣散而使表固,不受邪侵;三则能补气行水,使三焦通畅而饮邪无遁藏之所。

"下焦如渎"。肾主开合,司二便,在水液的代谢中起最关键的作用,正如《黄帝内经》云:"膀胱者,州都之官,津液藏焉,气化则能出矣。"姚老认为,尿液得以正常排泄的关键在于这"气化",而这"气化"的关键在于对肾阳的鼓舞,而鼓舞肾阳、助肾气化之药莫过于附子。

三焦气化不畅有虚、实两个方面的原因。如果肺脾肾虚弱、无形之邪导致三焦不畅,常按以上方法治疗;如果中焦有湿实邪,导致气滞水停,则要用理气利水的方法,姚老常配伍木香、厚朴等行气利水。我当时想观察一下行气利水处方中是不是木香、厚朴起了很大的作用,就仔细观察中药加减与尿量的关系,并绘制成曲线图,结果发现加木香、厚朴则尿量明显增加,减木香、厚朴则尿量明显减少,还真是要合理配伍才能取得奇效,老中医经验就是好。后来我又进行了晚期尿毒症的中医治疗的临床观察,发现中药对尿毒症的治疗也有非常好的疗效。姚老重视三焦气化的理论不但对我日后治疗肾病有重要的影响,对治疗肝病也有重要影响。比如治疗肝硬化腹水、乙肝相关性肾病等,虽然病因病机有所不同,但三焦气化的道理是一样的。我后来治疗肝病重视固肾,产生"见肝之病,其源在肾,亟当固肾"的思想,也是受到姚老重视三焦学术思想的影响。

姚老还非常重视食疗,对我启发也很大。姚老经常打破西医的禁忌,加入自己食疗的经验。记得有位患者雷某,肾衰竭比较重,白蛋白也很低,西医会诊均告诫不能进食大量蛋白,而姚老则嘱患者要喝鲫鱼汤、鸡汤,患者确实受益了,后来肾功能不断好转,经姚老中药调整后最终得到治愈。由此,我也体会,西医的一些观点要敢于怀疑,衷中参西不离中,一定要按中医的理法方药来诊病治病,不能完全被西医的观点左右。中药之外加以食疗常可收到意想不到的效果,这些方法在我以后治疗肝病过程中也常应用。

1965年5月到1966年9月,我被调到北京友谊医院内科任住院医师,主要是跟随郤沛龄老中医及王宝恩主任学习治疗肝胆系疾病。原计划要搞一些肝胆系疾病方面的研究,由于1966年"文革"开始,正常的工作都被中断,很快很多中医专家也都受到了冲击。1966—1970年,我又调回北京中医医院内科肾病组任住院医师。1970 年关幼波老中医恢复医疗工作以后，单位领导派我跟随关老抄方学习，并负责整理关老经验，程门立雪二十载，全面总结关老的学术思想和临床经验。关老最擅长治疗肝病，突出的特色理论渊源于"治肝实脾"，注重调理中州，以后天养先天不足，这对我日后形成中医治疗肝病的许多思想都有重要的影响。跟随关老学习、临证 20 年，我与课题组陈增潭等同道一起，总结出关老"治黄三法"，出版《关幼波临床经验选》，在全国有广泛的影响，主持北京市科委重点项目"著名老中医关幼波教授对肝炎的辨证施治肝病电子计算机程序研究"，其成果获 1980 年北京市科技进步奖一等奖；在主持或参加具体的科研工作中，大家经常共同讨论、切磋，对我专业和学术水平的提高有很大的帮助。

3. 工作 20 年以后的成熟阶段

1980—1984 年，我开始担任住院总医师，后又任综合科主任，在内科教研室讲课，也深刻体会到了教学相长的好处。在这一段时间，我利用各种机会多拜师，吸取名家经验。如吸收了北京佑安医院王旭斋老中医善用茜草、紫草、马鞭草、垂盆草降酶的经验；302 医院汪承柏老中医提出酸寒解毒法降酶，善用鱼腥草、升麻、葛根等药的经验等。我勤奋临床，善于总结，医疗、教学和科研水平逐渐进入了成熟阶段，总结出一些中医诊治肝病的新观点、新处方，在学术建设、人才培养、队伍建设等方面也取得了一些成果。

学术建设方面取得如下成果。

（1）主编出版学术专著五部，包括《肝炎论治学》《肝病中医治疗合理用药与常用中药肝损伤》《肝病的中医调治》《肝病预治和食疗 100 法》《乙肝系列药物用药指南》等，以第一作者发表学术论文 34 篇。

（2）基于"乙癸同源·肝肾同治"的理论，在关幼波等许多老前辈的指导下，我逐步认识到肝纤维化的主病机是"肝肾阴血亏虚·瘀血阻络"，并选一贯煎合鳖甲煎加减，创立了"软肝煎"，通过四年多的临床与实验研究，于1996 年获国家中医药管理局颁发的中医药科技进步奖三等奖。

（3）带领全国中医肝胆病专业委员会专家组，创制病毒性肝炎中医疗效判定标准、中医辨证标准和肝硬化腹水中医疗效判定标准，写入全国规划教材《中医内科学》。

（4）牵头开发我国首批辨证治疗乙型肝炎的Ⅲ类新药——乙肝清热解毒冲剂、乙肝养阴活血冲剂、乙肝益气解郁冲剂，对于慢性乙型肝炎的辨证施治起到指导与引领作用，该系列药在全国推广应用 20 余年，取得了很好的临床疗效。主持北京市中医管理局科研项目"乙肝清热解毒冲剂治疗慢性乙型病毒性肝炎 365 例的临床及实验研究"，其成果获得北京市中医管理局科技成果奖二等奖。

（5）提出"虚损生积"是肝癌发生的基本病机，善用扶正解毒化瘀法治疗原发性肝癌，并创制"榭芪散"，主持"药物组合物榭芪散及其在制备用于阻断肝癌前病变、治疗肝癌或病毒性肝炎的药物中的应用"研究，2015 年获发明专利（申请公布号 CN 104707097 A）。

（6）提出"见肝之病，其源在肾，亟当固肾"的新观点，具体包括：先证而治，先证而养，早用调补肝肾之法；体用同调，兼顾肝肾阴阳；分清主次，依证调肝补肾；先后天并重，重视调理肝脾肾；与时俱进，强调中西医结合。

（7）力倡"体用同调"法是治疗肝病的中心环节，即在肝"体用同病"之时，既要补益肝阴和肝血之物质基础，还应加强肝阳和肝气的功能作用，并创制"调肝颗粒剂"。

（8）创立"截断逆挽法"治疗慢性重型肝炎。"截断逆挽法"是"截断法"和"逆流挽舟"法的综合运用，"截断法"是一种"先安未受邪之地"的治疗策略，"逆挽法"是采用扶正祛邪的方法，强调尽早采用补肝法以扶正。"截断逆挽法"也于 2019 年被中华中医药学会《慢加急性肝衰竭中医内科诊疗指南》推荐为抢救慢加急性肝衰竭（ACLF）成功的重要手段之一。经验方"截断逆挽方"防治慢加急性肝衰竭作用机制的基础研究获得四项国家自然基金和北京市自然基金的支持（项目号分别为：81573767、82074237 和 7112064、7192024），研究证实该方治疗慢加急性肝衰竭模型有明确疗效，主要机制包括抗肝细胞凋亡、焦亡、坏死，改善肝细胞能量危机、促进肝细胞再生等。"截断逆挽法治疗慢性乙型重型肝炎 / 肝衰竭临床与基础研究"获 2014 年中国医疗保健国际交流促进会科研成果奖三等奖。

（9）强调治疗肝病必用"和血法"，包括补血、养血、活血、通络、化瘀在内，而非单纯活血化瘀。

（10）提出病毒性肝炎按"肝瘟"辨证论治的新理论，并写入《中医内科学》教材。

人才培养和队伍建设方面：2008 年以来先后建立了北京市中医药薪火传承"3+3"工程项目——钱英学术传承工作站、钱英全国名中医传承工作室，并任第三、四、五、六、七批全国老中医药专家学术继承工作及全国优秀中医临床人才研修项目指导老师等，并率先垂范、言传身教，指导弟子发表学术传承论文 25 篇，弟子们对老师的学术经验进行了深入学习研究，发表相关学术论文 45 篇，其中 SCI 收录 9 篇。先后培养硕士、博士、优才、继承人等32 人（次），多数继承人已成为北京乃至全国各地中医肝病领域的学科带头人或中青年骨干，优秀弟子代表如现任全国中医肝病专业委员主任委员李秀惠、原首都医科大学中医药学院院长及中医学科带头人车念聪、现北京市中医管理局中医肝病重点学科带头人及首都医科大学中医肝病研究室主任张秋云、天津市中医药学会肝病专业委员会主任委员贾建伟、山东中医药学会肝病专业委员会主任委员孙建光等。在学术团队建设方面，我采取重点学科与重点专科、重点实验室并进的措施，先后以首都医科大学中医药学院和附属北京佑安医院中西医结合中心为依托，建立了北京市中医肝病重点学科、北京市中西医结合传染病重点学科、全国中西医结合肝病重点专科和中医肝病研究中心等，肝病研究是"中医络病研究北京市重点实验室"的重要支撑之一，并培养出再传弟子 70 余人，形成了薪火相传、欣欣向荣的景象，为首都医科大学、北京市乃至全国中医肝病学科发展和团队建设做出了重要贡献。

我的读书心要

访谈者：谈谈您的读书体会？

钱英：作为新中国成立后中医学院培养的第一批毕业生，我所接受的培养方式是课堂教学为主，结合毕业实习，读书特点可能和以前的老中医有所不同。最初接受的是统一教材的讲授，即从中医基础理论入手，后又经典，又临床课程。我读书的观点是要反复研读经典，旁及各家。我在课堂上学完四部经典以后，又自己读了一些经典的注本，后来因临床工作需要并受老师的影响，反复研读了《脾胃论》《丹溪心法》《景岳全书》《王旭高医书六种》，这四本古代著作对我影响最大，近代著作对我影响最大的是秦伯未的《谦斋医学讲稿》。对我影响最深的是李东垣的升发脾阳思想、朱丹溪的"阴常不足，阳常有余"理论、张景岳的温补法，以及王旭高的灵活治肝三十六法等，秦伯未对肝气、肝阳的阐释对我研究治疗肝病也产生了很深的影响。中医学著作汗牛充栋，我认为读书必须有粗有精，对重点著作必须反复精读，如四大经典、金元四大家的著作等，当然在读好这些经典名著的基础上能够涉猎更多就更好了。

我的临证要诀

访谈者：谈谈您的临证要诀？

钱英：临证过程中，我认为一定要明察秋毫，望闻问切要非常仔细，不能挂一漏万，临床中往往因四诊不仔细而造成疏漏很多，甚至误诊。我于1970年以后主要治疗肝病，慢性病毒性肝炎早期往往无明显症状，所以要注意观察细微之处。现在有个别年轻中医看肝病也像西医一样，只注重看化验单而不注重中医四诊，比如见到女性患者，很多医生因怕麻烦而不问经带胎产情况，常导致辨证不清，滥施方药，正如张仲景所说的，"相对斯须，便处汤药，按寸不及尺，握手不及足"，这种马虎、不负责任的做法一定要杜绝。另外，中医辨证不要过多地被西医诊断所左右，要衷中参西不离中，通过几十年的临床总结，我发现慢性肝病患者有两个方面一定要注意观察：一个是手指末梢的温度和颜色。肝阳不足、肝络不通的患者，往往表现为手指末梢颜色变黑、发冷，这些患者的西医检查多有明显的肝纤维化，采用中医通阳活血的治法多有较好的疗效。另一个是观察患者的舌下脉络，非常重要。舌下脉络增粗、迂曲往往提示肝络不通，也要采用活血通络的治法。

慢性肝病的病机复杂，临证要辨证仔细，做到理法方药丝丝入扣，才能有好的疗效。还有，针对慢性肝病复杂的病机，我在处方时常采用多法联用的治疗原则，经验证明这比单纯的攻或补等疗效要好。

我对名老中医学术传承与发展的体会

访谈者：谈谈您对中医学术传承与发展的体会？

钱英：我对中医学术传承与发展的体会如下。

1. 拜师学习是经验传承的重要基础

（1）拜师要虚心，学习要认真：药物搭配、剂量的变化，读书实践的心得，都在老师的脑子里装着，名师一指点，胜读十年书，只有虚心、认真，才能从老师那里学到真本事。如生赭石，在《医学衷中参西录》中记录为"苦寒凉血，善通燥结"，兴奋肠管、促进肠蠕动，我就是在门诊跟关老学会的。后经常用于肝病临床中。

（2）经常整理，不断总结：1970—1980 年，我跟关幼波老师学习，随诊 10 年，通过随时整理，不断总结，学到不少老师的经验，颇有收获。特别注意以下几点：①同一病种病例，找出个性差异，分析有效原因。例如治疗早期肝硬化，一般治则常以扶正为主（可以益气养阴、健脾补肾、调补肝血等），祛邪为辅（可以活血化瘀、软坚散结等），但关老却有时用附子、吴萸，有时用羚羊角粉（代）、生地黄，同样也能获效。②同一病种病例，找出其中共性，并将共性的感性认识提炼升华为理性认识。例如黄疸病，关老常用茵陈剂（茵陈蒿汤、茵陈五苓汤、茵陈术附汤），同时还并用解毒、化痰、活血药。我们在1979年出版的《关幼波临床经验选》中研究总结出关老治黄三要素——解毒、化痰、活血，即"治黄需解毒、毒解黄易除""治黄要治痰、痰化黄易散""治黄必治血、血活黄易却"。所以，拜师学习贵在经常整理，不断总结，勤于思考，方可逐步提高。

（3）再实践、再验证、提高疗效、加深认识：老师的经验学到手，需要再实践、再验证，在实践中提高疗效，加深认识，才能变成自己的经验。如我学习到关老"治黄三法"，经过不断实践、提高，总结出自己的应用经验，提高了疗效。

①灵活运用"解毒、活血"：各种肝病极易并发黄疸。中医有阳黄、阴黄、瘀血发黄、急黄之分，我多年体会认为，退黄应"三因制宜"，灵活运用"解毒、活血"法。病毒性肝病之黄疸可用解毒活血法，活血十分重要，黄疸早期多有瘀热，应凉血活血，用赤芍、紫草、茜草等；中期多因虚至瘀，应养血活血，用川芎、三七、泽兰等；晚期多沉寒痼瘀，应温通活血，用桂枝、苏木、鸡血藤等。

②慢性乙肝和肝硬化黄疸强调用"滋肾柔肝法"。慢性乙肝与肝硬化二者之间是以肝纤维化为病理基础的相互移行的一种难治病，属中医"肝着"和"肝积"范畴，临证治法繁多。"肝体阴而用阳"。叶天士指出："肝为刚脏，非柔润不能调和也。"指明了肝脏病机的易趋性，易见阴虚而不易见阳虚，即肝阴的源头在于肾，可见"滋水涵木"非常重要，滋水涵木可以更好地退黄。

③创立"截断逆挽法"治疗慢重肝黄疸病。慢性重型肝炎（简称慢重肝）是在慢性肝病、肝硬化病变基础上的肝细胞大量坏死，是"因虚致病"，仿清喻嘉言"逆流挽舟法"，予以扶正，则能于"逆流中挽舟楫上行"。"快速截断法"则宗姜春华教授提出的"截断扭转法"三大主张，即清热解毒、苦寒攻下、凉血祛瘀，目的是迅速截断病邪，扭转病势。"快速截断法"与"逆流挽舟法"并称为"截断逆挽法"，二法协同，针对慢重肝"毒瘀与正虚交织"的总病机，可消退重度黄疸。

2. 临床带徒是经验传承的主要途径

临床带徒可以在一个单元时间（如半天门诊）结束前或者尽快安排个时间，比如下午，进行当天典型病案点评，也可以在临床查房后进行所查典型病案的分析，有针对性地传授老师的经验，关键点是要面对真实患者讲清经验的真髓。在带教看诊过程中，老师也要多说多讲，尽量点出自己的诊治要点，使学生不断加深印象，学到东西。

3. 中医传承应分三个层次

第一层次：传承思辨体系。学生跟诊，如果老师不讲清楚自己的思辨体系，学生跟不上思路，慢慢就疲劳了、没兴趣了，会变成抄方、打字的"机器人"，肯定收获就很有限了。

第二层次：传承自己独特的学术思想。带教的老师基本都是高年资的专家，都会有自己一些独特的学术思想，跟学生们讲清楚自己的学术思想，才能帮助学生更好地理解自己的立法、处方和用药。

第三层次：传承临床经验。带教老师都具有比较丰富的临床经验，包括诊断、治法、处方、用药，这些宝贵的经验，老师必须说出来，学生才能掌握，否则，可能学生印象不深刻，经验没有传下去。

4. 学科建设是学术思想和经验传承的主要载体

有稳定、较高水平的学术团队，学术思想和经验才能持续传承下去，并不断研究、发展与提高。我采取重点学科与重点专科、重点实验室并进的措施，建立了北京市中医肝病重点学科、北京市中西医结合传染病重点学科、全国中西医结合肝病重点专科和中医肝病研究中心等，在这个平台上，留住了一批优秀人才，优秀人才通过自己的努力，又培养出高水平的新生代的弟子与学生，并产出许多临床、教学、科研成果，形成了薪火相传的景象，这样就给自己的学术思想和经验赋予了强的生命力，对社会的贡献也就更大了。

名医寄语

> 多读经典广拜师，勤奋临床多思考；衷中参西不离中，攻坚克难记心中。

（钱英全国名中医传承工作室　张秋云整理）

第十一章　危北海

危北海（1931—2022），男，江西省南城县人。1955年毕业于中国人民解放军第七军医大学；1959年曾响应党和政府的号召，参加北京第一届西医离职学习中医班，从事中西医结合医疗和科研工作60余年。主要进行消化系统疾病的中西医结合研究及中医脾胃学说的研究工作，曾参加和承担国家科委"七五""八五"和"九五"等攻关项目及北京市和国家自然科学基金课题，先后获得卫生部、北京市科委和北京市卫生局的科技成果奖24项，代表性专著有《中医脾胃学说应用研究》《中西医结合消化病学》等，曾担任北京中医医院副院长、北京市中医研究所所长等职务。曾兼任中国中西医结合学会副会长、中西医结合学会消化疾病专业委员会主任委员、中国中西医结合学会北京学会会长等学术职务。担任《中国中西医结合消化杂志》主编、《北京中医杂志》副主编、《中国中西医结合杂志》编委等。荣获首届全国名中医，第二、三、四批全国老中医药专家学术经验继承工作指导老师，第二届首都国医名师，享受国务院政府特殊津贴，被授予国家有突出贡献专家称号，北京市及全国群英会特邀代表、北京市劳模等。

危北海教授是国内知名的中西医结合消化病学专家，是开展中西医结合脾胃学说和脾虚证实质研究的开拓者。临床擅长治疗内科脾胃、肝胆疾病，如慢性胃炎伴癌前病变、胃—食管反流、慢性结肠炎、功能性胃肠病、慢性肝炎、肝硬化、消化道肿瘤等，以及各种内科疑难杂病、危急重症等。

我的学医缘由

访谈者： 您是怎么走上中西医结合之路的？

危北海： 新中国成立后，我自愿参军入伍，先后在华中医学院、第七军医大学学习。1955年，我从军医大学毕业后分配到部队当军医，当时我想，我今后的人生之路大概就是忠实地做一个军人，踏踏实实地为部队的健康工作服务。工作了将近4年后，有一天，医院的政委和院长找我谈话，严肃地说，毛主席和党中央号召西医学习中医，组织上想安排一个重要的学习任务要我承担，去参加北京第一届西医离职学习中医班。我就这样把组织的决定当作自己义不容辞的光荣使命。1959年，我响应党的号召，从此走上了系统学习中医和从事中西医结合工作的道路，现在回想起来，这的确是我人生的一个转折点，而我也欣然本着军人服从命令的天职，做好了刻苦学习的思想准备。在脱产学习中医的过程中，确实很勤奋，节奏很紧张。上课自习，背诵经典，默记方药，把全部精力都集中在学习中医经典医籍之中，如此经过2年的勤奋学习，刻苦钻研，担任了学习班的班长。结业时我因成绩优秀，名列第一，获得卫生部授予的西医学习中医一等奖。当时北京市委对西医学习中医这一新生事物非常重视，的确把它当做一件大事来抓，并提高到一定的政治高度来认识，看做是医学上的创新性事物，我也因此被评为1960年北京市和全国群英会的特邀代表，光荣地参加了在人民大会堂举行的英模会议，这对我来说真是有生以来一次莫大的精神激励和工作鞭策，更促使我把毕生的精力和心血奉献于这项伟大的中西医结合事业。

从西学中班结业后，我们将近50位西学中医师经过系统学习中医，服从组织决定，调离了原来的工作单位，集中分配到北京中医医院，先是从中医临床实践开始，跟随当时北京市的名老中医学习，临诊抄方，逐步掌握辨证论治的能力，学习理法方药的运用。如此经过1年多的锤炼后，我便开始在著名老中医关幼波等的亲自指导下，采用中医辨证、西医辨病的方法，总结中医药治疗病毒性肝炎和慢性肝病的疗效，首次在中医杂志上发表了中医药治疗病毒性肝炎的论文。由于20世纪60年代肝病高发，又缺少有效的治疗药物，西医也是束手无策，因此中医药治疗肝病便成为热门课题，影响很大，也显示出掌握现代医学方法的西学中医师与具有深厚中医理论造诣和丰富临床经验的老中医结合起来，有助于解决临床上一些疑难病的治疗问题，发扬了中西医结合的优势，也有力地推动了全国广泛开展中西医结合治疗肝病的研究工作。1979年以后，全国掀起了中西医结合基础理论研究和重大疾病临床疗效研究的热潮，如中医研究院的冠心病和血瘀证研究，天津的急腹症、上海的肾虚证等研究，都取得显著的进展。全国这样的研究形势，对我们首都北京的医学人员而言是一个很大的启发，是激励和挑战，因此在北京市科委和市卫生局的亲切指导和关怀下，北京中医医院和中医研究所另辟蹊径，选择脾气虚证作为一个研究重点，组织全市的中西医科技人员协同攻关，自1982年以来，一直作为北京市科委在中医药领域的重点课题，给予了极大的支持和关怀，亦争取列入了国家科委的"七五""八五"到"九五"的攻关课题中，开展了较为深入而系统的理论和临床研究。

我学习中医的理论与实践过程

访谈者：您是如何学习传承中医脾胃理论的？

危北海：我认为只有深入了解本学科发展历程，才能真正做好继承与发扬工作。以下是我学习中医过程中的理论形成与实践体现。

在理论方面，我刚学中医时大量研习中医历代经典，旁及近现代名家治疗经验，以《黄帝内经》、仲景学说作为理论源泉，尤其推崇李东垣的《脾胃论》。《脾胃论》的核心宗旨正如《脾胃虚实传变论》中所言："历观诸篇而参考之，则元气之充足，皆由脾胃之气无所伤，而后能滋养元气；若胃气之本弱，饮食自倍，则脾胃之气既伤，而元气亦不能充，而诸病之所由生也。""圣人著之于经，谓人以胃土为本。"

我比较赞同李东垣的观点，即人体内在的元气是最重要的健康因素。元气的产生全在脾胃。脾胃居于中州，万物所归，灌溉四旁。如果没有脾胃虚弱的内在因素，虽有外邪也不能侵入人体而发病。《脾胃论》通篇以脾胃为中心，旁及脏腑经络，从病因病机、辨证组方诸方面，或虚或实，或虚实夹杂，或寒或热，或寒热并用，深刻诠释了经旨"以人为本""以胃气为本""以正气为本"的疾病观和治疗观。在此基础上所创立的许多调治脾胃疾病的方法与方剂，如补中益气法之补中益气汤、升阳益胃法之升阳益胃汤，对后世临床产生了极其重要的影响。这也为我提出"脾虚综合征"和"胃肠复元疗法"提供了中西医结合的理论依据。

李东垣认为，人体发病以脾胃内伤为发病之本，主要为脾胃运化功能失司，进而引起气机升降失常所致。运动是生命存在的基本形式，其方式主要表现在气的升降浮沉的变化上，而这种变化决定了天地万物的生机。自然界的气贵在清轻上浮。人体之气也以升为主，有升然后有降，人体才能完成新陈代谢的正常过程。自然界四季的升降交替，以长夏土气居中为主导，相应地人体也以脾胃居中为四时气机升降运转的枢纽。在正常情况下，正如李东垣在《脾胃论·天地阴阳生杀之理在升降浮沉之间论》中所说："盖胃为水谷之海，饮食入胃，而精气先输脾归肺，上行春夏之令，以滋养周身，乃清气为天者也；升已而下输膀胱，行秋冬之令，为传化糟粕，转味而出，乃独阴为地者也。"《脾胃论·阴阳寿夭论》讲："地气者，人之脾胃也。脾主五脏之气，肾主五脏之精，皆上奉于天，二者俱主生化以奉升浮。是知春生夏长皆从胃中出也。"因为脾胃为精气输布的主要动力，所以李东垣特别强调脾胃气机升降平和在人体的重要作用，也就是脾气宜升，胃气宜降，以平淡冲和为性。升则济于心肺，降则滋养肝肾，以此为机，协调肝之升发，肾水之上济，肺之肃降，心火之下交，使五脏生克制化处于平衡状态，从而达到《黄帝内经》所谓的"清阳出上窍，浊阴出下窍；清阳发腠理，浊阴走五脏；清阳实四肢，浊阴归六腑"的"阴平阳秘"的正常生理状态。也只有气、血、津、液、精得到正常的生成与输布，人体才能正气充沛，提高抗邪能力，实现"百病不生"。

在病理状态下，李东垣认为，由于脾气贵在升清，其患则在气陷，从而引起中焦壅滞，不能通达上下，五脏生克失常，邪气易乘虚而入。"阳精所降"即脾胃调理气机功能失司，清阳之气不能畅达输布，独阴之物不能肃降清泄，如《脾胃论》所言："脾胃既虚，不能升浮，为阴火伤其生发之气，营血大亏，营气伏于地中，阴火炽盛，日渐煎熬，血气亏少。"脾阳不升，无以资助元气，反而助长心火。心火为阴火，阴火即相火。心火亢盛，则火乘土位而更伤元气，故曰："相火为元气之贼。"中气与火势不两立，一过则另一必不及，中气越陷，阴火越升，脾气越不升，谷气越下流，以致气血无所化生，脏腑百骸失其充养，外不能固则邪易乘虚入里，这就是脾胃内伤发病的主要病机。

总结而言，李东垣认为，五脏过与不及，首先是脾胃的升降失调，然后引起人体气与火的对立，而脾胃升降失调则多责之于脾阳不升。

因此，在脾胃病治疗上，李东垣主要以升降浮沉法治之，依据《黄帝内经》"脾胃之气宜升宜浮"的基本观点，升发脾阳便成为李东垣的主要治法。总结其制方，大多是根据《黄帝内经》"劳者温之，损者温之"的原则，用黄芪、人参、白术、甘草等甘温药以补中；根据"陷者举之"之意，用柴胡、升麻等品以升阳，佐甘寒以泻阴火。全书所列的 59 个方剂，包括升阳补气、升阳益胃、升阳散火、升阳顺气、升阳除湿等治则，共含药味 103 种，其中出现 20 次以上的有 8 种，为黄芪、白术、甘草、升麻、柴胡、陈皮、当归等。但是注重升发阳气并非说明其忽视顺降，在李东垣看来，整个气血津液的升降过程中，脾胃之气的升发是处于决定地位的，有升然后才能有降，即只有在升发有力的基础上才有和降协调。我从李东垣的学术思想出发确立了"脾升胃降法"，并将其作为脾胃病的基本治则。

访谈者： 在实践上，您传承了关幼波的哪些学术经验并提出哪些新观点？

危北海： 在实践方面，我早期曾跟随著名老中医关幼波学习中医。在跟师中领悟到，关幼波在临床中特别重视气血在辨证施治中的作用，重视中州脾胃的作用。关幼波认为，疾病的发生、发展与预后无不与气血的消长变化有关。治疗肝病应"扶正祛邪，调理气血；调理肝脾肾，中州要当先；扶正需解毒，湿热勿残留"。气血辨证的要点为既补气，又活血，提出"审证必求因，当在气血寻"，注重"脾胃为气血生化之源"，从健脾益气入手，补其虚损，疏其壅滞。其处方中常用黄芪、当归、芍药、党参、白术、茯苓、山药、桑寄生、枸杞子等补气养血，健脾补肾。在我诊治患者的临床实践中，较多地继承了关幼波的学术思想，注重对脾胃的调理，取得了良好的临床效果。以下是我一些学术经验的具体临床应用。

1. 脾虚理论为指导，辨病和辨证结合，治疗慢性胃炎癌前病变

我通过系统研究认为，脾虚证实质是以胃肠道的分泌、排泄、吸收和运动功能降低为主要表现的神经体液、免疫调节紊乱和有氧代谢、营养代谢低下的一种虚损性的病理状态，因此我提出了一种中西医结合诊断学意义的概念"脾虚综合征"。我提出脾虚综合征的诊断标准是在中医脾气（阳）虚证诊断基础上，结合木糖吸收试验和唾液淀粉酶活性测定。

一般临床上慢性胃炎的发生多由于平素脾胃不健；或年老体弱，中气久虚；或饥饱不均，或食生冷硬物，或肥甘厚味不节，或病中过用寒凉克伐的药品，损伤了脾胃的功能，或病后胃气未复，皆可导致脾胃失健而发生该病。慢性胃炎虽病因繁多，但其病位皆在心下，即胃与脾，其病机多由脾胃素虚，内外之邪乘虚侵袭而损伤脾胃。病因方面，各种致病因素往往互相关联，如饮食不节，既损伤脾胃，脾胃不健又易为饮食所伤；肥甘厚味，酿湿生热，湿

热内聚，既为痰浊之源，又最能阻滞气机的流通等等。病理有虚实之分。实痞以邪实为主，由外感六淫，或因食、气、痰、湿等所致；虚痞以正虚为主，常由实痞转化而来，多为脾胃虚弱、阳衰阴伤而致。临床所见，虚实夹杂、寒热兼有。这是由于，一则本病涉及胃与脾，脾胃一阴一阳，喜恶相反，脾胃同病，易见本虚标实、寒热错杂；二则脾胃乃易虚易实之脏腑，易于受邪，脾胃不健则易为饮食所伤，或为六淫所感，或为情志所累，故气滞、血瘀、热蕴、湿阻、痰凝等邪，时常与脾胃气虚、胃阴不足、脾肾虚寒等正虚之证兼夹。

慢性胃炎的治疗原则主要是扶正祛邪。根据阴阳、气血、寒热、虚实之不同而分别侧重以不同治法，也就是阳虚则壮阳，阴虚则滋阴，气虚则补气，血虚则养血，有寒则祛寒，有热则清热，正虚则补虚，邪实则驱邪。本虚则治本为主。我治疗慢性胃炎，主要根据辨证论治的精神，按照患者出现的不同证候而辨证施治。例如脾胃虚寒证宜温中止痛，胃阴不足证宜养阴益胃，气滞证宜疏肝理气止痛，郁热证宜清热和胃，血瘀证宜活血祛瘀。疾病过程中常见虚实夹杂、寒热并见之病证，临证时应兼而治之。

在上述辨证论治的基础上，也可以根据患者出现的证候不同，而针对具体情况进行个体化的加减用药。我采用辨证和辨病结合的模式，对整个病情有了更全面的了解，把现代医学侧重病因和病理形态的诊断与中医侧重全身病理生理的疾病反应状态的诊断结合起来，既能体现中医辨证论治的精神，也摸索出一些对证型有参考意义的客观指标，增强了诊断的深度和广度。如肝郁气滞型多见于浅表性胃炎和吻合口炎症，胃肠功能紊乱较重，或伴有胆汁反流；胃络瘀阻型多见于糜烂性胃炎或萎缩性胃炎之低酸者，尤其是久病入络者；胃阴不足型多见于萎缩性胃炎的急性发作期，胃镜下肉眼观察多有黏膜干燥而粗糙；脾胃虚寒型多见于慢性胃炎的晚期，或急性发作消退期或有明显的萎缩性胃炎，胃镜下多见胃窦苍白，胃酸偏低，有不同程度的肠上皮化生、非典型增生和黏膜萎缩。

根据我们的临床观察发现，在慢性胃炎中，中医临床辨证与胃镜肉眼观察和病理活检确有一定的相关性。

（1）对胃黏膜的活动性炎症变化，如充血、水肿、浸润、出血和溃疡等，临床上辨证多属于实热证或虚热证，治宜清热解毒，亦可以活血凉血。实践证明，此法较其他治则常能取得更为良好的效果。常用药物有金银花、连翘、白花蛇舌草、野菊花、虎杖、半枝莲、牡丹皮、赤芍、乳香、没药等；若热毒更甚，化腐成痈，则宜解毒消痈，加蒲公英、败酱草、鱼腥草、龙葵等。这些药物可加速炎症吸收和消退，促使溃疡愈合，制止出血，增加胃黏膜血流量，改善微循环，使急性炎症消退或基本恢复。

（2）对胃黏膜的肠上皮化生、非典型性增生和黏膜萎缩，以健脾益气、活血化瘀相结合应用，效果最好。一般多用黄芪、党参、白术、茯苓、当归、赤芍、丹参、川芎、桂枝、蒲黄、三七、莪术、乳香等。

（3）对胆汁反流，在治疗上多采取疏利通降法，可以采用半夏泻心汤、旋覆代赭汤、加味四逆散等，并可多用木香、枳壳、陈皮、半夏、旋覆花、代赭石等。

（4）中医治疗胃酸缺乏独到的优势。一般慢性胃炎初起多为浅表性胃炎，胃酸常无明显改变，随着病变发展，黏膜萎缩、肠腺化生或炎症损伤均可使泌酸功能降低，胃酸缺乏或消失，甚或发生癌变。虚寒型的基础胃酸分泌量（BAO）、高峰胃酸分泌量（PAO）均比湿热型低，而胃阴不足型又明显低于虚寒型。故在慢性胃炎的治疗中，调节和改善泌酸功能，促进胃酸水平正常化，是治疗慢性胃炎的基本法则之一。中医治疗胃酸缺乏，可采取温补法和清补法。温补法主要应用健脾益气法，清补法可用酸甘化阴和甘寒生津法。酸甘化阴以芍药甘草汤为主，其对胃黏膜有修复作用，芍药、乌梅能提高胃酸度，促进泌酸功能；甘寒生津以养胃汤为主，沙参、麦冬、枸杞子、玉竹、石斛、生地黄、山栀、黄连、佛手、甘草等使胃酸增加。也有人认为，解毒祛腐消痈药有改善胃泌酸、增强胃黏膜屏障的功能，并有恢复其正常组织结构的作用。

2. 胃肠复元理论指导危重疑难病治疗

根据中医脾胃学说，以及胃肠道在危重病治疗中的重要作用，我提出了"胃肠复元"理论，以指导多系统危重病的治疗。"胃肠复元"从广泛意义上来看是指全身疾病，尤其是胃肠疾病，通过培补脾胃等调节脾胃治法，在康复被损伤的胃肠功能这个发病之本的基础上进行治疗，使整个胃肠功能复元，从而有利于全身疾病得到痊愈，这就是"胃肠复元"的本意。李东垣《脾胃论》"脾胃内伤，百病由生"的发病学观点，意指人体各种疾病都有脾胃损伤这一发病的根本内因。"有胃气则生，无胃气则死"，指人体健康及疾病康复与胃（脾）气有明显的联系。因此，采用调补脾胃的大法治疗疾病，是治病之本。所谓"胃肠复元"可以说就是鼓舞胃气、振作胃气，使已衰退的胃气恢复起来。

"胃肠复元"从狭义的角度来看是指针对脾胃气虚证的治疗。脾胃气虚证是脾胃疾病主要的基本证型,健脾益气是胃肠复元的根本治法。临床以"胃肠复元"理论指导治疗的疾病种类几乎包括了各系统疾病,如胃肠道疾病、急性创伤、感染、肿瘤及脏器实质性疾病等危重病及其手术后治疗,包括慢性溃疡性结肠炎、胰源性、肝源性、手术后、糖尿病等吸收不良性腹泻。尤其是各种危重疾病的手术治疗、放化疗,以及手术前后的禁食,造成整个人体阴阳失调,气血耗损,津液亏乏,尤其损伤脾胃、胃肠更为严重。我以参苓白术散、四君子汤、补中益气汤、黄芪建中汤等作为胃肠复元治疗的基本方剂。以胃肠复元理论指导大中型手术和胃肠道手术后患者的治疗,不仅有利于减少术后并发症,缩短术后恢复时间,而且对原发疾病亦有治疗作用。各种肿瘤,尤其恶性肿瘤,病情危重,经过手术和放化疗等,会出现不同程度的消化道损伤及全身副反应,影响患者的生活质量和治疗效果,甚至可以使治疗过程受阻而一时无法继续治疗。我认为"毒"邪损伤脾胃,使脾胃虚弱,出现大便稀溏、腹胀腹痛、纳呆不食、恶心呕吐、肢倦乏力、形体消瘦、血象偏低等,甚至气阴亏损。在治疗上以胃肠复元为指导,采用参苓白术散治疗,取得良好的临床疗效。此外,胃肠复元理论亦可用于指导慢性病治疗、康复养生等。随着医学模式向社会—心理—生物医学模式的转变,胃肠复元理论就更加显示其重要性。

3. 从六纲指导肝病治疗

肝为五脏之一,其生理功能主要有肝藏血、肝司气机、肝寄相火和肝司谋藏魂等几个方面。我认为肝脏的生理特性主要体现在三个方面:①肝为气化之始发。《素问·水热穴论》曰:"春者,木始治,肝气始生。"肝气的升发能启迪诸脏之气化。②肝为气血调节之枢机。一身气血之流通,有赖于气机的调畅,而调畅气机是肝最基本的生理作用。肝疏泄正常,气机调畅,则气血和调,血脉畅达。《血证论》言:"肝属木,木气冲和调达,不致郁遏,则血脉得畅。"③肝兼阴阳之体用。肝行疏泄,其用属阳;又主藏血,其体属阴,故肝具"体阴而用阳"之特性。

肝病的病理机转甚为复杂,一般肝病可分为肝气、肝火、肝阳、肝风、肝虚和肝寒等六种病变。其中肝气郁结可以化生肝火,肝火旺盛可以灼伤肝血,肝血不足可以化生相火,肝阳扰动可以变为肝风,肝风内动又可以煽起肝火,肝火燔灼又可以扰乱肝气,因此可知,肝之为病,其气相通,每多互相兼见,彼此并存。又如肝火致病,火炎于上则目睛赤痛、羞明多眵。火炎冲心则心悸不寐、狂躁多怒；火炎灼金则干咳无痰，间或带红。肝风之病，走窜无定，中人最速，风性鼓舞，善行数变，可上冒颠顶，可旁走四肢，上冒多由于阳亢，旁走多由于血虚。肝气之病，可郁而化火，郁而化风，而万病不离乎郁，诸郁皆属于肝。由此可见，肝之病理变化甚为广泛，若是寒热相兼，虚实并存，则更宜仔细辨别，其深知医者，则不知其病之所由起，不知其癥结之所在，或时发而时愈，或痼疾以终身，故对肝病的病理机转必须了如指掌，才能应用自如。从六纲辨治肝病，还需要进一步深入分析其本经自病或病及其他脏腑经络部位。如肝气为病，可罹患全身，遍及上下，肝气郁结则气机不畅，气机不畅则诸气皆郁，诸气皆郁则百病丛生。其病之因多是情志不遂，忧郁暴怒。气郁之轻者，则病在本经，重者则气滞血瘀，经络闭阻，甚而可使各个脏腑不和。同时，气郁则湿、痰、食等均可随之而郁。

对于肝气病的治疗，根据木郁达之的原则，就是疏肝解郁，亦即是调气，通过调气以达到畅通气机的目的。肝气郁结，本经自病，见胸胁胀痛、心烦易怒、少腹重坠、脉多弦劲等症，以逍遥丸加减治疗。肝气上逆，胃失和降，见胃脘胀痛、嗳气吐酸、呕逆不食、右脉弦大、苔薄而黄等症，以左金丸加味治疗。

我在中西医结合道路上的主要研究工作及成果

访谈者：您在中西医结合道路上取得的代表性成果有哪些？

危北海：我在中西医结合道路上主要研究成果如下。

1. 文献理论研究

采用现代计算机技术，对自秦汉至明清的历代著名医籍36部中有关脾胃学说的理论阐述、临床证治方药进行了全面系统的整理归纳和分析研究，深入阐述了脾胃学说的学术渊源、形成和发展的演变过程，提出了新的观点，系统制定了脾胃疾病的辨证论治纲要，研制成300多万字的"脾胃理论知识库"和"脾胃方药知识库"可以说是中医文献研究中对脾胃理论和诊治经验进行的一次深入系统的研究工作。

2. 脾气虚发病机制的病理生理学研究

在建立脾气虚证发病理论的假说指引下，应用现代科学方法（包括现代医学方法）进行临床和动物两方面的试验，观察指标包括反映胃肠道的消化吸收、运动和分泌功能、胃肠激素神经介质及细胞因子等16个方面，在全国率先复制成功大黄和利血平两种脾气虚证动物模型。以上临床观察和动物实验研究的结果，基本上验证了我们原先提出的理论假说。实验结果说明，脾气虚证是在胃肠道的消化吸收、分泌和运动等功能低下或紊乱为主要表现的基础上，伴发或继发全身性适应调节紊乱和营养代谢失调及免疫能力下降等的一种疾病反应状态，它包括功能、代谢和组织形态的综合概念，也是一个中医诊治的临床体系。同时，我们率先在国内验证出能反映脾气虚证，具有相对特异性和敏感性的木糖吸收试验，迄今在临床上已得到广泛应用，被公认为一个脾气虚证的辅助参考指标。

3. 四君子汤及其加味方药的药化学及药效学研究

（1）对四君子汤的药化学分析：包括对其水煎液中糖和黄酮化合物的薄层分析鉴定和高效液相色谱法测定及微量元素和氨基酸含量测定等。

（2）四君子汤加味方的异病同治研究：对幽门螺杆菌（Hp）相关性慢性胃病、慢性萎缩性胃炎及胃癌前病变、慢性阻塞性肺疾病、呼吸睡眠暂停低通气综合征、功能性消化不良等，运用健脾益气、升清降浊、祛痰化湿的法则，以四君子汤为基础进行加减治疗，不仅使临床证候明显缓解，而且观察指标也有同步改善，取得了良好的疗效，从而验证了脾气虚证的中医异病同治理论。

4. 逐步发展成中西医结合新胃肠病学

一是在理论研究中有众多闪光的结合点，能融中西医理论于一炉，有新的论点、新的发现，既不同于中医，也不同于西医。

二是在临床诊断方面，实行辨病与辨证结合，宏观与微观结合，定因、定位、定性与定量结合，真正建立一个新的中西医结合诊断模式。

三是在临床疗效上，能取得更高、更确切和经得起重复验证的疗效。其疗效既高于西医，也高于中医，并在此基础上逐步阐明疗效机制。

四是医、理、药、护系统结合，形成新的胃肠病学的完整体系。

优秀中医应当具备的素质

访谈者：您认为优秀中医应当具备哪些素质？

危北海：要做一个优秀的中医，我认为首先要重医风医德。在医患关系中，患者往往是需要被关怀的弱势群体，医学界有一句广为流传的名言，讲述了医生这种社会角色应该发挥的作用，即"有时去治愈，常常去帮助，总是去安慰"，医生对患者的态度是疾病治疗效果中不可分离的重要因素。而且医生要对患者负责任，是良好医风医德的最基本的体现之一。对患者负责表现为很多形式，最主要的就是对患者所患疾病尽心尽力去救治。在临床实践中，始终秉承着对患者认真负责的态度，能够解决患者大部分的症状。在我跟师关幼波好几年的学习出诊中，发现关老师对患者的病情负责，在很多小细节中也可以发现，那就是医嘱。关老师在医嘱方面做得很细致，不但有利于患者疾病的治疗，也让患者更多地体会到医患之间的温情。

其次，要做一个优秀的中医，必须谦虚地、谨慎地、努力地学好中医。首先要学习《黄帝内经》《伤寒论》《金匮要略》等中医经典里面治疗疾病的思路和方法。其次还应该勇于创新，鞠躬尽瘁，不怕辛苦。我从事中西医结合事业的这些年来，从事脾气虚证的临床和动物实验研究，其道路是艰难而曲折的，有愉悦，也有苦涩；有畏难，也有坚持；有挫折，也有信心。抚今思昔，感慨万千。然而，我们可以欣慰地说，不管我们所取得的研究成果有多大，在这些研究成果中都凝结了我们院所30多位热爱中西医结合工作者30多年来的心血和汗水，体现了我们刻苦钻研、探索求实的精神。虽然经历了风风雨雨，酸甜苦辣，但始终相信中西医结合事业是正确的，绝对没有动摇；外界对中西医能否结合抱有疑虑，实际的工作条件也很困难，加之中西医结合本身又是十分艰巨复杂的任务，主要靠自己去开创，所以今后中西医结合工作发展的道路仍然是坎坷的。

我对传承老中医经验的体会

访谈者：您对传承老中医经验有哪些体会？

危北海：我对传承老中医经验有以下体会。

1. 积学固本、文化积淀

学习中医、传承中医的基础是广读书、多涉猎。我认为做学问要十分注重打基础。不仅自己多年来潜心研究中医经典，并将其熟练地运用于临床，而且还鼓励学生积极学习和背诵中医四大经典。考诸古代医学文献，不难发现，习医有所成者，大多重视对《黄帝内经》《伤寒杂病论》等经典著作的学习和研究。重视对中医经典著作的学习是完整把握中医学理论体系的需要。其作为中医学的根底，不予掌握则为无源之水、无本之木。同时不应对中医经典进行过度诠释，而应多听多应用，在临床上实践，然后回证于自己所学的经典。

同时应多涉猎其他书籍，多看书，拓宽思维，涉猎广泛，博中有专。多与周围人进行探讨与交流。清代许宣治《怡堂散记》曰："医者，意也，临证要会意，制方要会法，法从理生，意随时变，用古而不为古泥，是真能用古者。"这是对中医学术思维模式最精辟的概括。中医思维模式至关重要，只有通过对中医思维的培养，具备了必要的中医思维，才能真正掌握中医学的特点和认识规律，提高中医理论的学习效率，在临证过程中，才能提高"意会"的准确性。

2. 尊师重道、勤奋勉进

古今中外医家大都十分重视医德医风教育。明代外科学家陈实功对医德医风有着其独到的见地，在其所撰的《外科正宗》中对医德医风进行了详细的论述，提出了闻名古今的"医家五戒"和"医家十要"。陈实功指出医乃仁术，医者应当以"仁爱之心"为首要品质，对待患者要一视同仁，不可贪图利禄；医者应当专心从医，坚守岗位，不可延误病情；对待同行应谦和谨慎，不可倨傲轻视，构建和谐的医际关系。德国柏林大学胡弗兰德教授则对医学人道主义思想和处理医患关系的原则具有深刻见地，其编撰的《医德十二篇》被誉为近代医学史上最具代表性的医德规范。

从中外医学家的论著中我们可以看出，首先，医德医风教育是医学这一职业的本质要求，医务人员需要通过医德医风教育树立其正确的职业道德与职业素养，在中医方面跟师学习要尊师重道，虚心学习；正所谓"业精于勤荒于嬉"，勤奋也是治学品格及传承学习中所必备的最基本、最重要的品格。

3. 传承创新、兼容并包

"问渠那得清如许，为有源头活水来"，我从西学中班结业后，发扬了中西医结合的优势，有力推动了全国广泛的中西医结合治疗肝病的研究工作。而我在北京市委和市卫生局的亲切指导下，选择脾虚证作为一个研究重点取得了较大的研究成果，本身就是创新精神的体现。所以在中医传承中应当兼容并包，接受新事物、运用新事物。正如古诗中所描述的，"沉舟侧畔千帆过，病树前头万木春"，在高速发展的现代社会，各行各业的新技术、新知识都在不断涌现，应做到善于接纳新生事物，真正做到学以致用，才能对中医经典文化进行更好的传承与发展。

以上三方面内容相互联系而又统一，关键在于诚心诚意地向老中医们虚心学习，潜心继承。继承的内容，要以医德为重，医案、医话、医论都要全面继承。要取各家之长，纳诸贤之精粹，融会贯通，把间接经验变为自己的直接经验，在实践中反复验证，才能最终把老中医的学术经验真正学到手，提高自己的理论与临床水平。

名医寄语

我国医学科学的发展，经过数千年的漫长过程，到了社会主义新时期的今天，中医药学必然要经历一次现代化的变革，应该广泛吸收现代科学包括现代医学的知识和方法来丰富和充实自己，以提高到一个更高的科学境界，这是对中医固有特色和精粹的最好继承，也是最大的发扬。我们这些20世纪50～60年代响应党的号召，献身于中西医结合事业的同道，不管遇到什么困难和挫折，若把思想认识提高到一个新的境界，也许我们可以感到自豪和欣慰。因为我们正是这一事业的开拓者和献身者，后人也许把我们这一代及其所做的工作载入史册，若是我们西学中的同道都认识到这一点，那么，我们过去所受到的一些非难和挫折，我们个人所遇到的冷遇和损失，又算得了什么呢？这正是党交给我们的任务和时代赋予我们的使命。

我从事中西医结合消化系统疾病和中医脾胃学说的研究已60多年了，我的一个待竟之志就是想努力为创建中西医结合的新胃肠病学而尽自己的一分力量，这也许可以说是我毕生为之奋斗的愿望。我经常以一首小诗自勉："中西结合真意在，继承创新永恒存；鞠躬尽瘁终不悔，毕尽余生仍奋求；路修远兮任艰巨，奋进自有后来人。"希望对大家能有一定的启发。

（危北海全国名中医传承工作室　周滔、张茹整理）

第十二章　孙树椿

　　孙树椿（1939—），男，中国中医科学院首席研究员，中国中医科学院骨伤科研究所主任医师、博士生导师，中央保健会诊专家。享受国务院政府特殊津贴专家。国家级非物质文化遗产"中医正骨疗法"代表性传承人，是全国三、四、五、六批名老中医药专家学术经验继承工作指导老师，2017年获国家人社部、国家卫生计生委、国家中医药管理局授予首届"全国名中医"称号。上驷院绰班处宫廷正骨手法传承人，京城骨伤名医刘寿山先生的学生。他积累几十年临床经验，提出以辨病辨证相结合、内治外治相辅相成、从整体上重视脏腑为主要内容的孙氏筋伤学术思想。同时，在继承的基础上形成了一套"孙氏筋伤治法"。孙老师做到了"机触于外，巧生于内，手随心转，法从手出"，从而达到"法之所施，使患者不知其苦"的境界。研发了用于颈椎病和腰椎间盘突出症的新药（颈痛颗粒、腰痹通胶囊），分别于1999年和2001年获准上市生产，并已获准进入国家医疗保险目录，取得良好的社会、经济效益。作为第三、四、五届中央保健会诊专家，曾为多位中央领导进行健康保健工作。多次被派遣为国外政要及知名人士等进行保健治疗。分别于2009年和2017年两次获得国家科学技术进步奖二等奖。其"颈椎不定点旋转手法"被国家中医药管理局列入中医临床实用技术推广项目。曾任中华中医药学会骨伤分会第一、二、三届副主任委员，中华中医药学会骨伤分会第四、五届主任委员，中华中医药学会骨伤分会第六、七届名誉主任委员。中华中医药学会第三届理事，第四、五、六届常务理事，第五届副会长。组建了世界中医药学会联合会骨伤科专业委员会，并担任第一、二、三届会长。

　　1964年毕业于北京中医学院中医系，师从骨伤科名医刘寿山先生。已从医近60年，是第一批国家级非物质文化遗产项目"中医正骨疗法"代表性传承人，国家中医药管理局首批学术流派传承工作室"清宫正骨流派"代表性传承人。带领团队，针对骨伤科常见病、多发病的中医药有效性、安全性等进行了系统、规范的临床研究。自1986年起先后任硕士生导师、博士生导师、传承博士后指导老师及全国三、四、五、六批名老中医药专家学术经验继承工作指导老师。带教学生强调"德才兼备，以医者仁心"为宗旨，"疗伤治疾，不为谋利，以弘扬中医为己任"，其中一些学生已成为全国中医骨伤学科中坚人才。在担任北京针灸骨伤学院骨伤系负责人期间，在国家中医药管理局人教司支持下，组织全国21家高等中医院校骨伤系系主任等，编写了"全国高等中医院校骨伤科系列教材"共14册（10年后又全部进行了二版修订），成为中医骨伤专业最早的系列教材。2019年教育部恢复骨伤专业招生后，中国中医药出版社组织编写了中医骨伤科学专业"全国高等中医药院校规划教材"十五本，再次担任编审委员会主任委员，编者包括教学、医疗、科研人员263人。每年举办全国继续教育项目培训、清宫正骨流派手法培训、孙树椿教授学术交流会及线上讲座，受众人群逾数十万人次。2009年经国家中医药管理局批准成立"孙树椿名老中医药专家传承工作室"，2012年通过验收。作为全国第三、四、五、六批名老中医药专家学术经验继承工作指导老师，承担、完成了全国优秀中医临床人才的培训工作。在中国"首届中医传承高徒奖"颁奖会议上，第三批全国老中医药专家学术经验继承人朱立国、张军获得了"首届中医传承高徒奖"。另外，传承人朱立国荣获岐黄学者、首都名中医等荣誉称号；张军荣获全国百名杰出青年中医、首都中青年名中医等荣誉称号。

名医访谈——我的学医缘由

访谈者: 您是怎么走上中医之路的?

孙树椿: 我1964年毕业于北京中医学院,当时我的专业就是中医。1958年我参加高考的时候第一志愿就是中医学专业,因为在小时候看病最多的还是中医,西医由于费用比较高,并且有各种检查,很多贫苦百姓都看不起。那时候有很多中医郎中,现在就是中医诊所,他们一般用针灸、中药去治疗,而且对于很穷的人家都是免费治疗,自己小时候也是一直看中医治病,所以那时候就下定决心成为一名中医。等到我大学毕业后我就去了东直门医院,在东直门医院我遇到了我的老师刘寿山先生,他是京城有名的骨伤科医生,也是上驷院绰班处任事的著名正骨大夫。明末清初,烽烟四起,坠扑跌折、四肢脱臼及跌打损伤在军兵中屡见不鲜,而那时担任豢养御马、给马治病工作的蒙古医士在此期间显现出了他们高超的骨伤医术,因此以接骨为主的宫廷正骨术应运而生。康熙十六年,上驷院绰班处正式更名成立,即"清宫正骨"的前身。至嘉庆末年,大量正骨人才涌现,宫廷正骨进入鼎盛时期。绰尔济·墨尔根是清宫正骨的最早期代表人物,被誉为清宫正骨流派的鼻祖,被努尔哈赤任命为御医。此外,在《清史稿·列传》中记载了以正骨发迹的觉罗伊桑阿是乾隆中期最有名的蒙古医士;据有关记录,当时名噪京城,被称为"绰班德"的德寿田是清道光年间的蒙古医生长,其在验方、手法、功法等方面都有很深的造诣。同治、光绪年间的绰班花名册被中国第一历史档案馆所珍藏,其中桂祝峰、怀塔布、景隆等人是清朝末年有名的绰班,而在北京御医学派研究中记载的桂祝峰、夏锡五、文佩亭、刘寿山等人是在上驷院绰班处任事的著名正骨大夫,其中近现代中医骨科传承人刘寿山先生对中医骨科传承与发展影响较大,他在行医期间,只要遇到患者,不管在大街上,还是在店铺里,不管患者身上有多脏,他都会不顾一切地去诊治他们,这一切深深地影响到了我,我心里暗示自己,我也要像他一样,做一名医术高超、品德高尚的医生。自从那时候,我就日夜跟着刘老学习各种正骨手法,这也进一步加深了我对中医的热情。

我学习中医的三个阶段

访谈者：您学习中医经历了哪几个阶段？

孙树椿：我学习中医经历了三个阶段。1958 年高中毕业以后，考入北京中医学院，1964 年毕业，毕业以后就跟着我老师学习骨伤，我跟我老师学了十年。当时跟随老师学习手法治疗骨伤科疾病已经有了很好的疗效。印象最深刻的就是，当时带一些外国留学生上课，有一次一位在美国哈佛大学上学的以色列人来上课的时候和我交流说，美国政府已经在中国调查了，说中国没有好的办法治疗骨科疾病，但是自从上了我们的课，觉得我们讲的一些治疗方法是一种非常好的方法。我说我们这个骨伤科手法已经流传了几千年，并且在和他交流手法的时候，他觉得我们的手法比他们的那些手法要好很多。通过生活中的一些例子也可以知道，骨伤科手法对于很多骨科疾病具有非常好的疗效，我们这些手法必须要继承发扬下去。

后来我去北京友谊医院学习骨科手术，并且在东直门医院开展手术治疗骨科疾病十年，还于 1983 年去日本东京进行交流。在这十年间，我感受到了手术的局限性和过度使用的现状，并且发现，现在越来越多的手法开始失传，因为手术利润高，而用手法治疗，没钱还费力。

后来我放下了我的手术刀，一心研究骨伤科手法，因为我一直认为这才是我们的国粹，骨伤科的精华，我要把它学习好、继承好、发扬好，这是我这一生的使命。手法治疗骨伤科疾病不仅可以为患者减轻痛苦，而且能减轻患者的身体和经济负担。在治疗骨伤科疾病方面，我主张"七分手法，三分中药"，不管对颈椎病还是对腰痛等筋伤疾病，一定是以手法为主导，中药、功能锻炼为辅，只有这样才能更好地缓解患者的痛苦，发扬治病救人的中医精神。

我治疗颈椎病和踝扭伤的一些体会

访谈者：谈谈您治疗颈椎病和踝扭伤的经验？

孙树椿：到目前为止，我从事中医工作已经近 60 年了。通过这些年的临床实践，我对一部分病证的诊疗也总结了一些自己的经验和体会。比如近年来我门诊上治疗较多的病种是各类颈椎病。

　　颈椎病是一种常见病、多发病，据统计，其在一般人群中的发病率达5%～10%。随着社会的发展，老龄化社会的到来，以老化、退变为基础的颈椎病发病率迅速增高。生活和工作方式的改变，驾驶、伏案工作及电脑工作等静坐体位增多，颈椎退变明显加速，颈椎病呈现高发病率和年轻化趋势，已经被列入现代社会十大病种，严重影响人们的劳动效率和生活质量。我一直强调运用中医骨伤手法治疗颈椎病。手法是中医学的一大优势，作用于局部体表可以影响到所连属的脏腑、组织，调节机体的生理功能，使百脉疏通，五脏安和，达到良好的治疗效果。正如《医宗金鉴·正骨心法要旨》记载："因跌扑闪失，以致骨缝开错，气血郁滞，为肿为痛，宜用按摩法。按其经络，以通郁闭之气，摩其壅聚，以散瘀结之肿，其患可愈。"

　　治疗颈椎病的手法大致包括三部分：即预备手法、治疗手法及善后手法。

　　预备手法：此手法包括揉捻法和擦法，其目的在于松解痉挛僵硬的颈肩肌群，促进局部血液循环，使之收到舒筋通络、宣通气血、解痉镇痛的效果，同时也为下一步手法的运用打好基础。

　　治疗手法：要点在于手法的全过程都是在轻度牵引下进行。在应用本手法时，要稳、准、轻柔，不可粗暴。旋转要适度，力量不宜过大。本手法是治疗颈椎病的重点手法。其目的在于分解颈椎小关节的粘连，纠正颈椎关节的错缝，减轻关节负压，并且可以加宽狭窄的椎间隙，扩大狭窄的椎间孔，使颈椎恢复正常的生理曲度，从而缓解由于颈椎病变对神经根、血管及周围软组织的压迫和刺激而引起的症状。

　　善后手法：包括劈法、散法、拿法及归合法等。其目的为放松颈肩部肌群，进一步解除肌肉痉挛，改善血运，促进局部血液循环，消除软组织的炎性反应，从而起到疏风通络、消炎止痛、调和气血之功。

　　但是由于个体的生长发育、生活环境和病理生理条件的不同，对手法的反应不完全相同。因而手法的力度应因人而异，必须与治疗对象、病症虚实及治疗部位联系起来。因为人有男女老少之别，症有虚实久暂之分，治疗部位有大小深浅之不同，因此何种手法、操作时间的长短、手法力量的轻重以及掌握治疗的重点等，都要因人、因病、因部位的不同而灵活运用。

　　对手法的操作步骤应心中有数，要注意局部的解剖结构和关节的正常活动范围，用力要轻重适当，避免因过猛过重引起神经、血管或关节结构的损伤而加重病情。对于损伤较重或急性发作期者手法要轻柔，对于慢性劳损者手法可重一些。在手法应用过程中要注意观察患者的表情，询问其自我感觉，随时调整手法强度。手法操作要做到熟练灵活，敏捷准确，尽量使患者不受痛苦或少受痛苦。应用手法时，思想要集中，态度应从容沉着，取得患者的信赖和配合，减轻患者的紧张情绪。同时患者的体位也要适当，颈部肌肉应充分放松。医者应明确诊断，对病情应有充分了解，如病位、损伤程度、病程长短、病情轻重、有无神经及血管损伤、骨折等。

中医的手摸心会还应与影像学检查相结合。如颈部肿瘤、颈椎骨折和骨结核患者，禁用手法；老年性骨质疏松、颈椎退变骨桥形成或椎间孔狭窄明显，椎动脉扭曲严重，严重的脊髓型颈椎病或伴有严重的冠心病者，手法操作宜轻柔，不宜过重。

此外，在颈椎病治疗的同时，枕头也是长期困扰颈椎病患者的一个重要因素。白天人体的脊椎处于紧张状态，肌肉容易疲劳。夜晚休息时，如果枕头的高度不合适，过高或过低，均会牵扯颈部的肌肉，使之一夜处于紧张疲劳状态，会引起病情的反复或加重。所以，枕头的适合高度是指人体无论在仰卧还是在侧卧时，都能保证颈椎与脊柱保持水平，这样才可以使颈部肌肉放松，从而更好地保证治疗效果，减少复发。

踝关节是人体负重最大的屈戍关节，行走时的负荷值约为体重的5倍。踝关节扭伤约占所有肌肉骨骼系统损伤的25%，是一种极为常见的运动损伤，属中医"骨错缝、筋出槽"范畴。踝关节扭伤系指内、外踝部的软组织损伤，以及内、外踝部的骨关节面微细错位或关节绞锁。

临床治疗该病时，要特别注意辨位施治。手法治疗是重点，但是中药治疗也要对证施治。辨位施治属中医辨证施治的范畴。辨位就是辨别人体损伤的具体部位及筋骨经脉错乱的位置；施治就是根据损伤部位的情况，采用相应的手法治疗。临床上检查踝关节扭伤时，不但要运用中医的辨证思维，在所伤之处找到一个米粒样硬物即痛点，更要充分运用现代科技影像学检查方式，清楚骨性结构与肌肉软组织的变化关系，直观找出病灶点，为后续治疗手段及手法选择应用上提供有针对性的指引。找准病位后，再用轻巧柔和的手法施治。另外，一定要排除踝关节骨折脱位的情况，才能施用手法。对于陈旧性踝关节扭伤患者，疼痛已经不明显或消失，但步态时有强迫体征，常有下肢肿胀，按之凹陷，但随之复起，此种情况为"气滞肿"。《内经》中也提到"先痛而后肿者，气伤形也。先肿而后痛者，形伤气也"。《圣济总录》中提到"若因伤折，内动经络，血行之道不得通畅，瘀积不散，则为肿为痛"。若因筋伤，局部炎症反应强烈，形伤则肿，肿则气滞，血瘀而痛。对于"气滞肿"

多采用口服四逆散加良附丸加减治疗。四逆散为一和解剂,具有调和肝脾、疏肝理脾、透邪解郁的作用,善治手足不温,或肝脾气郁证。良附丸具有温胃、行气、疏肝、祛寒止痛的作用。但是对于肿胀严重,按之不起,踝关节骨性标志消失者,再配以具有祛风除湿、活血通络、逐瘀消肿作用的外洗方进行熏洗。内外兼施,可以达到祛风除湿、舒筋活络、利水通经、逐瘀消肿、生肌止痛的功效,从而可以消除踝关节肿胀。

优秀中医应当具备的素质

访谈者:您认为优秀中医应当具备哪些素质?

孙树椿:想要成为一名优秀的中医医生,我觉得要具备以下五个最基本的素质。

一是要有良好的医德。作为一名中医,一定要遵循医疗职业道德。俗话说,医者仁心,医生只有千方百计为患者着想,才能赢得患者及家属的尊重,这是我们作为一名救死扶伤的人的天职,这是神圣而圣洁的。

二是中西医功底扎实过硬。医生这个职业的专业性相当高。医生如果专业不过硬,就不能对症下药,甚至容易成为庸医。不仅如此,对于中医医生,除了有扎实的中医理论知识之外,还得具有扎实的西医知识,只有中西医合璧才能在临床中运用最好的治疗方法解除患者的病痛。

三是具有良好的身体。医生的工作强度很高。尤其是在中国,不仅仅工作强度高,医生的作息也不规律,所以要对自己的身体负责,这样也是对患者负责,有了良好的身体才能身体力行,以自己为实践榜样去治疗患者。

四是要培养自己的高情商,要善于与患者进行沟通。具有良好沟通能力的医生,医患关系就能够处理好。如果不善于沟通,有时候就容易导致患者和家属的误解。只有高情商才会更好地处理与患者之间的关系,而且能够调节自身心理健康。

五是终身学习。终身学习的时代已经到来,对于医生而言,更应该要坚持终身学习的理念。医疗行业的技术进步非常快,医生如果不学习就容易被淘汰。只有不断学习,不断更新自己的知识理念和能力,才能适应医疗行业的变化发展,跟得上医疗行业的技术进步。

我对传承老中医经验的体会

访谈者：您对传承老中医经验有哪些体会？

孙树椿：对于传承老中医经验，特别是骨伤手法经验，我体会要做到五点。

1. 理论与临床并重

手法操作必须要对人体正常筋骨结构关系有一个清楚的了解，如《医宗金鉴·正骨心法要旨》所述：必素知其体相，识其部位。古代由于解剖学知识缺乏，仅凭"手摸心会"来"知其体相"，显然对机体的认知是有限的。现代医学的发展，解剖学知识的丰富，为"手摸心会"提供了可靠翔实的理论基础。我毕业于北京中医学院，毕业后又到北京友谊医院骨科学习西医手术。当时国内骨科手术技术也刚刚起步，为了尽快掌握手术要领，我用业余时间，亲手把借来的手术书上所有图画下来，以便随时翻看，而后主刀10余年，这些都为手法的精到奠定了坚实的基础。"一旦临证，机触于外，巧生于内，手随心转，法从手出。"只有夯实基础，施手法时才能得心应手。筋伤手法是一门临床科学，只有应用于临床，才能显示其神奇的功效。

在培养学生时，我常教育他们"心到、眼到，不如手到"，只有多接触患者，才能找到手下的感觉，才能把理论运用到临床诊治中；患者是我们最好的老师，加强跟患者的交流能更好地提高手法，这些都是书本上所没有的。

筋伤疾病以局部损伤为主，"找准点，才能治好病"，这一理念是辨位施治的具体体现。只有在查体时认真触诊，做到心中有数，诊断明确，才能为下一步的治疗打好基础。触诊所发现的筋结、痛点，往往就是病之所在，再以轻巧柔和之法施术，就能起到事半功倍的效果。

2. 辨病与辨证结合

中医临床辨证与辨病相结合的思想始于张仲景，在其《伤寒杂病论》中得到充分体现，成为临证之准绳。有病就有证，辨证才能识病，两者是密不可分的。

临床诊治时，既要辨病，又要辨证，只有病证合参，才能选用适当的方药、恰当的手法。这里所指辨病包括两个方面，一个是中医学理论指导下的中医病名诊断，一个是以现代医学理论指导下的西医病名诊断。辨证是中医学特有的概念，是疾病某一阶段本质的反映，是对疾病发展过程中某阶段的病位、病性等本质的概括,揭示病因、病位、病性、病势,为治疗提供依据。因此,辨病与辨证结合也包括了两个方面:一是中医辨病与辨证相结合,这是以中医基本理论为指导,在中医病名诊断的基础上再进行辨证;二是中医辨证与西医辨病相结合,这是在明确西医疾病诊断的同时,进行中医辨证施治,有利于进一步明确具体病位、病理和转归等,洞悉疾病的性质,使治疗针对性更强。

同一疾病,其各阶段病理变化不同,治法也不尽相同。在辨证治疗过程中,了解掌握西医诊断的病,有利于了解掌握疾病转归与预后。西医辨病与中医辨证相结合只是临床诊治中的一个模式,我们应该立足于中医辨证论治的同时,合理利用现代医学理论和检测手段,拓宽自己的诊断视野,在中医理论指导下,分析观察疾病内在病因、病机、演变规律。中医传统诊断疾病主要依靠望、闻、问、切四诊,然而一些更深层次的病理变化,单凭人的感觉器官是不可能完全了解的,尤其对于骨伤科来说,必须借助现代科学技术的检查手段。

在辨证施治原则指导下,有"同病异治"和"异病同治"的治则。每个病有各自的内在规律,疾病在其发展过程中,由于各种因素的影响,可出现各种不同的证,但这些不同的证总是受着疾病基本病理过程的制约和影响。所以,在整体观念的指导下进行辨证施治,不仅要把握不同疾病的自身规律而"异病异治",还要掌握"同病异证"只是在"同"的基础上的"异","异病同证"是在"异"的基础上的"同"。此处所指的病与证,不但指中医的病与证,也指西医的不同病可以表现相同的中医证,同一西医病有不同的中医证型。

3. 内治与外治相辅

治疗要兼顾局部与整体,审证求因。由于筋伤疾病多以局部损伤为主,因此治疗时既要注意局部,又要兼顾全身,然后选取相应的穴位和恰当的手法,借以舒筋活络,解痉止痛。从整体观念看,人体脏腑、经络、气、血、津、精、液、皮、脉、肉、筋、骨等各部是一个有机的整体,通过经络气血等将表里紧密地联系着,筋伤疾病虽然多为局部损伤,但外伤筋骨,内动脏腑。"气伤则痛,血伤则肿,通则不痛,痛则不通",所以,在辨证论治的同时,活血化瘀、通络止痛非常重要。只有外治与内治相辅相成,才能促使损伤早日痊愈。

4. 动静结合，以动为主

动静结合是 20 世纪 60 年代初兴起的中西医结合治疗骨折的四大原则之一，但是在筋伤治疗中却没有得到足够的重视。在筋伤的治疗中，动静结合也同样有实际意义。筋伤是指各种暴力或慢性劳损等原因造成的损伤，它不像骨折、脱位那样易被人们重视，常常发展为慢性疾患。《仙授理伤续断秘方》中说："凡曲转，如手腕、脚凹、手指之类，要转动，用药贴，将绢片包之后时时运动。"古人描述了对损伤局部既要用绢片相对固定，又要做屈、伸等动作的治疗方法。这就是如今所说"动静结合"的雏形。伤后经络受阻，气血瘀滞，血肿形成，引起疼痛和功能障碍。因此筋伤的治疗首先需要固定，以利筋伤的修复，这即是"静"。由于血肿形成，若瘀血不去，日久气血凝滞，血不荣筋，容易导致筋肉挛缩、疼痛、活动受限等并发症。因此，除一定时间的"静"外，也需要注重局部及全身的功能锻炼，使气血畅通，筋肉得养，这即是"动"。在临床上，"动"是指通过判断筋伤的具体性质，施以恰当的手法及时回纳归正，理筋修复。此时的手法一定要轻巧柔和，这样既能疏通经络，又不致加重瘀血，充分帮助损伤组织自我修复。动和静是对立统一的，静是为了更好地动，动也是为了更好地静，两者之间体现了辩证关系。静的作用，是使伤病肢体得到休养，有利于损伤组织的修复和肢体功能活动的还原。但如果肢体缺乏必要的活动，势必造成循环瘀滞，新陈代谢减慢，关节囊、韧带、筋膜和肌肉等组织发生弹性降低、挛缩、变性和粘连等一系列改变，这是有害的。而适当的运动，可使肢体得到一定程度的锻炼，促进血液循环，加强新陈代谢，恢复组织功能，解除组织间粘连，从而使伤病得到更快恢复。

5. 筋伤辨治，气血为要

筋伤辨治应以气血辨证为主。气血循行全身，内行上下、皮肉筋骨、五脏六腑、四肢百骸，无所不在，故人体损伤无论何处，首当其冲伤及气血。临床所见内外伤，其基本的病机是伤后气血循行失常，由之而发生一系列病变，外伤因受伤局部疼痛、青紫瘀肿明显，血伤肿、气伤痛的症状清楚，而内伤却有形无形、虚实夹杂，或以气伤为主，累及于血，或以血伤为重，损及于气，且因气血伤损的程度不同，可分别发生气滞、气逆、气闭，或血瘀、血虚、血热等相应病变，临证时更需辨证明确，方能有效医治。人体躯干胸腹部的损伤最易引起内伤，气血辨证尤为重要。气属阳，性主动而无形，滋养周身，推动全身各脏腑、器官的功能，气为血之帅，是发动和维持生命活动的动力；血属阴，性主静而有形，血随气行，气行则血行，滋养全身，是充盈五脏六腑、四肢百骸的重要营养物质，维持其功能的正常运转，器官的相互调节。故气为血之动力，而血为气之根，互相依附，周流不息，生命得以维持。

损伤与气血有着密切的联系，而损伤有内伤与外损之分，外损可伤及筋骨，而内伤可伤及气血，但不论何种损伤，均必然伤及气血。伤气则气滞，气无形，气滞则疼痛；伤血则出血或血瘀，血瘀则经脉、经络、血脉不得流通，血有形，血瘀则肿胀，由于瘀血的部位和瘀血量的不同，时间的长短不同，故出现的症状也不同。如瘀于肌表，则呈现青紫色且肿胀疼痛；如瘀于骨膜下或骨膜外，则局部肿胀较明显，且有剧烈疼痛，皮色不变；如瘀于营卫筋脉之间，除漫肿疼痛外，瘀而化热，可导致肝经生火而周身发热，如瘀滞于胸部，则胸胁胀满，呼吸困难，痛无定处；如瘀于腹部盆腔，则胸腹痞满，腹中胀痛，痛不可触，拒按，经久不愈而成顽疾。虽然从理论上认为有伤气、伤血之分，实则气血是不可能截然分开的，临床上都认为是气血俱伤，仅是偏重不同而已，故在治疗中，均应气血并治，治血先行气，气行则血行。对腰椎管狭窄所致神经性间歇性跛行的中医病机强调"气血为要"。目前大多数学者以痹证论神经间歇性跛行，还有些学者认为是肝肾不足为本，痰、瘀互结为标，而致经络闭阻，气血不通。

> 从学中医开始一直到现在，我给自己定了治学格言和行医准则。"以辨病辨证相结合，内治外治相辅相成，从整体上重视脏腑"是我的治学格言；"视患者如亲人，思患者所疾，感患者所痛"是我的临床行医准则。作为一名中医人，首先做的就是做人，一定要脚踏实地，对待每一个患者都要像对待自己的亲人一样尽自己所学；而在学术上则要中西医结合，西医知识不落后，中医知识扎实熟练，临床与科研相结合，发挥中医药特色。

（孙树椿全国名中医传承工作室 王尚全整理）

第十三章　黄文政

　　黄文政（1941—），男，汉族，天津中医药大学第一附属医院主任医师、教授。1962 年毕业于天津中医学院，同年分配到天津中医药大学第一附属医院工作，至今行医已 60 年，仍在坚持临床工作。历任主任医师、教授，硕士和博士研究生导师，中国中医科学院中医传承方向博士后合作导师。黄文政教授于 2008 年被评为"天津市名中医"；并为第二批、第四批、第五批和第六批全国老中医药专家学术经验继承工作指导教师，是国家中医药管理局"优秀中医临床人才研修项目"指导老师，享受国务院政府特殊津贴，并被美国加州大学特聘为客座教授。2017 年被授予"全国名中医"称号。曾任天津中医学院第一附属医院副院长、内科主任，世界中医药学会联合会肾病专业委员会会长、名誉会长，中华中医药学会肾脏病专业委员会副主任委员，中华中医药学会理事等职务。黄文政教授为天津中医药大学第一附属医院肾病科的学科奠基者和学术带头人，现天津中医药大学第一附属医院肾病科已成为国家中医药管理局重点专科、教育部重点学科。

名医访谈——我的从医之路

访谈者：您的从医之路经历了哪些阶段？

黄文政：我的从医之路大致经历了以下三个阶段。

1. 岐黄学徒，涉迹医林

我 16 岁考入天津中医学院，始受岐黄之学，幸受施今墨的入室弟子刘松庵、屠延寿等多位名老中医的影响。我 1962 年毕业于天津中医学院，同年在天津中医学院附属医院任住院医师。我们当时一共 10 个同学，包括石学敏、牛元起等等。当时在天津市有很多国内著名的专家，这里面有董晓初、张翰卿、柴彭年、顾小痴，当时名医荟萃，我受老师的影响和熏陶，逐步成长锻炼为一名临床大夫。我曾对我的学生说过："做一位医生，首先要清醒地认识到自己肩上的责任。患者把自己最宝贵的生命交到我们手上，是对我们的信任，我们没理由不负起这个责任，而负责任最基本的条件就是我们要有扎实的医学基础，要有扎实的医学基础就要求我们博览群书，充实自己。"我从医几十年，其中对我影响最大的人是柴彭年教授。我对于学习从未懈怠过，现在已是年过八旬，但每天还是坚持学习、读书，博览群书，对中医古籍温故知新，对现代医学的前沿动态也一直关注着。

2. 推陈致新，培桃育李

每个流派都有它的历史背景，也都有学术渊源。当然最明显的是从金元四大家以后，有了更多不同的流派。元朝时间只有 90 年，你别看元朝这么短的时间，但它医学发展得非常好。医学不同流派的形成都有它的历史背景。你看李东垣，他生活在元朝初期，兵荒马乱，人们饥寒交迫，多中气不足，所以他是补土派，这是跟历史背景有关系；朱丹溪主要生活在南方，湿热交蒸比较多，患者伤阴的情况也就比较多，所以他属于一个滋阴派。流派都有它的历史背景与学术渊源。

在金元四大家以前也有流派，但不太明显。近代的话，如京城四大名医也是不同流派，特色鲜明。京城四大名医萧龙友、孔伯华、施今墨、汪逢春，各有各的特点。萧龙友是经方派，孔伯华是个时方派，施今墨呢是一个跟现代医学结合的比较好的，汪逢春对温病中的湿瘟采用芳香化湿这个方法比较不错。咱们好多的老先生跟京城四大名医都有一些联系，你看咱们的哈老哈荔田、顾老顾小痴，还有现在的杨老杨浩观，都是跟施今墨老先生学习的。当然天津还有张锡纯这一流派，另外还有天津当地的流派，他们当中有些是尊崇《医宗金鉴》的。天津这个地方就是一个融汇南北的地方，比较特殊。了解这些历史渊源对于我们了解流派渊源都是比较有好处的。

成为独立学派不容易，得有独立的思想学术体系，独立的临床体系，有自己的特色，有自己独到地方。临床这么多年，应该积累一点经验，不然这么多年不白费了。另外在国内得有相当的影响，不能说咱自己自封，得人家承认你才行。从这点来看咱还是达不到，只能说是学习人家的长处，弥补短处，服务于临床。

国内包括天津市有一些个非常有名的学术体系，学科带头人一离开、一倒下，整个体系就完了。有鉴于此，我们特别注意自己学术体系的建设。我比曹式丽主任大8岁，曹主任又比杨洪涛主任、王耀光主任大10岁，杨洪涛主任、王耀光主任又比赵菁莉大10岁，这样形成合理的传承梯队，每一个层次都能够拿出一两个能够顶得住的人，这样能够保证我们这个学科长盛不衰。

我培养学生的话，希望学生学习我的方法、学习我的经验，到临床去要比我强、要比我好，这是目的。不是说依葫芦画瓢学我只是很像我，这是失败的。我对待学生就像对待自己的孩子一样，他们成功我高兴，他们失败，我心里难过。因为有这样的感情，所以跟学生是无话不谈。我很少训学生，但是有些学生不太用功怎么办呢？我给他留作业，给他留题目。后来问他做了没有？他说没做，那就再做去，问了三次，他自己就心虚了，就认真了。然后时间长了以后，他就体会到老师真正是在帮助他，这样我再说什么，他也比较尊重老师，也听老师的。

3. 勤求古训，汇通诸家

（1）关于肾主藏精泻浊理论：清代邹澍的《本经疏证》在论山药时，有一句话非常重要，他说："肾固藏精泄浊之总汇。"这句话对于肾脏的生理功能概括比较全面。我们一提到肾的话都提到肾主藏精，特别是钱乙，他论五脏虚实当中就提到了肾主虚无实，对吧？实际上肾脏跟五脏一样，都有虚证、实证，只是虚多实少，虚占主导地位，实占次要的地位。再从补肾最有名的方子六味地黄丸来说，不是纯补的，它是补中有泻，你看它六味药：地黄、山药、山萸肉，地黄八两，山药、山萸肉四两，加起来是十六两；然后茯苓、牡丹皮、泽泻加起来是九两。熟地是作为补肾的主药，那么泽泻就是泻肾的主药；山药是补脾的药，茯苓是一个泻脾的药；山萸肉是补肝的一个药，丹皮是泻肝的药，补药、泻药是 16 : 9，所以它主导的还是以补为主，补中有泻。实际上我们说这个补肾的药当中不是纯补，有补有泻，以补为主。所以关于这一点呢，我就体会到了关于治疗肾病的话呢，肾虚有肾阴不足、肾阳不足、精气不足，实证呢主要是湿浊、瘀血，以这个为主，所以治疗上我们都是虚实兼顾，根据辨证虚多还是实多平衡协调，既不能单用泻药，也不能单用补药，这样来协调比较合理，也适合病例情况。这个补虚泻实理论源于邹澍的"肾固藏精泄浊之总汇"。

另外，我治疗男子精少不育，对于精子量少、活动量不足，主要是用五子衍宗丸和龟鹿二仙丹。龟甲这个药很好，服药以后呢这个精子数能升，增加活动力，所以在补肾药当中可加点动物药。你看古代人治疗阳痿，过去都是一味补肾，现在用蜈蚣等，就是在补肾当中加一些动物药，这样不仅能够增加精子数量，而且增加活力，道理是一样的。

另外肾藏精也不是一个呆板的原理。肾藏精，"受五脏六腑之精而藏之"，五脏六腑之精藏于肾，五脏六腑需要精华的时候，肾又把精华输送给五脏六腑，所以这本身是一个动态的，是一个互惠的，所以从大的原则看，从动态的管理、动态的角度来观察的话，就能够比较全面地衡量。

（2）"三焦"学术思想及"疏利少阳法"的形成：关于三焦学说，中医里争论最多，也是最为玄妙的。有人认为这个三焦根本没必要，可有的人认为三焦非常重要，关于三焦的理论，我很难一句话说明白，现代医家对三焦的论述，我以为最为完整的就是张镜人。我认为三焦是一个协调脏腑经络功能和信息传导的庞大而又复杂的网络系统，类似于现代医学的神经—内分泌—免疫网络。1959 年，正好咱新中国成立 10 周年，《上海中医杂志》有三篇非常重要的文章，我到现在还记得很清楚，其中一篇就是张镜人张老的《三焦初探》，它分上下两部分，它对三焦的论述非常详细，主要探讨的是三焦气化学说。气化主要依赖于肾阳，心肝肾是三焦相火系统，三焦离不开五脏六腑，其基础是五脏六腑，又是五脏六腑之外的一个调节系统，就好像现代医学的神经—内分泌—免疫网络，它不归于任何一个系统，也不归于任何一个组织。我体会三焦的作用是网络调节。三焦指各个脏腑组织间的缝隙，主导气化，既包含心肺的气化、脾胃的气化、肝肾的气化，又涵盖了气血津液运行的调节，所以三焦是起到整体调节作用的。慢性肾炎的诊治主要涉及肺、脾、肾的气化，其联络通路是三焦，所以疏利少阳主要是调节三焦气化。我们以柴胡、黄芩，也是小柴胡汤主要的两味药，来和解表里。小柴胡汤合五苓散即柴苓汤，柴苓汤能够和解表里、调节气化。慢性肾炎患者最常见的是气虚，湿热瘀结，从慢性肾炎到肾衰竭，这一漫长的阶段，湿热贯穿始终，我们要重点把握清热利湿，再者患者还会有气滞不通，脉络阻滞，所以也要兼顾活血化瘀。这样，我们把调节三焦气化作为载体，同时益气养阴、清热利湿和活血化瘀并重，治疗了256例慢性肾炎，总有效率为87%，完全缓解率34%，效果还是比较好的。我们在天津市汇报科研成果时，市里的领导问我们为什么不做中西医结合？我回答我也在做中西医结合，但在这之前，我必须证实我纯中药有效，然后再做中西医结合，效果可能会更好。如果先做中西医结合，别人会说不是纯中药的效果，是激素、环磷酰胺等西药的效果，我们没有证据来反驳。我不反对中西医结合，但必须首先要突出我们中医的特色，突出中医的确切疗效。

我对传承中医经验的体会

访谈者：您对传承中医经验有哪些体会？

黄文政：回顾我的从医之路，我对传承中医经验有以下体会。

1. 师从柴老，觅经验，览群书

柴老（柴彭年）从事临床内科工作近60年，擅长内科和妇科，重视《医宗金鉴》。《医宗金鉴》是当时中医学习参考的主要著作，至今中国台湾考试的话还是以《医宗金鉴》作为基础进行考核。在清朝，《医宗金鉴》是学术性、临床性、实用性都很高的一部著作，所以后世清代至民国初年相当多的大夫著作都是以它为蓝本。《医宗金鉴》在北方，特别是华北地区影响非常大，同时柴老对王清任的几个逐瘀汤用的非常娴熟。

柴老对于王清任的几个逐瘀汤特别是血府逐瘀汤、膈下逐瘀汤、少腹逐瘀汤用得特别好，我也学习了柴老的这个经验，总结了一个病案：有一个女子，她是子宫相当大，不来月经，根据脉象沉细而紧、舌质淡而暗，我认为是下焦寒凉有瘀血，用了少腹逐瘀汤，用完之后患者腹痛缓解，脉象转好，然后又给她用了金匮肾气丸、右归丸、龟鹿二仙胶加减，后来患者来了月经，子宫大小回到了正常。另外，对于慢性肝炎、肝区疼痛，用膈下逐瘀汤，也取得很好的效果。血府逐瘀汤用的更广泛，我跟柴老学习治疗一个头痛患者，外伤后头痛，各种办法都秀了没效，后来我就用血府逐瘀汤原方，很快就好了。

跟着柴老学习，我也有很多体会，比如用软坚散结法治疗肾小球肾炎、真武汤治疗肾病水肿、麦门冬汤治疗消化性溃疡等。治疗慢性肾炎，用软坚散结药，主要是用蝉蜕、海藻、昆布、益母草这 4 个药作为基础，根据辨证，分别有肾阴不足、气阴两虚、肾阳不足三种情况。气阴不足的话加黄芪、太子参、当归；肾阳不足的话，在肾气丸基础上加菟丝子、鹿角胶；肾阴不足者再加女贞子、墨旱莲。我们一共治疗了 150 多例，总体有效率达到 76.8%，这个效果还是不错的，后来好多文献都在引用。另外我的研究生杨洪涛也以这个为基础来进行实验研究，取得了很好的一个效果，在当时还是很有影响的。

另外柴老除了治疗肾炎以外，还治疗尿毒症，主要用真武汤。肾炎水肿、尿毒症水肿，内服真武汤，外用大黄、牡蛎、附子来进行灌肠，这是在 20 世纪 70 年代就开始用了，取得很好的效果。另外对于疑难杂症，在国内首创麦门冬汤治疗消化性溃疡，这个我们总结了 19 例，效果非常好，结果于《中医杂志》1964 年大概是第 11 期发表，还参加了全国的消化性疾病学术会议，在制订辨证分型的时候采纳了这个经验，影响非常之大。

柴老还有一些比较特殊的经验，比如说治疗慢性腹泻。久泻外因多为感受风寒暑湿，内因为脾虚肾虚肝郁，一般医家治腹泻的时候很少用到熟地黄，可是他治疗慢性腹泻却重用熟地黄，加白术、山药、生扁豆、炮姜、肉桂、吴茱萸，这实际是张景岳的胃关煎，久泻由脾肾阳虚转化为脾肾阴虚，用对了效果非常好。咱们李老师（李少川）在病危时候就是顽固性腹泻，怎么治也治不好，后来马融马院长请我去看了看，我一看脉象沉细弱，舌质淡，苔薄黄而滑，显然是脾肾阳虚而波及至脾肾阴虚，然后就用了柴老这个方子，三剂药就有效了。柴老还有很多有效的病案，且在治疗疑难杂症方面，柴老确实有办法。

我从柴老那里还学到一些舌诊的经验。有个患者叫任春霖，当年他患尿毒症，烦躁不安，四肢厥逆，舌质淡，可是舌苔黑燥起刺，这可是个关键。辨证就差这一个步骤，你看着舌苔黑燥起刺，可拿手一摸，非常湿润，这是内真寒、外假热。当时柴老重用白术、附子，我记得重用到各二两，用完以后烦躁也好了，舌苔也下去了。我给一个同学讲了这个案例，他很有感触，他说："你讲得太好了，我也遇到过这个问题，也是舌苔黑燥起刺，我们给用的大承气汤，头一天下去了，第二天又有了。"这两个对比非常清楚。

学习柴老经验我还真用到了临床了。我有一个患者是病窦综合征，病窦综合征一个最难治的问题是快慢综合征，快的时候阵发性室上性心率过速，这么复杂的一个病，患者舌质红绛，干燥起刺，我拿手一摸非常湿润，这是内真寒、外假热，亡阳欲脱，用上大剂温热药，第二天这个患者舌质就变浅了，刺没有了，精神也好多了。可要是辨错了，给他用清营汤，那一服下去可是够受的。这一点在书本上没有，是我学习老先生经验的一个例子。

2. 巧读医案，择善本，重实践

医案是古人临床经验最直接的体现。读医案可以连接基础理论和临床，把我们学的知识量化，使它灵活起来，我们这一点做的还是不太足。南方的一些中医院校，特别是湖南或者浙江，他们非常重视对于医案的学习。我们第一任院长陆观虎先生，主要是学习医案，就是那些名医的医案，然后总结出来自己的药物配伍，他应用非常灵活，效果非常好。

《临证指南医案》是叶天士后人整理的。叶天士的医案非常好，有许多独到之处，尤其徐灵胎的点评画龙点睛，非常好。叶天士有一个关于奇经八脉的论述，也就是说根据奇经八脉用药，这是他一个独到之处。再一个就是关于久病入络的论述。我们原来的张安青老师就提过，"初病在经，既病在络"，治经之病当治其络，治络有几种，有辛润通络、辛香通络、辛咸通络等，特别是辛咸通络，就是用虫类药，有独到之处。实际上后来吴以岭的络病论受叶天士影响最大，其次还受了朱良春朱老的影响。

《临证指南医案》还有一个独特的地方，就是它的胃阴学说。脾胃学说，脾胃运化学说出于《黄帝内经》，脾统血的学说出于《难经》；补中益气，脾可升清升阳，这个学说在李东垣就有了，但不完善，差哪一点呢？差胃阴。《临证指南医案》里关于胃阴的病案都非常有价值。书里有一句非常著名的话——"九窍不通都属胃阴"。《临证指南医案》很值得我们去看，它有不同于别的医案的独特的地方，要看它独到的地方。叶天士的学生写的评语非常好，再加上徐灵胎的点评，使这部书成为一部非常有价值的中医典籍。

《丁甘仁医案》，在我们内科几乎人手一册，为什么呢？那时候董老好多方子跟丁甘仁医案中所用相类似。董老从不言师，现在你问董老的师父是谁，可能都不太清楚，实际上我认为董老是宗丁甘仁的。还有一个就是江南名医叫曹沧洲，董老的好多方子跟曹沧洲医案中所用方非常相似，当然后来董老又跟了刘云鹤刘老的父亲，所以董老的经验非常丰富。那阵子很多人学习丁甘仁医案，丁甘仁在上海培养了大批学生，包括黄文东这些在上海的老一代名医都是他的学生。丁甘仁属于孟河学派，孟河是一个镇，这个镇不大，但是这一个镇里边仅药房、药店就200多家。丁甘仁虽然在孟河，但不太有名，然后又到了苏州，到苏州也没打开名气，然后到了上海名气大振，于是他就在上海行医了。现在上海中医药大学的老一辈先生基本都是丁甘仁的学生，影响很大。但是丁甘仁诊务很忙，他的后人整理医案以后，就交给了当时曹颖甫。曹颖甫是经方派，名声不像丁甘仁这么高，但学问非常大，丁甘仁时常接济他。曹老先生把整个医案进行润色，所以丁甘仁医案非常好，文字非常漂亮，我们学习丁甘仁医案，不仅学习他的临床经验，同时也学习医案的文字，非常好。曹老先生，现在来说也得算烈士，他回到家乡江阴，正赶上日本侵略，日本侵略的时候，烧杀抢掠无恶不作。曹老先生当着日本侵华士兵破口大骂，结果被枪杀了，所以应该算是烈士，我们这些老先生很有民族气节。

另外就是《柳选四家医案》。《柳选四家医案》是柳宝诒选的四家，这四家有尤在泾、曹仁伯、王旭高和张仲华。这个医案好在哪？它比较平实，尤其王旭高医案，是连续治疗的医案，从医案当中可以看到加减转换的一个过程，非常自然，非常老道；另外曹仁伯医案也有非常独特之处，比如关于劳风的治疗，这些东西都是我们平时很难见到的。通过医案可以学习他们的临床经验来弥补我们的不足。

3. 熟读经典，勿泥古，创新知

（1）对《伤寒杂病论》的学习：我真正从头到尾念过的书就是《伤寒杂病论》（后分为《伤寒论》《金匮要略》二书）。应当说《伤寒论》影响比较大，其不仅是治疗外感伤寒，而且也适合治疗一般疾病。它的辨证方法，脉证合参！另外它组方的精髓，这些都是值得我们很好去学习和创新的。它每一个方子、每一个药都是有用意的，对吧。比如说旋覆代赭汤，我之前参加袁红霞袁教授的研究生答辩时问过一个问题，我说旋覆代赭汤里面代赭石用量怎么这么小？因为我平常用量的话，一般就是30g、15g，而他用的是6g。当然我这一问，学生也愣住了，实际上人家用的对不对？对！为什么这样？代赭石是个重镇降逆的药，重镇降逆的药，为什么用这么点的量？因为《伤寒论》就是用这么点儿量！《伤寒论》中用旋覆花是三两，代赭石是一两，3：1，所以人家旋覆花用到15g、代赭石用到6g，合理。这个旋覆代赭汤呢？代赭石是降逆的，可是用旋覆代赭汤降逆要适度，为什么要适度呢？因为它是在中气不足的基础上出现了胃失和降，降逆降到什么程度呢？降到中焦。如果代赭石用量大的话，给错了，它不在中焦，而是在下焦，对吧？刘渡舟教授有个很好的例子，有个患者，中气不足，干呕十次，用旋覆代赭汤，代赭石一下用30g，吃了以后患者不舒服，刘老就给改了一下，把原来代赭石30g改为6g，问题迎刃而解。

所以这个中药的配伍为什么要学《伤寒杂病论》呢？《伤寒杂病论》的每一味药都有它的作用，每一味药绝不虚设。比如大黄䗪虫丸里边有一个蛴螬，我问了多少人？为什么用蛴螬？没有一个人能解释。蛴螬是什么呢？是粪便里边那个虫子，粪便污秽至极，可是这个虫子洁白无瑕。后来在清朝后期周岩的《本草思辨录》中看到解释，他说大黄䗪虫丸中蛴螬专为两目昏黯所设，因为肌肤甲错、两目昏黯而用之。其人羸瘦不能食，两目昏黯，肌肤甲错，缓中补虚，大黄䗪虫丸主之。所以伤寒方每一个药物都有一个药理、一个作用，我们读书的话不能够马虎。不仅要了解方剂的组成、剂量，甚至于煎法也一定要读到。比如说炙甘草汤的煎法，"以清酒七升，水八升，先煮八味，取三升，去滓，内胶烊消尽，温服一升"，实际上是十五升煎到了还剩三升，这是什么概念？这是一个浓缩的糖浆。现在用的院内制剂活血保心丸，最开始的时候就是糖浆，后来将糖浆浓缩成粉、制为颗粒，再后来就是一半研成粉、一半浓缩粉，就变成了水丸。这几种剂型我们临床都做过比较，效果最好的就是糖浆。

《伤寒杂病论》方剂的煎法很重要。炙甘草汤加酒不加酒，效果还是不一样的，确实不一样。我有一同学的父亲就是心动悸、脉结代，我问他喝酒不喝酒？他说会喝。我说，那熬汤药的时候加两盅白酒，加完以后脉结代就没有了。我下次一去一看又有脉结代了。我问他药里搁酒了吗？患者说没搁，下回搁。之后再去看，结代脉就没有了。《伤寒杂病论》方中每一味药都有它的作用。为什么要用酒呢？本草里边有一个说法是"地黄得酒良"，地黄得酒以后它的效果才能充分发挥出来。所以我们要做临床确实得认真读书。

（2）对温病的学习：其实温病的内容是非常丰富的，但我不是专门搞温病的，但是对于温病我也有点体会。温病里范围最大的是邪在气分，出了卫分还没入营血这漫长的一大段过程都是属于气分。邪在气分，治疗最主要有两点，一个是透邪外出，另一个就是固护津液，这两点是非常重要的。不仅是温病，在我们内科也是一样。这里头我特别学习了董晓初主任用柴葛解肌汤来治疗肠伤寒的经验。肠伤寒在温病属于湿瘟，在南方来说湿瘟禁用柴葛，有"柴胡劫肝阴"之说，唯独董老善用柴葛解肌汤，比如说高热不退、稽留热，他用了三服以后很快热就退了。柴葛解肌汤有三个方子，一个出于陶节庵的《伤寒六书》，一个出于程锺龄的《医学心悟》，还有一个不太引人注意的是丁甘仁的方子。这三个方子各有特点，都用柴胡、葛根、黄芩、生石膏，但是《伤寒六书》中用了羌活、白芷等辛温解表的药，《医学心悟》用了牡丹皮、赤芍等凉血活血药物，而丁甘仁用了藿香、佩兰、豆豉、白蔻等芳香化浊的药。董老用丁甘仁的方子，他的主要目的是透邪外出，这在气分当中是一个非常重要之处。

我前些年在天津市血液病医院会诊过一个患者，这患者发热每天都四十一二度，已经住院一个月，每天给他退热，患者已经骨瘦如柴，花了4万多块钱。后来我跟戴院长（戴锡孟）我们俩一起去，看了以后考虑就是一个病毒感染，他就是高热、寒热交作、口渴而干、脉象弦数洪大，实际是一个三阳合病，而且三阳合病当中有热病邪伏膜原，所以重用柴胡、黄芩、葛根、生石膏，同时用了槟榔、草果，还用了升降散，三个方子，一共吃了2剂，患者体温由41℃降到38℃。又吃了两剂药，加大剂量以后降到36℃，前后共吃了6剂药，就不再发热了，舌苔、脉象都正常了。这是一个很常用的方子，我经常用的就是柴葛解肌汤合达原饮合升降散，表里双解。我认为一些高热的患者，甚至于现在的流感，我没有细致看，但是根据报道看的话，它是邪伏于内，感受外邪，内外相应的这么一个症状，是在卫气之交，三阳合病，这种情况下还是表里双解、透邪外出最为重要。之前的SARS，我基本上用小剂量的这个方子。这就是说它既是温病，又是瘟疫，瘟疫所以流行必然有疫疠之气，同时也必然有邪伏于内，必然是表里双解、透邪外出，这是最重要的。

另外一点体会就是不管温病也好，内科杂病也好，往往容易耗伤津液。开始的时候，主要伤及肺卫，一般用养胃汤。牛元起教授用养胃汤主要是用北沙参、麦冬、扁豆、桑叶、石斛这些药，对于伤津脱水有很好的效果，可惜没有继承下来。然后基本上是在中焦范围之内，但是有向下焦传的意思，用增液汤，主要是甘寒，除了生地黄、麦冬，还有甘寒的玄参。进一步发展就是用咸寒的药，如三甲复脉汤，存津液。病分轻中重、上中下三焦，不同阶段、不同部位，应该细细划分。我对温病的体会，一般透邪外出是最主要的，另一个是存津液，这两个有不同层次、不同表现。

（3）脉证合参：我对于脉学的研究不是很深刻，但我很重视脉学。比如《伤寒论》的"××病脉证并治"、《金匮要略》的"病脉证治"。证包括望闻问，脉是切诊。我们有的时候舍证从脉，有的时候舍脉从证，但更多时候还是要脉证合参。

多年前我治疗一位架线工，因工作时不慎摔落，西医考虑为脑震荡，治疗用了细胞色素还有其他营养剂。看诊时，在病床上这位患者说两句话就很快睡着了，所以我主要从他的脉象中获取信息，弦滑脉，两寸脉小、两尺脉大，症状是神志错乱。患者从高处坠地，气机逆乱，中气下陷，神灵失养，中气陷于下焦，故两尺脉大，形成了上虚下实的脉象，方用补中益气汤原方，黄芪、党参、白术、当归、陈皮、升麻、柴胡、甘草。患者服药三剂后，说话就清楚不糊涂了，服药六剂后大致恢复正常，若干年后他较熟悉的朋友告诉我，之后也恢复的很好。补中益气汤和四君子汤的补益中气效果不同，补中益气汤在补益中还可升提中气，因为意在升提，所以用药剂量不可过大，我的方中黄芪只用了12g，党参10g，都是很小的剂量。所以说诊察脉象非常重要。

另一个案例是天津市的一位老党委书记，嗓子哑、咳嗽，一咳嗽就晕厥，考虑脑供血不足，脑缺氧，在西医医院治疗了一个月症状没有好转，我去会诊。诊见患者六脉平和，独右寸脉浮滑，仔细问诊，患者一个月前有过感冒病史，外感表证未解，风邪内侵，肺失宣肃，清阳不升，方子我用了三拗汤，麻黄、杏仁、甘草，加桔梗、马勃、射干，比较简单的几味药。患者服药三剂，仍咳嗽，但无晕厥，再服三剂，便不咳嗽了，脉象也平和了，所以脉象也要和患者的症状结合起来看。

我多年之前在天津市武警医院会诊，一位总工程师患有颈椎病，头晕耳鸣，恶心欲呕。他的头晕和体位有关系，躺在床上，别人叫他，他一扭头就会头晕。脉象也很有特点，左关脉弦，右寸脉浮，左关脉弦是肝经郁热，右寸脉浮是感受外邪，内外邪气相引，肝阳上亢，胃失和降。我开了一个很小的方子：桑叶、菊花、天麻、钩藤、白蒺藜、牡丹皮。三剂药后患者不再头晕耳鸣。这个病在现代西医叫做前庭神经元炎，耳鼻喉科和内科都很难诊疗，这个病是感冒后波及前庭神经核，典型脉象就是左关脉弦、右寸脉浮。我治疗了好几例类似的病例。这也是脉证合参的典型病例。

还有脉象中弦脉和紧脉很难区分。弦脉端直以长，落点是一个；紧脉是如绳绞索，落点是两个。紧脉主寒，特点是患者下肢寒凉，很容易误认作肾虚，患者病情会越补越重，但实际当散寒祛湿，我用的是《丁甘仁医案·肿胀门》中的独活寄生汤方，加制附子、白术、生姜，独到之处是加用乌药、小茴香、沉香来治膀胱之气，脏腑同治，起到了很好的效果。

优秀中医应当具备的素质

访谈者：您认为优秀中医应当具备哪些素质？

黄文政：我认为优秀中医应当具备以下素质。

1. 胆大心细，重药起沉疴

这也是学习老先生的一些经验，就是说你怎么去看待这个问题。有几位老先生用药量非常大，你也看不出个头绪来，有的时候就很容易否定人家。我们对于老先生用药量大的问题不能轻易肯定，也不能轻易否定，要从中找出他的经验。有的时候他给你一大堆药非常杂，你分析不出来，可是效果挺好，必然有它独到之处。特别是看他多用的这些，别人都不用，可是他方方必用的，这必然是他的经验，你可以把这个药拿出来试试。

我原来治疗一位血栓闭塞性脉管炎患者，是山西大同的一个老工人，毛主席三次见过他。这个病按照西医的话就是得截肢，患者痛得非常厉害，离不开吗啡针。他来住院以后，我那时候年轻气盛，我就跟他说了，给我一礼拜时间，我来用药，这一礼拜要治不了，你该用什么用什么。这位老工人非常配合，晚上痛得直叫，我问他要不要打吗啡，他说"不用大夫，一个礼拜我咬牙坚持"。那么我用了大剂四妙勇安汤，量大得非常惊人。但是在这个方子里面有一味非常特殊的药——金线重楼，每天的方子必用这个药，这就是治这个病的经验。我在用四妙勇安汤时，把它放进去，用量很大，每剂用量在30g以上，效果还不错，一个礼拜之后还真止住痛了。一个月以后这个患者康复出院，没截肢，而且下肢溃疡也完全愈合了。当然这个不光是我的功劳，当时我和穆云汉老师配合，穆老处理外用换药，我给患者处理内服药，患者下肢皮肤一开始都是黑的，最后都变成红润的了。

2. 举一反三，勿死记硬背

我们大家都学习过方剂课程，也背诵过，但每个人的视角确实不同。我认为方剂到了临床当"结构性理解"。比如逍遥散，是疏肝健脾的方剂，可分为两部分。疏肝用柴胡、当归、白芍。肝主疏泄，柴胡疏达肝木，但仅用柴胡不能完全达到疏肝的目的，柴胡是解表药，以当归、白芍为佐使，肝主藏血，故用当归，肝体阴而用阳，故用白芍，以肝血、肝阴作基础才能疏肝。健脾用茯苓、白术、甘草。茯苓淡渗利湿，白术扶温燥湿，甘草甘缓和中，若患者无脾虚，则减茯苓、白术、甘草，加枳实、川芎、青皮来疏肝理气；若肝气郁结，肾精不足，则加生地黄、山萸肉、山药，达到"结构性用药"的目的，才能灵活用药。

又如小青龙汤证病由也可分为两部分：外寒、里饮。外寒既不像麻黄汤证表实，也不像桂枝汤证表虚，小青龙汤证外寒的症状介于麻黄汤证、桂枝汤证之间，故用麻黄、桂枝、白芍、甘草解决外寒的症状。内饮用半夏、干姜、细辛、五味子，半夏和胃降逆、祛痰化饮，干姜温补脾阳，细辛温补肾阳；痰饮的根本在于脾肾，肾主水，脾主运化，温散药也不能温散太过，故加五味子佐助。小青龙汤证最主要的特征是咳唾涎沫，落地为水，抓住这个特征，小青龙汤证就迎刃而解了；如果没有这个特征，可以不用麻黄、白芍。我曾经治疗风湿性心脏病二尖瓣狭窄，用的就是小青龙汤去麻黄，效果也很好。

这样结构性地记忆方剂，才能让方剂为临床服务。我举这些例子来帮助大家理解方剂，不是说每个方剂都要背诵，而是要理解最主要的内容，其实我背的方子不多，理解这个方子，在临床用的多了体会才能加深。

名医寄语

1. 学贯古今，中西汇通

我念书主要是根据需要来念的，临床上遇到难题，带着问题来看书，效果会比较好。当然基础的四大经典，还是得熟读，但在经典以外的话必须要广收博览，包括医案，凡是有用的东西，我们都要收进来。然后现在一定要中西医结合，一些现代医学的经验，我们如果有能力有精力的话也要学习一些，学习的目的是取之为我所用。很多有启发性的内容，我们应该广收博采，为我所用，积累多了，才能够有驾驭能力，有了驾驭能力，才能取得良好的成绩。

2. 推己及人，救死扶伤

中医呢，人文关怀这一点确实很重要，跟老百姓融合度比较强；另外还有一句话，就是待患者要如亲人，这句话说起来容易，做起来并不容易，你得设身处地为别人着想，各方面都要为别人着想。若患者比较贫苦，你不能给人家开贵药，对吧？如果用简单的方子能够治好，绝不用复杂的方子；用便宜的药能治好，绝不用贵的药。太贵或者不好用的药，比如牛黄、犀角、麝香、苏合香、安息香、龙涎香、玛瑙，我不用这些药物。比如说痰怎么也下不去，各种方法也下不去，例如李少川李老当年患病时，痰黏稠难于咯出，马融院长找我，我说只有一个办法，用猴枣，最后还真不错，还真找来了，一克大概200块钱，可能是用了3克还是2克，下气啊，立竿见影。

另外关于行医，我的话很简单，就是"救死扶伤，以人为本"。

（黄文政全国名中医传承工作室　王耀光整理）

第十四章　范永升

范永升（1955—），男，博士，教授，主任中医师，博士研究生导师，浙江中医药大学原校长。首届全国名中医，岐黄学者，国家"973计划"项目首席科学家，浙江省特级专家，国务院政府特殊津贴获得者，第四、五、六、七批全国老中医药专家学术经验继承工作指导老师，浙江省"151人才工程"第一层次人员，浙江省"医师终身成就奖"获得者。曾任中国中西医结合学会风湿类疾病专业委员会主任委员，第二届教育部高等学校中医学专业教学指导委员会副主任委员，国家中医药支撑计划专家委员会委员，第五届中华中医药学会常务理事，世界中医药学会联合会风湿病专业委员会理事会副会长，浙江省中医药学会会长。国家重点学科"中医临床基础"和国家重点临床专科"中医风湿病"学科带头人。从事中医痹病学的临床及科研工作40余年。1988—1990年期间由国家教育部公派赴日本国立佐贺医科大学留学，专攻风湿免疫病研究。临床上擅长用中西医结合方法治疗系统性红斑狼疮、类风湿关节炎、皮肌炎、白塞病等风湿免疫性疾病，患者遍及海内外。其中以"解毒祛瘀滋阴法"治疗系统性红斑狼疮（SLE）尤为突出，既能提高临床疗效，又能明显减轻激素、免疫抑制剂的副作用，有效防治骨质疏松、感染、高脂血症、高血压等并发症。在此基础上，又创新性提出了"二型九证法"诊治SLE，以及针对激素副作用提出了"三位一体激素减副法"，为临床诊治SLE提供了良好的临床范式。先后承担了国家"973计划"项目1项，国家科技部"十五""十一五"重大项目各1项、国家自然科学基金课题等省部级以上课题10余项。在国内外刊物上发表学术论文60余篇，出版著作10余种，获国家科技进步奖二等奖1项，浙江省科学技术奖一等奖、二等奖各1项，国家教学成果奖二等奖1项，制订行业标准1项，发明专利5项。主编《金匮要略》《中西医结合临床风湿病学》等教材、著作16种，已培养博士、硕士研究生100余名，大多成为中医风湿病领域的骨干。此外，领衔荣获首届"全国高校黄大年式教师团队"称号。

我的学医缘由

访谈者：您是怎么走上中医之路的？

范永升：1955年，我出生在了钟灵毓秀的金华，属于"生在新中国，长在红旗下"的一代人。这一年正值我国第一个五年计划期间，年轻的共和国百废待兴，国民经济快速复苏，中医药事业开始获得蓬勃发展。中国中医研究院于该年正式成立，浙江中医进修学校、浙江中医学院也相继诞生于这一时期。年幼时，看到年迈的爷爷用仙鹤草治疗腹泻一类疾病，觉得十分新奇，但从未想到自己今后会成为一位悬壶济世的医生。从小我喜静且勤奋，品学兼优，尤其爱好文学。1974年，根据自己的兴趣，我填报了杭州大学的"哲学"与"中文"两个志愿，却意外等来了浙江医科大学的录取通知书，等到杭州报到时又转到了浙江中医学院。"秀才学医，笼中捉鸡"，随着学习的深入，我很快就对中医产生了浓厚的兴趣。那时客观条件差一点，看的书不够多、不够全，但学习的热情很高，一本书总是可以翻来覆去的琢磨、摘抄、记录下来。

那时候学校实践学习的机会很多，有医院见习、上山采药，到外地医院开诊办学等活动我都积极争取。在学医、行医的道路上，我得到许多名师的指点。当年大学时代中医基础的冯鹤鸣、蒋文照，中诊的王惠英，温病的蒋士英，伤寒的邵宝仁，针灸的高镇五、虞孝贞，中药的林乾良，方剂的魏康伯，内科的吴颂康，妇科的宋光济，眼科的马一民，骨伤的沈敦道等老师，这些老师授课时大多带有浓重的方言，但他们都具有丰富的临床经验与学术造诣，给我以不少的指导与帮助。但在学术上对我影响最大的还是国医大师何任、《内经》大家徐荣斋、西医风湿病专家山口雅也和中医风湿病专家陈湘君，得到他们的提携和帮助，进一步提高了我学好中医的信心。

我学习中医的四个历程

访谈者：您学习中医经历了哪几个阶段？

范永升：我学习中医大致经过以下四个历程。

第一历程——国医大师何任的助手

何任教授是浙江中医药大学终身教授，我国首届"国医大师"之一。他对仲景学说有深入的研究，被日本汉方医学界誉为"中国研究《金匮要略》第一人"。1977年夏天，我从浙江中医学院中医专业毕业后留校工作，担任何任先生的学术秘书，由此也开启了我跟随在何任先生左右学习、工作长达30多年的人生旅程。我接受第一件任务是为何任先生整理临床医案。医案整理一般先由我撰写初稿，然后交徐荣斋先生修改，最后由何任先生定稿。在工作中，最难也是最主要的，莫过于撰写"按语"了。既要把何任先生理法方药特色提要钩玄，又要进行理论阐析。为此我阅读了不少方书，除四大经典、中医教材之外，还读过《类证治裁》《临证指南医案》《傅青主女科》《小儿药证直诀》等等。该医案整理后，由浙江科学技术出版社出版，书名为"何任医案选"。在此工作基础上，我发表了《协助整理老中医医案体会》一文，认为一要重视中医基础理论与临床应用相结合，并举例对于湿热型黄疸的治疗，何任先生一般均以茵陈蒿汤加蒲公英、垂盆草、滑石或甘露消毒丹治之，根据湿与热的孰轻孰重分别进行相应增减，收效理想。对于久治不效的黄疸，用五味异功散加当归、白芍、红枣合当归龙荟丸补脾清肝。二要强调辨证论治法则。病是不断发展变化的，尤其是急性传染病更是变幻多端。所以按语对疾病转化之处更需留心，使读者掌握疾病转化要点、疾病发展全过程，从中得到启示。并举眩晕一例，眩晕有风、火、痰、虚的不同，何任先生在施治中分别采用清肝泄热、平肝息风、化痰利湿、滋育肝肾、补养气血的治法，收到较好疗效。三要突出老中医的学术经验。在选方用药上，何任先生具有少而精专和多而不杂的特点，他认为处方用药，要点有二：一曰方证合，二曰方义明。

1985年，何任先生承担了卫生部中医司下达的主编《金匮要略校注》的任务。为此，何任先生首先挑选了几位学术水平较高的中青年骨干教师，我也成为项目研究组成员之一。何任先生派我到北京拜见了中国中医研究院马继兴研究员，并分别从北京大学图书馆、中国中医研究院图书馆等处复印了公元1340年元代仿宋刻本《新编金匮方论》，又称邓珍本，作为底本。复印了明万历二十七年赵开美《仲景全书·金匮要略方论》、明万历二十九年吴勉学《古今医统正脉全书·金匮玉函要略方论》作为主校本，为顺利开展校注工作奠定了基础。对校注工作，何任先生要求各位编委认真、严谨，做到"信、达、雅"。所谓信，指言之有据、言之有理、表达准确；所谓达，指语译要通顺明白；所谓雅，则是在信和达基础上，力求做到文辞简明优雅。为了减少干扰，提高校注工作的质量和进度，何任先生组织项目组先后两次在解放军128医院、117医院的招待所集中工作，每次10天左右，保证了《金匮要略校注》的顺利完成。该项目历时4年，经过全体成员的通力合作，克服了重重困难，取得了不错的成绩。在审稿会上，北京中医学院刘渡舟教授、上海中医学院殷品之教授等专家对该书给予了高度评价。1990年，《金匮要略校注》由人民卫生出版社正式出版。1992年，该项目获国家中医药管理局科技进步奖二等奖。参与这些工作为后来我从事《金匮要略》的教学与科研工作打下了扎实的基础。何任先生具有广博的文史哲知识，思想开放，思维敏捷；同时始终保持"夜卧人静后，晨起鸟啼先"的工作习惯，著述等身，成就斐然，这些对我的人生都产生了及其重要的影响。

第二历程——徐荣斋先生的硕士

1977年，我毕业留校任教。1978年至1981年，在何任教授领衔的古典医籍导师组下我攻读硕士学位，徐荣斋先生是直接指导老师。徐荣斋先生治学严谨，博览群书，勤于著述，崇尚"读书破万卷，下笔如有神"，对中医经典著作特别是《内经》有较精深的研究。三年间，我与徐荣斋先生朝夕相处，得到先生悉心指教。先生孜孜不倦的敬业精神，和气可亲的处世为人，博学强记的扎实功底，一丝不苟的治学态度，都深深影响着我的为人、治学、从医。在徐荣斋先生指导下我学习《内经》，徐先生主张由浅入深，循序渐进，先博后约。例如先读李士材的《内经知要》，以后读薛生白的《医经原旨》、王冰注《黄帝内经素问》等。

在学习《内经》过程中，我采用了四种方法：一是原文注文，边读边想边记，有时连贯读，有时分段读；二是已读懂的篇文，读到成诵；三是不懂的原文，检阅注疏及工具书，从字到句细细读；四是精短的文句，抄且读，并认为读后抄能加强记忆，抄后再读能加深理解。徐荣斋先生讲究在学习《内经》过程中，注意内容的选择。此外，在徐荣斋先生的指导下，我以"治学三境界"的精神认真学习《内经》，其中金元时期的医家刘完素非常重视对《内经》的理论研究，发挥《素问》中"病机十九条"，扩大了其中火热病证的范围，并对其中的运气学说也进行了相应的阐发。学习刘完素的相关著作，我发表了一系列的研究论文，例如《试阐刘完素的舌有窍论》《刘完素火热论的探讨》。当时我对《黄帝内经》和刘完素《素问玄机原病式》中火热论的深入研究，也为我日后承担国家重点基础研究发展计划项目（"973计划"项目）——"上火"的机理与防治研究打下了坚实的基础。此外，我还相继发表了《刘完素燥气论的探讨》《论刘完素的胃阴论》《刘完素对老年病学的贡献》等论文。

徐荣斋先生提倡研究选题应尽量避免雷同，主张独辟蹊径，并以中医"实者虚之，虚者实之"作比喻，使我终身受益。我硕士毕业论文选题是"从《素问玄机原病式》看刘完素对祖国医学的贡献",深入挖掘了刘完素对中风论、胃中润泽论、舌有窍论、老年病学方面的贡献。在徐荣斋先生的指导下,我以《素问玄机原病式》为基础,旁征博引,深入探索,顺利完成了毕业论文,并得到两位知名专家——任应秋和金寿山先生的好评。1984 年,在硕士毕业论文的基础上我出版了《素问玄机原病式新解》一书,在介绍归纳刘完素解读《内经》中"病机十九条"、阐发火热病机的同时,对刘完素所论中风、燥气、舌有窍论、胃阴说、老年病的治疗等方面进行了深入阐述,这对我日后灵活应用清热解毒法治疗系统性红斑狼疮等风湿免疫病打下了坚实的基础。在之后的教学中我进一步研究《内经》相关理论,发表《＜内经＞"治病必求其本"初探》等文章。徐荣斋先生做学问的"实则虚之,虚则实之"的思想一直深深影响着我。

第三历程——山口雅也门下留学

1988—1990 年,我被国家教委派遣至日本国立佐贺医科大学胶原病研究室留学,师从内科学主任山口雅也教授。山口雅也是一位对中国人非常友好的先生,是一位著名的风湿病专家,牵头制定了首个硬皮病分类诊断标准。他先后担任过国立佐贺医科大学内科学主任,佐贺医科大学校长。山口雅也先生工作认真,治学严谨。在他的指导下,我全面深入学习现代医学的实验研究方法和临床研究方法,并进行中西医学的比较分析,先后完成了六味地黄丸治疗系统性红斑狼疮、桂枝茯苓丸抑制硬皮病成纤维细胞胶原蛋白的研究等项目,在日本《内科学》杂志等刊物上发表了 4 篇高质量论文,其中《中草药对硬皮病成纤维细胞胶原生成的抑制作用》一文研究了中国和日本硬皮病患者经常使用的一种中成药——桂枝茯苓丸对成纤维细胞胶原产生的体外影响,证实了桂枝茯苓丸的作用机制。在日本留学期间,对我培养科学精神和严谨的实验思维至关重要,为更好地认识中西医、更好地中西互参打下了坚实基础。因此待我回国后就建立了浙江省首个中医风湿病专科门诊。

第四历程——陈湘君教授的博士

在从事十余年的中医风湿病临床工作之后,我的患者量日益增多,但我仍想在中医风湿病方面进一步提高,于是在 1999 年,攻读了上海中医药大学陈湘君教授的博士。陈湘君(1939—),浙江杭州人,主任医师,上海中医药大学龙华医院终身教授,首届上海市名中医,全国第三、四、五批名老中医药专家学术经验继承工作指导老师，首批上海中医药大学名师研究室指导老师，全国名老中医药专家传承工作室指导老师，全国优秀中医临床人才研修项目上海专家指导组成员，上海龙华医院风湿科创始人之一。

陈湘君教授根据《黄帝内经》中"治病必求于本"等思想提出"治病要直取其本，不为外象所惑，亦不唯舌脉辨证"，提出并确立以扶正法为主治疗风湿病的原则，并根据患者的不同体质、不同的风湿疾病确立相应的治法，形成系列诊疗方案应用于临床。主要包括滋阴清热法治疗系统性红斑狼疮；内服益气温阳、外用祛风活血法治疗类风湿关节炎；益气解毒法治疗多发性肌炎；温肾通督、活血化瘀内外合治治疗强直性脊柱炎；健脾泄浊法治疗痛风性关节炎；酸甘生津法治疗干燥综合征等。陈湘君教授在长期的临床实践中总结认为，扶正法治疗风湿病与现代医学的免疫调节机制不谋而合。她将扶助正气在风湿病中调节免疫功能的作用归纳为三个方面：御邪、驱邪作用，自稳作用，制约作用。

陈湘君教授治痹病求本虚的医学思想和我倡导以滋肾阴为本治疗系统性红斑狼疮的思想不谋而合，同时也进一步完善了解毒祛瘀滋肾法治疗系统性红斑狼疮之理念，在扶正治疗痹证的影响下，确立了以黄芪桂枝五物汤加减益气温阳治疗类风湿关节炎、以金匮肾气丸加减温肾通络治疗强直性脊柱炎、以一贯煎加减滋补肝阴来治疗干燥综合征等治法，使其治疗风湿病的学术思想得到了进一步的提升。

我治疗风湿免疫性疾病的一些体会

访谈者：谈谈您治疗风湿免疫性疾病的经验？

范永升：通过多年的临床实践，我对风湿免疫性疾病的诊疗积累了一些临床经验和体会。根据结缔组织病常见的临床症状，结合辨证论治的临床体会，我提出了清热解毒、凉血散血、养阴生津、祛风通络、温阳散寒等治疗结缔组织病的五大治法。

如红斑狼疮出现面部蝶形红斑、皮肤红斑，以及白塞病出现口腔、眼、生殖器溃疡，并伴舌红苔黄、脉数有力时，证属热毒内蕴，采用清热解毒法治疗。常用方剂有黄连解毒汤、五味消毒饮、甘草泻心汤等。常用药物有黄连、黄芩、黄柏、金银花、大青叶、半枝莲、白花蛇舌草、连翘、蒲公英、升麻、苦参、龙胆草、生甘草等。

结缔组织病有时不仅表现为血热的证候，而且往往伴有不同程度的血瘀见证。如当红斑狼疮出现发热，面部蝶形红斑或四肢皮疹；皮肌炎、混合性结缔组织病出现发热，暗红色皮疹，肌肉关节疼痛；结节性红斑表现为下肢伸侧红肿、硬结、疼痛，并伴有烦躁不安，舌质红绛或舌下静脉瘀曲，脉数时，证属热在血分，血热煎熬成瘀，当用凉血散血法。常用方剂有清营汤、犀角地黄汤等。常用药物有水牛角片、生地黄、赤芍、牡丹皮、当归、桃仁、玄参、丹参、凌霄花、紫草、茜草、积雪草等。

干燥综合征临床多见两目干涩、口舌干燥、大便干结等津亏液少的证候；系统性红斑狼疮患者当泼尼松用量每日减至 20mg 以下的维持量时，常表现面部潮红、脱发、咽干、腰酸、耳鸣、夜寐不安、舌红、少苔等，证属肝肾阴虚。应滋补肝肾、养阴生津为治。常用方剂为六味地黄丸、增液汤、一贯煎等。常用药物有生地黄、麦冬、山萸肉、何首乌、枸杞子、北沙参、石斛、天花粉、蒲公英等。

在各种结缔组织病发病过程中常可出现程度不同的关节疼痛、畏寒怕冷等症状，常用祛风通络法。结缔组织病病程长，病久正虚，故在祛风通络时，应兼顾补益肝肾。常用方剂为独活寄生汤。常用药物有羌活、独活、杜仲、牛膝、秦艽、细辛、防风、桑寄生、威灵仙、豨莶草、乌梢蛇、海桐皮等。

部分结缔组织病如硬皮病、系统性红斑狼疮及干燥综合征等，在深秋和冬春季节，由于寒冷刺激，肢端小动脉痉挛，表现出指端发白、发紫、疼痛等雷诺现象，属阳虚寒凝。当患者同时出现畏寒肢冷、舌淡或暗、苔白、脉沉细或濡时，均可采用温阳散寒法治疗。常用的方剂为当归四逆汤、阳和汤等。常用的药物有鹿角片、麻黄、桂枝、干姜、细辛、川芎、白术、当归、赤芍、红花、黄芪、丹参、鸡血藤等。

结缔组织病的任何一种病在其发病过程中，因其所处的阶段不一，可表现为不同的证型，因而当灵活选用不同的治法。例如当系统性红斑狼疮处在活动期，表现为高热、蝶型红斑、关节疼痛、蛋白尿等，应以清热解毒为主。反之，当其处于稳定期，表现为咽干、体倦、舌红少津时，则应以养阴生津为主。

毫无疑问，当同一患者在某一阶段表现为多种证候时，治疗就应数法合用。如清热解毒合凉血散血、清热解毒与养阴生津并用等等。此外，当数种结缔组织病的患者表现为同一证型，就应采用同一治法。这些均应灵活对待，不可拘泥不变。我善用经方结合后世医家的方剂加减，灵活运用辨证论治的方法治疗各种皮肤病及内科杂病等，也颇具疗效，以此圆机活法，用药灵巧，四两拨千斤，临床常常取得意想不到的效果。

访谈者：您擅长治疗风湿病中的哪一种疾病，有哪些学术经验？

范永升：我擅长治疗系统性红斑狼疮（SLE）。通过多年的临床实践，总结出"热毒血瘀阴虚"是 SLE 发生的基本病机，"解毒祛瘀滋阴法"是治疗 SLE 的基本法则，为此我们筛选出由青蒿、干地黄、炙鳖甲、升麻、白花蛇舌草、积雪草、赤芍、薏苡仁、佛手片、生甘草等组成的解毒祛瘀滋阴方。临床上以解毒祛瘀滋阴方联合糖皮质激素（GC）治疗 SLE，取得了良好的协同作用。临床研究表明，与单用 GC 治疗相比，前者能更显著地改善发热、关节痛、皮损、口腔溃疡、脱发、月经不调等症状，降低抗核抗体（ANA）、抗 ds—DNA 和升高补体 C3、血小板等指标，改善外周血 T 细胞亚群比例和内分泌及性激素免疫调节环路，从而减少 GC 的用量；同时 GC 的减量可以减少感染、骨质疏松、高脂血症等并发症。可见在应用 GC 等西药治疗 SLE 的基础上，并用解毒祛瘀滋阴方可以减少 GC 激素的用量，起到良好的增效减毒的作用。

解毒祛瘀滋阴法主要针对 SLE 热毒血瘀阴虚证候，并不包括所有证型，因而在 SLE 中医诊治中有一定的局限性，于是我们又提出了"二型九证法"。首先参考西医的标准，将 SLE 分为轻重两型，这样有利于对疾病预后的判断。对于重型 SLE 应高度重视，大剂量激素及免疫抑制剂的使用对于挽救患者的生命是极其必要的，在这期间，中药起协同作用，可以减少部分西药的副作用，提高患者的生活质量。对于轻型初发 SLE 患者，预后一般较好，有的完全可单用中药治疗。

在将 SLE 分轻重型的基础上，笔者根据 SLE 临床表现规律，进一步提出了"辨九证论治"。在辨证方面，轻型中以关节疼痛为主要症状的可归为风湿痹证，继而可根据四肢肌肉关节局部有无红肿热痛等以辨其寒痹或热痹等；以白细胞、血小板减少伴体倦为主，可辨为气血亏虚证；以低热、脱发等为主，可辨为阴虚内热证。重型中临床表现为以红斑皮疹、高热为主的，为热毒炽盛证；以心悸为主，检查可见心包积液等，为饮邪凌心证；以胸闷、气喘为主，检查可见间质性肺炎或肺部感染等，为痰瘀阻肺证；以胁部胀滞不舒为主，伴肝功能受损等，为肝郁血瘀证；以四肢水肿为主，伴大量尿蛋白的，为脾肾阳虚证；以眩晕头痛、抽搐为主，合并神经系统损害的，为风痰内动证。

治疗方面也分不同证型采用不同方药。

轻型：①风湿痹痛证。风寒湿痹证一般可用桂枝附子汤或独活寄生汤加减治疗；风湿热痹治宜祛风化湿、清热通络，可用白虎加桂枝汤。②气血亏虚证。治宜益气养血，代表方剂归脾汤。③阴虚内热证。治宜滋阴清热、解毒祛痰，代表方剂青蒿鳖甲汤。

重型：①热毒炽盛证。治宜清热解毒、凉血消斑，代表方剂犀角地黄汤。②饮邪凌心证。治宜利水宁心、益气行血，代表方剂木防己汤合丹参饮。③痰瘀阻肺证。治宜宣肺化痰、祛瘀平喘，代表方剂麻杏石甘汤合千金苇茎汤。④肝郁血瘀证。治宜疏肝解郁、活血化瘀，代表方剂茵陈蒿汤合四逆散。⑤脾肾阳虚证。治宜温肾健脾、化气行水，代表方剂真武汤合金匮肾气丸。⑥风痰内动证。治宜涤痰息风、开窍通络，代表方剂天麻钩藤饮合止痉散。

针对糖皮质激素副作用，我们又提出了"三维一体"理论，即以辨证论治为基础，结合糖皮质激素不同剂量阶段及不同副作用分别进行治疗。

激素大剂量阶段：患者往往兼见烦躁易怒、面色潮红、口渴、舌红脉数等症，治以清营凉血、滋阴降火法，方用犀角地黄汤等加减，药选水牛角、生地黄、赤芍、牡丹皮、石膏、知母等。

激素减量阶段：患者往往兼见口干心烦、自汗盗汗、舌红少津、脉细数等阴虚内热或气阴两虚症，治以滋阴清热、益气养阴法，方用二至丸合大补阴丸或杞菊地黄汤等加减，药选女贞子、墨旱莲、熟地黄、山药、枸杞子、白菊花、知母、黄柏、龟甲等。

维持量阶段：患者往往兼见神疲乏力、面色无华、畏寒肢冷、纳少便溏、舌淡苔白等症，治以健脾温肾、益气养血法，方用真武汤、归脾汤等加减，药选制附子、白术、茯苓、干姜、白芍、党参、黄芪、当归、炙甘草等。

针对激素副作用的不同临床表现我们也制订了相应的对症治疗方案：如呼吸道感染则加麻黄、杏仁、石膏、鱼腥草、芦根等；泌尿系感染则加白茅根、车前草、小蓟、半枝莲等；消化性溃疡则以柔肝和胃、制酸止痛为主，常选用炒白芍、炙甘草、炒海螵蛸、佛手等药物；继发骨质疏松及股骨头坏死时，则以补肾活血、舒筋通络为主，常选用补骨脂、骨碎补、杜仲、当归等药物；继发高血糖时，则以滋阴解毒为主，常先用天花粉、石斛、葛根、怀山药等药物；继发高凝状态时，则以活血祛瘀为主，常选用丹参、莪术、桃仁、赤芍等药物；出现库欣综合征时，则以益气养阴、清热利湿为主，常选用太子参、麦冬、黄柏、猪苓等药物；出现兴奋失眠时，则以养血安神、镇静安神为主，常选用炒酸枣仁、首乌藤（夜交藤）、柏子仁、淮小麦等药物。

优秀中医应当具备的素质

访谈者：您认为优秀中医应当具备哪些素质？

范永升：我认为要做一个优秀的中医，应具备深厚的中医理论功底，勤于学习与探索，重视传承与创新，诊疗技术精益求精。业精于勤而荒于嬉，勤奋是取得事业成功的基础。精诚所至，金石为开。"诚"一方面指做人要真诚，另一方面是指在学习和工作上要实事求是。我十分崇尚真诚的态度、严谨的作风，反对浮而不实的习气。我经常以《吴医汇讲·书方宜人共识说》中"字期清爽，药期共识"提醒学生，并且引导研究生树立正确的人生观、世界观和价值观，培养良好的品行与严谨的学风。"纸上得来终觉浅，绝知此事要躬行。"中医是实践的医学，需要理论与实践相结合，因此早实践、早临床、学以致用是提高临床水平的不二选择。我们要坚持以中医经典理论为指导，学习传承历代名医临床经验，注重应用中医创新理论指导临床实践，从而不断提高临床诊疗水平。

我对传承老中医经验的体会

访谈者：您对传承老中医经验有哪些体会？

范永升：古为今用，根深方可叶茂；西为中用，老干再发新芽。盛世修书，亘古不变。在现代医学迅速发展的今天，中医药依然能够屹立于世界医学之林，一方面因其自身蕴含着巨大的宝藏，另一方面更得益于历代中医名家大家学术经验的传承与发展。名中医学术经验与其临证专长，是他们几十年如一日的精华萃取，其临床经验、精辟之论、精深之理，弥足珍贵。为了将这些宝贵资料和学术经验传承下去，惠及当代及后学，要做到四心。

1. 保持恒心

学高为师，术业专攻背后的关键在于积江河以成海，积跬步以致千里。我经常与学生们讲述，明代张介宾耗时 30 年编成《类经》的例子。一项项的研究成果得以呈现，其背后都是无数工作者经历了漫长岁月的积累，以及辛勤付出。"只有对一件事情专一，才有成果。"以我自身为例，在青年教师年代，编写《金匮文摘》，需要对数千张文稿进行分类，炎炎夏日，为避免稿纸被吹乱，便将自己关在教研室内，既不开门窗，也不用电风扇，汗流浃背，奋战多日，终于把分类工作做好。《金匮文摘》编成后得到了南京中医药大学孟景春等老一辈专家的充分肯定。传承名老中医经验需要漫长的岁月积累，我们必须具备滴水穿石之心，方能成授业解惑之师。

2. 坚守诚心

浙江中医药大学老校长、首届国医大师何任教授所用的个人图章上面，赫然刻着四个字——"心诚行正"。何老先生时刻用这四个字激励自己，我也时常以此勉励自己。心诚，是大医精诚，做好学问；行正，是一个医生对自己的基本要求。学习中医的过程需心静，力戒浮躁之气、浮夸之风、急功近利，坚持"道路自信、理论自信、制度自信、文化自信"四个自信，坚守正确的三观。

3. 独具匠心

匠心以恒心为基础，更加细心巧妙有创意。匠心讲求五个基本原则和方法：鼓励为主，循序渐进；启发思维，形象生动；耐心细致，润物无声；吸收网上答疑、微信交流等现代教育技术；坚持创新超越的理念。利用自己的匠心，巧设妙意，以此为自己医学事业的进步做出贡献，是最值得骄傲的事情。

4. 不忘初心

初心让人们明确目标和使命，让人们产生动力和责任。习近平总书记在瞻仰中共一大会址时就表示，"我们走得再远都不能忘记来时的路"。我们要坚持立足于发挥中医特色，积极探索中医、中西医结合诊治风湿免疫疾病，重视中医经典理论在临床实际的应用。不忘初心，牢记使命，砥砺奋进，争做新时代优秀中医师。

我们鼓励中医药界的同道站在国家中医药事业发展的全局思考问题，提出建议。同时，我们更加倡导埋头实干的务实作风。道经千载更光辉,我国的中医药事业正处在天时、地利、人和的最好时期,但是,中医药在医疗工作、科学研究、人才培养、中药产业化等方面多元发展的任务依然十分艰巨,我们更需要认真严谨的科学精神,埋头苦干的务实作风。屠呦呦研究员孜孜不倦、锲而不舍专注青蒿素研究四十余年,为中医人作出了榜样。只要我们站在国家中医药事业发展的高度,在各自岗位上,脚踏实地,不尚空谈,勤奋工作,形成合力,未来的中医药事业一定会更加灿烂辉煌!

（范永升全国名中医传承工作室　李正富、孙旗策整理）

第十五章　林兰

　　林兰（1938—），女，全国名中医，首都国医名师，中国中医科学院首席研究员，博士生导师，主任医师。第四、第六批全国老中医药专家学术经验继承工作指导老师，国家有突出贡献的专家，享受国务院政府特殊津贴。先后承担国家"九五""十五""十一五"攻关课题、科技部新药创制专项、国家自然科学基金、国家中医药管理局课题等10余项。先后研制了"降糖甲片""渴乐宁胶囊""芪蛭降糖胶囊""渴络欣胶囊"等中药新药制剂，均获得新药证书，其中"渴乐宁胶囊""芪蛭降糖胶囊"进入国家医保目录，为国家保护产品。"糖心平胶囊""甲亢宁胶囊""芪蛭降糖胶囊""渴络欣胶囊"等四项成果获得国家发明专利。先后在国家级专业核心期刊发表文章100余篇。出版学术著作8部、专著3部。创立"糖尿病三型辨证"理论，于1986年被国家卫生部药品监督局纳入《新药（中药）糖尿病（消渴病）临床研究指导原则》，该原则经多次修改，依然保持三型辨证理论并得到医疗、科研、新药研制等同行专家广泛认可和引用，沿用至今。

学医缘由

访谈者：您是怎么走上中医之路的？

林兰：1957 年，我参加高考，当年全国招生名额为 10.7 万，这个数字我一辈子都忘不掉，在这 10.7 万的名额中，还有一部分是上一届毕业生留级后所占的名额，大概有 1 万多名额。因此，我们这一届实际上只有 9 万多名额，竞争异常激烈。我原本想自己虽然在重点中学念书，但自己的学校并不是大城市的重点学校，自己也不是特别拔尖的学生，所以打算报考一些边缘的、没人报考的大学，比如地质大学；但父亲认为我是个女孩子，又瘦又小，不适合从事地质相关的工作，又考虑到自己身体不好，便想让我报考医学院，以后成为一名医生。我依照父亲的愿望，准备报考新疆医学院。这时，我的班主任告诉我："你不能那么悲观，从你的实力来说，你应该去报考更好的大学。"我听了老师的鼓励后，就决定认真报考志愿，不再悲观。在当时可以报考 12 个志愿，我首先报考了上海医学院，因为在我的心目中，上海医学院是最厉害的；第二志愿为上海中医学院，第三为浙江医学院，第四为山东的齐鲁大学，第五为湘雅医学院……几乎所有的志愿都与医学相关。那一年，我们那一届学生考上大学的大概有 20 多个人，录取率并不高，我最终被上海中医学院录取了，于 1957 年 9 月进入上海中医学院学习，走上了学医之路。

学习经历

访谈者：谈谈您的学习经历？

林兰：我就读的上海中医学院（现更名为上海中医药大学）为 1956 年成立的四大中医学院之一，另外 3 所学校是北京中医学院、广州中医学院和成都中医学院，我们学校学制为 6 年，比其他的中医学院多一年。我们学校比较特殊，当时学中医的时候是六四开，百分之六十是中医内容，百分之四十是西医知识。我们学校对我们的西医基础要求很严格，当时上课所用的西医教材与上海医学院的教材是一样的。我记得有一次考生物，从早上 8 点钟一直考到下午 2 点钟，都还没有人交卷，因为内容非常多，几乎要把一本书背下来。上海中医学院希望把我们培养成能文能武的人才，中医理论要精，西医基础要有，这样子就无形之中奠定了我们良好的西医基础。我记得我最开始胆子特别小，但是为了把《人体解剖学》学好，就半夜去练习解剖尸体。通过学校的这些措施和严格要求，我们的西医基础都比较扎实。我还记得我们同学在上海医学院华山医院实习的时候，病历写的是最好的，因此我认为我的母校当时培养我们的政策非常好，这个政策培养了一批人才，我觉得非常自豪。

在上海中医学院就读期间，当时的校长为程门雪，多位中医大家均参与学校的教学计划，如黄文东、张伯臾、陆瘦燕、张伯讷等，他们为广大的年轻学子讲授知识，传承中医精华，我就是在这样的氛围中逐渐喜欢上了学习中医。我最初开始学习中医时，首先接触到的就是中医基础理论，里面的阴阳五行让人摸不着头脑，总觉得这些是江湖术士、云游四海的算命先生学习的东西，恰好在我入学的第二年，以前高中的同学考到上海交通大学继续学习，我非常羡慕，因为我喜欢数理化，但慢慢在学习的过程中，在聆听多位中医大家的讲课过程中，我逐渐喜欢上了学习中医，我发现原来中医蕴含着哲学，对人体的病因分析非常透彻，中医博大精深，非常耐人寻味，值得我们细细钻研、品味。

工作经历

访谈者：谈谈您的工作经历吧？

林兰：1963 年，我来到了中国中医研究院广安门医院。原本毕业后打算在距离家较近的杭州工作，因为此时我的父母年事已高，且父亲身体情况逐渐恶化，但谁知学校的分配方案出来后，我竟然被分配到了北京工作，此时此刻，我的心里五味杂陈，一个从穷山沟走出来的小女孩，能够进入高等学府进行深造，得益于党和国家的支持和帮助，但"父母在，不远游"，我也想留在家人身边以尽孝道。经过慎重考虑后，我觉得在国家大义面前应该舍小家为大家，因此服从了学校的分配，来到了北京工作。

当时的我只是一个小医生，还未真正接触过临床，但非常幸运的是，有一位医生手把手带着我，教我临床知识，他就是我的老主任，叫张鸿恩。他性格特别好，对人也特别好，张主任的一言一行，深深影响了我，他是我行医路上的楷模，是我的先导，我的领路人。当时的广安门医院只有 300 多张病床，我常常像跟屁虫一样跟着老主任学习。我至今都记得一件事情，当时有一位心梗的患者来广安门医院就诊，但是在来之前，曾就诊于北京宣武医院，不知为何，患者家属和宣武医院发生了矛盾，后家属用担架将患者抬到了广安门医院就诊。当时患者过来听诊时心音都微弱了，我和主任、护士3个人，整整72个小时，都在抢救患者，守着患者，虽然这个人最终没有救过来，但家属感激的不得了，向我们磕头感谢。我在抢救患者的过程中学到了不少东西，但更多的是学到了老主任治病救人的精神，所以老主任干什么，我就干什么。

1975年5月，我接受北京中医学院的派遣到河北涿州搞"出门办学"活动，进行了为期一年的临床教学，主要向基层的医生们讲课，我当时负责讲授微生物学。学生放假后，我就进入了河北省涿州第四人民医院继续学习。因为这是一个传染病医院，同行的人员纷纷打了退堂鼓，但我仍然坚持待在病房。我非常感恩那段在传染病病房的日子，那一年我学到了不少的东西，做腰穿，做心包穿刺，抽胸腔积液、腹水，我都学会了，后来回到广安门医院，遇到这些临床操作，我都不怕，也敢动手去做，因为我在传染病医院已经做了非常多这样的操作。也是在那个医院，让我真正认识到中医药的伟大，我们应该将中医药学发扬光大。

我还记得那是一位乙型脑炎的患者，高热持续不退，长期保持在39℃以上，使用了多种抗生素，高热仍然持续不降，甚至有逐渐升高的趋势，患者家属急得团团转，找到我说："你不是中医吗，你能给我们开点中药吗？"我思虑再三，决定使用中药来救治患者。我先征求了主管的意见，经同意后根据患者的症状和脉象开出了方子。当时我看到患者大热、大汗、大热、大渴，脉象表现为洪大脉，这不就是典型的白虎汤证吗？于是我就给患者用的白虎汤，石膏、知母清热除烦，甘草、粳米安中养正，吃完第二天，患者体温下降到38.2℃，本来他们都打算去北京了，结果体温下来了；后来我根据患者情况，用卫气营血辨证，我注意到患者身上出现紫斑了，这表示患者病情已经深入营血分了，就在犀角地黄汤的基础上加银翘、金银花，意在清营凉血的基础上透表，清解气分热气，后来患者体温就完全正常了，经过调治，顺利出院。当时我就觉得中医理论特别好，真的是博大精深，要好好学习，这是我第一例用中医方法治疗危重急症成功的案例，给了我很大的激励。我在传染病医院的一年，开拓了我的视野，使我积累了丰富的临床经验，虽然传染病很危险，但总的来说于我是有收获的，感觉非常值得。

1976年5月，我完成"出门办学"任务，回到了广安门医院，继续在大内科工作。当时并未具体分科，大内科里有心血管疾病组、呼吸疾病组等，我主要从事心血管相关专业，因此在不久后被选派进入北京宣武医院心血管内科参加科研协作任务。此任务的主要内容为观察在西医常规治疗的基础上，使用"抗心梗合剂"治疗急性心肌梗死的情况。"抗心梗合剂"是由广安门医院、西苑医院、东直门医院共同拟定，并以合作的名义进行研究，但西苑医院及东直门医院因为种种原因慢慢放弃了，只有广安门医院还在坚持进行这项科研工作。在这项研究过程中，我发现宣武医院的医生只给病情比较轻的患者使用"抗心梗合剂"，对于危重患者却未使用，我觉得这样做会影响"抗心梗合剂"的真实有效率，便提出要求必须给所有的患者使用"抗心梗合剂"，病情轻的患者可以使用口服制剂，病情严重者可使用针剂注射液治疗。接下来，我为避免自己的主观偏倚，请宣武医院的大夫自己决定是否使用西药或者是"抗心梗合剂"针剂治疗，然后，我在不知道患者具体使用何种药物的情况下，对患者进行观察。经过我仔细慎重的观察后，我发现"抗心梗合剂"可以预防和降低急性心肌梗死患者合并心源性休克、心律失常及急性左心衰竭这三大并发症的发生率及病死率，最后观察了 208 例急性心梗患者，并撰写了"以抗心梗合剂为主中西医结合治疗急性心肌梗塞 208 例的研究"一文，并获得北京市卫生局和卫生部科研成果奖。

在观察过程中，我发现急性心肌梗死的患者舌苔特别有规律。患者刚来就诊的时候，舌苔是薄苔，若突然出现灰黑苔，肯定会出现心源性休克、心律失常、急性左心衰竭这三大并发症之一。如果从薄白苔变为厚腻苔，就是我们中医说的邪正相争，邪正相持的状态，接下来若舌苔慢慢从厚的再变成薄的了，那病情就趋向好转，这就是邪正相争，正胜邪退。我又根据这些观察到的内容，进行整理总结，撰写了《74 例急性心肌梗塞的中医辨证》一文，于1976 年在北京心血管学术年会上进行了汇报，得到了有关方面的关注，并于1977 年初刊登在《心血管疾病杂志》上。除此之外，我还观察到心梗的患者血糖都高，而且高很多，由此就发现了心血管疾病和糖尿病的关系。

1978 年 6 月，我开始了在协和医院内分泌科进修之旅，由于自己的中医身份，被科室的西医大夫所排斥，又因为我来进修的目的主要是学习糖尿病相关知识，便只允许我接触糖尿病相关病例，其他疾病不允许我接触。我当时并没有内分泌疾病的基础，我发现协和医院内分泌科给住院患者开设了专门的课堂，主要讲述如何饮食、如何运动，以及药量、胰岛素用量的问题，让患者自己学会控制血糖。因此只要有空闲时间，我就出现在患者的课堂中和患者交流，比如自己的血糖怎么调、胰岛素怎么打、吃饭怎么吃等问题。我认为在什么时候都要放下架子，向患者学习，像什么药效果好、什么药降低血糖，这都是我从患者身上学到的，患者怎么调胰岛素、怎么调药，他们自己都很清楚。在最开始的半年里，我全心全意认真工作，努力从患者身上及科室医生身上学习相关专业知识，这些努力没有白费，内分泌科的科主任池芝盛将这一切看在了眼里，他认为我做事认真、勤奋刻苦、有钻研精神，便让我去了病房直接管患者。

　　刚刚进入病房时，我除了糖尿病相关知识外，对内分泌疾病一窍不通，就连一个关于库欣综合征的病历，也写了好几遍，但我不气馁，请上级医师反复修改，我再誊写，如此反复了5遍，终于将这份病历写好了。池主任查房非常严格，随时提问，但我在病房期间，将患者的化验指标、病情、用药等情况背的滚瓜烂熟，了然于心，因此，池主任在查房期间提的问题没有难倒我。在北京协和这样一个全国最强的三甲医院里，往往汇集了大量的疑难病例，但科室的其他大夫都觉得疑难危重患者病情棘手，治疗起来要颇费一番功夫，便不太愿意接受，我就将那些疑难的患者收在自己名下，并不觉得苦或者累，只觉得这是来之不易的成长学习机会，我认为只有经过磨练才能让自己更快成长。本来进修一年就结束该回去了，池芝盛主任又将我送去了实验室学习内分泌科研相关知识，于是，我又在协和医院进修一年。在这一年里，我的科研相关能力得到了飞速提升，也为日后在广安门医院建立内分泌实验室打下了牢固的基础。在协和医院的那2年多，我每天早上6点多出发去医院，晚上十一二点才能回家，几乎没有见过太阳，现在回想起来，真的是非常辛苦。但是在协和医院进修的两年里，我见到了多种多样的内分泌疾病，这是使我终生受益的一段经历。通过系统学习，我掌握了内分泌学科的知识并对此产生了浓厚的兴趣，对内分泌科的疾病基本能够处理，能给患者做出初步的诊断，指点其应该去哪里看病，避免患者走弯路，同时也消除了西医对中医的偏见。

"三型辨证"诊治糖尿病的理论体系及临床经验

访谈者：谈谈您的"三型辨证"诊治糖尿病的理论体系及临床经验？

林兰：1980年11月，我回到了广安门医院内分泌科，继续进行"糖尿病中医证治研究"的课题，因为20世纪70年代的中国糖尿病发病率很低，不到1%，到了80年代初期，城市中糖尿病发病率在1%～1.2%，农村糖尿病发病率占 0.4% 多。但是此时对于糖尿病的认知并不丰富，我为了弄清楚糖尿病的实质到底是什么？这个疾病有什么样的症状？如何将现代医学与中医的消渴病结合？是如何辨证的？带着这样的疑问开始了研究。

为了明确糖尿病的症状与证型的关系，我以阴、阳、表、里、寒、热、虚、实八纲辨证为纲，脏腑辨证为目，进行了系统的宏观辨证和微观检测。

首先，制作了一张中医观察表，将前来就诊的患者具体症状记录下来，并同时记录患者的性别、年龄、病程、职业等信息，总共统计了 328 例糖尿病患者，由此我发现了糖尿病患者往往出现热盛、气虚、阴虚、阳虚这四大证候群，并且发现糖尿病患者临床表现往往以两种或两种以上证候互相参见，其中阴虚证兼有热盛证共 39 例，占 11.89%；阴虚证兼气虚证共 251 例，占 76.52%；阴虚证兼阳虚证共 38 例，占 11.59%，部分证候中兼夹瘀血痰湿。根据此结果，诞生了糖尿病的三型辨证分类法——阴虚热盛型、气阴两虚型及阴阳两虚型，其中阴虚证型在三型中均有，因此，我认为阴虚贯穿糖尿病的始终。

接着，我准备给糖尿病患者做胰岛功能测定，其中包含了胰岛素、C 肽、胰高血糖素及糖耐量的检测，最开始只有 17 个人来检测，后来每个月都有几百人。因为人手不够，我培养了一个技术员，专门负责扎针、检测。由于这项检查需要抽 4 次血，许多患者不理解，于是我就站在讲台上，给患者讲课，主要内容是为什么要测这些指标，这些指标有什么意义，糖尿病患者应该如何饮食，如何运动。每一次讲完课，患者都围着我问长问短，每周都是如此，没想到，这一讲就是 20 多年。

在研究期间，只要出现糖尿病相关的新理论知识，我总会思考是否合理，是否可以经过实验验证？当时我觉得糖尿病是一个免疫性疾病，所以测了血液的免疫指标，比如 IgG、IgA、IgM，我当时测了很多次，然后取均值来检验，这样可以减少误差，但当时没有计算机呀，不像现在，你们用电脑软件很快就能把数据处理完，当时我只能用计算器来算，我妈妈会打算盘，所以每天下班后回去，和我妈妈一起计算，常常忙到夜里一两点钟。不过，我妈也很高兴能帮我做这些事情，我们两个一起计算，符合了就 OK，如果不是你高了，就是我高了，这个数字就不可取，然后还要做 P 值，经常通不过，去掉一个最高分，去掉一个最低分，反复计算，当时选了好几百例来进行计算，整整算了 3 个月，结果才计算出来。后来我还想探讨维生素与糖尿病之间的关系，但最后结果显示没有相关性，我就把这个指标舍弃掉了。虽然感觉很可惜，但是我认为作为一个医生，就应该实事求是，得出任何的数据，首先要自己信任，旁人信任，实践证明，这个才可以用于临床。如果连我自己都不相信，这个东西是不能用的，因此我的三型辨证，我是非常有底气的，我是通过很多的数据得出来的。比如说阴虚热盛型就是以阳为主，阴阳两虚型就是以阴为主，为什么这么说呢？因为甲状腺是代谢性器官，我测定甲状腺功能，发现阴虚热盛型的患者它甲状腺功能显示正常，气阴两虚型就有 75% 甲状腺功能正常，25% 甲状腺功能低下，阴阳两虚型只有 20% 多的甲状腺功能是正常的，其他都是低的，也叫低 T3 综合征。同时上海邝教授认为 cAMP 代表阳、cGMP 代表阴，这两个指标他研究了一辈子，我就借用他的这个理论，翻了好多的书，最后的测定结果发现阴虚热盛型就是 cAMP 高，以阳为主，气阴两虚和阴阳两虚按照梯度下降，也佐证了我的三型辨证。除此之外，我还测了血栓素、血管紧张素等等指标，这些指标到现在都在用。

我采用中西医结合的方法治疗糖尿病，中药没有说哪一味中药可以降糖的，但中医的精华在于辨证论治，所以我们讲作为一个医生应该要辨病和辨证相结合起来。我开中药的时候是辨证，开西药的时候辨病。有的医生发现患者血糖高了，就用降糖药、胰岛素这些来降低血糖，那怎么合理应用胰岛素呢？我看有的医生的确用的不是很合理。我记得很久以前有一位患者，我印象挺深的，这个患者是沈阳的一个局长，当时"文化大革命"的时候他被分配到乡下劳动去了，后来他官复原职了，但是心灵上受到了一些影响。他来我这里看病的时候已经确诊是 2 型糖尿病了，血糖居高不下。开始他使用的是优降糖，优降糖就是格列本脲，是一种磺脲类的药，中长效促泌剂，这个药的作用是很强的，患者一天 3 次，一次 1 片，血糖还那么高，差不多 230mg/dL，于是就开始改用短效胰岛素治疗了。开始三餐前都是 10 个单位，逐渐加到 20 个单位，再后来就是 30 个单位，血糖越来越高，患者越来越倦怠乏力，就到我这里来就诊了。我详细询问了病史及治疗方案，还有患者的饮食运动情况，然后就将患者收住入院了。我告诉患者，先把胰岛素停掉，然后要吃够两顿饭，早上 1 两半主食、中午 2 两半主食要保证，再予以患者优降糖，早晚各半片。我再根据患者的脉证，辨证施治，开了 7 天的中药，同时服用，患者的血糖很快就降下来了。2 个星期后，患者就出院了，出院的时候优降糖每天只吃 1 次，一次吃半片，血糖波动在 130～150mg/dL。那么，血糖下来是中药降下来的呢？还是西药降下来的呢？这个时候我就有体会了，半片西药就能解决血糖的问题，我再用中药来治疗他各方面的症状，比如焦虑、乏力等，这些症状解除了，患者身体舒适、心态好了，自然血糖就降下去了，说明中西药同时应用，具有协同作用，可以增强降糖的力度。

还有一个例子，就是 1994 年的时候，我接受外交部的派遣，飞到韩国给当时的韩国议长看病。这位议长 60 多岁，2 型糖尿病已经很多年了，极度消瘦，夜尿频数，差不多半个小时就要排尿一次，严重影响睡眠，控制血糖的手段就是单纯打胰岛素，每天早上 28 个单位，空腹血糖 320mg/dL，非常高。我第一次就在这个议长的办公室为他诊病，他一见我就对我提了三个要求：第一是不打胰岛素；第二是要减少夜尿，保证睡眠；第三是体重要增加。我告诉议长说："我努力试试看，但不能保证能达到要求。"谁知道那位韩国议长却说："我今天就相信你了，就你跟我说了实话，以前别的医生都跟我说能治好，但是都没有改善。"然后我就看了他的治疗方案，发现他注射的均为长效胰岛素，应该出现过低血糖后的反跳性高血糖，而且高血糖有利尿的作用，所以患者夜尿频数，不得安眠。于是，我就告诉他如何合理进行饮食和运动，然后在这个基础上，晚上再加 4 个单位的胰岛素。议长一听我的治疗方案就急了，对我说："我让你减胰岛素，你还给我增加了，又让我运动，又不让我吃东西，这怎么能行。"我告诉他治病是要讲究策略的，有进才能有退，不进怎么退呢？议长就不说话了，按照我的要求去做了。其实，我晚上加的 4 个单位的胰岛素是为了判断他是真正的血糖高，还是低血糖引起的反跳性高血糖。3 天以后，根据他监测的血糖数值，我确定了我的猜想，就是因为胰岛素用量过多引起的反跳性高血糖，这样就把早上的 28 个单位的胰岛素减到了 18 个单位。再三天过后，又将早上的胰岛素减到了 8 个单位。不到一个礼拜，总共减了 20 个单位的胰岛素，血糖从 320mg/dL 降到 170mg/dL，再降到 150mg/dL。最后我离开的时候，他体重增加了 3kg，夜尿从半小时一次变成了一晚上 3～4 次，降糖方案是胰岛素早上 8 个单位，晚上 4 个单位，每天再加上一片优降糖，以及口服中药。我讲这些事例就是想说明，中药和西药能够产生协同作用，增强降糖的力度，所以我们要懂得使用西药的道理，然后再根据患者的症状来开中药，中西医结合共同治疗，才能最大限度控制血糖，改善患者症状，延缓并发症的发生，提高患者的生活质量和生活满意度。

优秀中医应该具备的素质

访谈者：您认为优秀中医应该具备哪些素质？

林兰：我认为医生是人类健康的保卫者，我们应该有一颗同情的心来面对患者。因为患者生病后本来就很痛苦，所以我们应该全心全意为患者着想，急患者之所急，想患者之所想。患者过来看病，你不能敷衍了事。我觉得医生如果对患者不负责任，那就是犯罪。我这么说，是因为在我临床观察中，发现来就诊的患者有很多思想顾虑，尤其是糖尿病的患者。现在糖尿病的发病率这么高，糖尿病的患者越来越多，在这么一个大的患者群体中，有百分之七十都存在抑郁的情况。有人问，为什么会抑郁呢？因为糖尿病患者面临着各种限制，这也不能吃，那也不能吃，更主要的是糖尿病所带来的种种并发症，这些并发症会缩短寿命，降低患者的生活质量，因此患者经常出现心情抑郁、心理负担重的情况。他们本身就很痛苦，所以我在面对这些患者的时候，只要是我能做到的，我都会尽量去帮助他们减轻痛苦。

我一直坚持一个理念——"急患者之所急，想患者之所想"，但是做一名优秀的中医不仅需要高尚的医德，精湛的医术也是必不可少的。我们中医大夫需要德才兼备，以德为先。我常常在思考如何全面有效地治疗糖尿病的患者，后来编了一套生活方式的干预措施，比如如何吃饭、如何运动，这是治疗糖尿病的基础，我将这些内容都讲给患者听。有的患者对待糖尿病破罐子破摔，不重视、不治疗，有的患者又紧张的要命，常常处于焦虑抑郁的状态，这两种方式都是不可取的，如何引导患者正确对待疾病也是非常重要的。

另外，在如今的大环境下，要想真正将中医药事业发扬光大，就必须传承精华，守正创新。作为一名中医大夫，我在行医的近60年里感触颇深。中医学是一个伟大的宝库，这个宝库里有很多很多的精华，所以说中医在5000多年的历史长河中，为人类的健康做出了卓越的贡献。中医的的确确，很宝贵、很有疗效的。但世界在往前走，科学在发展，我们不能完全停留在2000多年前，中医和西医从来都不是对立面，我们用现代医学的科学来装点充实我们的中医，有什么不可以的呢？在治疗疾病的时候，我多采用以中医为主、中西医并重的观念，运用西医辨病、中医辨证的方式来治疗疾病。今天来一个患者，我把他看好了，为什么看好了？从中医我能说出一套理论，我采用望闻问切、四诊合参的方法，进行辨证论治，不离中医的本色，但是我还要用现代医学去解释这个疾病，从而指导我治疗。比如说一位患者患糖尿病，中医学叫消渴，可以分为上、中、下三消，口渴多饮为上消，消谷善饥为中消，小便频数为下消。那么消渴是否就是糖尿病呢？严格来讲，消渴的概念有两种，一个是广义的，一个是狭义的。广义的消渴就是三消，那么如果一个患者，出现了血糖升高的情况，表现为三消的某些症状，但检查后排除了糖尿病，诊断为库欣综合征；再比如尿崩症的患者，口渴、小便多；甲亢的患者，消谷善饥、怕热等等，这些疾病都能出现三消的症状，但是并不是糖尿病。所以讲，我们就要用现代医学手段来辨明患者所患何种疾病，否则没有现代医学的帮助，就容易造成误诊、漏诊，甚至引发严重的医疗事故。因此，看病的时候就应该使用中医的理论，望闻问切四诊合参，辨证论治。诊断的时候就应该使用现代医学的方法，准确判断出患者的疾病，不能含含糊糊，这也是一个好的中医大夫应该具备的素质与条件。

我对传承名老中医经验的体会

访谈者：谈谈您对传承名老中医经验的体会？

林兰：我从 1982 年开始有资格带研究生，到现在我的学生大概有七八十人了，包括硕士、博士、博士后、传承弟子等等。我对于自己学生的要求是勤奋、努力、上进，对于在自己身边学习的学生，我希望所有人都能认认真真在这有限的 3 年里系统化地学到内分泌的知识。我认为师承教育的模式非常好，让传承的弟子跟随导师上门诊，言传身教、潜移默化地影响着弟子，可以最大限度地传承。另一方面，我认为统招的硕士、博士研究生非常优秀，有一定的素养，能通过层层的选拔考试来到这里念书的孩子，都是百里挑一的，都是非常优秀的人才。我对我的学生，基本上都挺满意的，但是也有个别不努力的。我对我的学生，严厉又不严厉，严厉是希望学生在这有限的 3 年当中学到东西，不严厉是我不会训斥我的学生。我主要是希望学生认认真真，勤奋努力。当然，如果学生不努力，我也不能拿大棍子打他们，但是如果学生在学习中非常主动，那我是很开心，很为他骄傲的。

我的学生倪青，就非常主动，非常努力。他那一年刚来读我的研究生，当时我有一个关于甲亢宁胶囊的国家课题，他刚来念书没多长时间，我都没想到他竟然将使用甲亢宁胶囊治疗前后的对比情况都总结起来交给我了，让我非常惊讶，这对我申报甲亢宁胶囊新药研发项目增添了许多的助力。他真的是非常主动去学习、钻研。后来，我就将糖微康胶囊的课题交给他继续研究，他在培养肾脏细胞的时候，经常通宵达旦，找自己的师姐帮忙尽快完成这项工作，最后这个课题做的非常好。所以你们都应该向倪青学习，他做这些工作一个是动作快，完成的质量高，另一个是非常的主动。总体来说，我觉得勤奋、努力、上进、主动是传承名老中医学术经验不可或缺的条件，只有做到这些，才有可能学习到名老中医经验的精华部分。

> 　　一晃眼，我已经80多岁了，借此机会，我有几句话想赠送后学，"世界是属于我的，更是属于你们的，希望广大的年轻学子们努力进取，以中医为主，中西并重，在中医药治疗内分泌疾病的道路上取得丰硕的成果。"

（林兰全国名中医传承工作室　倪青整理）

第十六章　周耀庭

周耀庭（1930—），男，汉族，浙江岱山人，1954年毕业于山东医学院（原齐鲁大学），现任首都医科大学中医药学院教授、主任医师、北京中医药大学博士生导师，首都国医名师，国家级名老中医，第二、三、四批全国老中医药专家学术经验继承工作指导老师。周耀庭教授具有60余年临床经验，以内科、儿科最为擅长，兼治外科、妇科、皮科。50余年温病学教学经历，有丰富的临床经验和较高的中西医理论功底，尤其是在温病学理论方面造诣颇深，擅用中医温病学理论治疗各种热病，疗效卓著。临床擅长呼吸系统、免疫系统、消化系统、泌尿系统疾病的治疗。尤其对于长期发热、咳喘、过敏性紫癜、慢性胃炎、消化性溃疡、腹泻、神经官能症、甲状腺功能亢进或低下、小儿多动症等病的治疗有独到之处。

周耀庭教授主编《周耀庭临证解惑实录》《周耀庭讲小儿温病学》等多部学术著作，发表学术论文40多篇。曾主持及参与多项科研课题，获北京市科学技术进步奖三等奖2项，北京市中医管理局科技成果奖一等奖2项，北京市中医管理局科技成果奖二等奖2项。2020年1月为北京同仁堂中医院抗击新冠疫情提供预防新型冠状病毒肺炎推荐方。

从医之路

访谈者：谈谈您的从医之路？

周耀庭：我学医有一个曲折的道路，一开始是学西医，后来学习中医，大致经历了以下历程。

1. 立志学医

在我年幼的时候，我的母亲很早病逝。她是什么病呢？原来不知道是什么病，进展比较快，好像是阑尾炎穿孔引起腹膜炎反应，整个肚子痛、肚子发硬，现在分析起来就是阑尾炎穿孔引起腹膜炎而死亡的。所以，母亲的死亡对我打击很大，总觉得当地的医疗设施差，当地医生的水平，说实在的非常有限。我母亲的病如果在大城市大医院，我觉得能治好。这对我树立学医的思想、学医的目的起到了很重要的一个推动作用。我一开始学西医，因为当地有几家诊所都是西医，那么找了一家诊所，也像拜师似的，先找了一个西医的医生跟师学习。那么学习的过程当中，因为咱们是一个海岛，舟山海岛是一个比较小的地方，有些信息也比较闭塞，我总觉得岛上的这些医生呢技术水平有限，就是水平有限。我母亲就是急性阑尾炎穿孔，当地医生呢基本没办法，就推出去不治了。所以，就引发我学医的这种志向。一开始我也是在当地跟过当地的名医，跟他们学习，那时候学习了一些东西，但我觉得很不满足，因为当地医生，他不是经过系统培养出来的，也是跟着某一位医生学习，成为一名医师。所以我的脑海里有个念头，就是我一定要学习、好好学习，最好能够进入大学学校、医学院学习。那时候上医学院也不是那么容易，于是先从本地的门诊部，通过熟人介绍到浙江省的沈家门存济医院。

2. 实现大学梦

沈家门存济医院是公立医院，公立医院的条件就好了，也有几位名医，尤其是那位张开甫院长，他是一个外科医生，那么他对我还比较喜欢，然后我就跟着他，跟着他做手术。我一开始干外科，成为了外科大夫。当时医院条件比较家乡海岛就不错了，但是搞大手术还是不行，只限于腹部手术。我从一开始觉得不错，慢慢的还是觉得不够，只能做腹部手术，更复杂的问题还是解决不了，那么最好还是要上学。我父亲比较开明，支持我。首先我考了山东医学院，被录取了，我非常高兴，到山东医学院学习。一开始是大专，毕业以后我还想进一步学习，就去了隆福医院。隆福医院还是相对比较小，比我原来工作过的医院强一点，但设备各方面还是不行。

3. 参加西学中，是我从医路上的重大转折

后来咱们国家开展西学中这么一个措施，西医学习中医，那我就报名了，这样从西医到中医有一个初步的基础，但是医学是非常复杂的，学习没有到头的时候。西学中三年结束后，我到了北京中医院，北京中医院分科还是比较细的，外科、内科、妇产科，还有针灸科，分科比较细，我选的儿科，在儿科学习。在中医院一开始有两位老师带着我，都是北京有名的老中医，一位是周慕新老师，还有一位是祁振华老师，我收获还是很大的。祁振华主要是从事小儿内科，主要是消化系统，比如腹泻等；周慕新就是治疗发热、感染等。然后在中医院干了很多年临床以后，我去了干部进修学院，讲中医儿科、温病学，就现在咱们东四十条，现在中医学院的前身吧。我主要是讲中医儿科学、温病学。中医儿科离不开温病学，儿科感染性疾病多。

4. 从临床到教学，中医理论提高，深化温病学理论

1971 年我到了干部进修学院，工作重点由临床转入中医教学方面，我讲中医儿科学、温病学，但一直没有脱离临床。那会儿白天课堂教学，有时在门诊带教，定期去病房查房，有时候晚上还有急诊，大量的临床及教学工作丰富了我的理论知识和临床经验。当时我治好过抗生素治疗失败的金葡败血症、金葡肺炎、败血症合并 DIC、脑膜炎合并脑积水、长期发热、重症肺炎、麻疹合并肺炎等。中医既要熟悉理论，又要经验越丰富越好。刚从课堂出来的学生，刚接触临床，一看这症状也有，那症状也有，如何治疗？无从下手。有经验的大夫一看就知道应该重点治什么。重要的是要多临床。

我治疗儿科疾病的经验

访谈者：谈谈您治疗儿科疾病的经验？

周耀庭：我治疗儿科疾病经验的如下。

儿科感染性疾病最多，其中呼吸系统感染又最常见，所以我们最应该重视。一般认为呼吸系统感染都是温热病，我认为这种认识非常片面。感受温邪而病温者极多，感受寒邪而病寒者亦不少，后者在临床更容易被忽略或误

辨，故值得医者特别注意。温热病邪之中，尤其以风热病邪为主。但必须注意的是，温热病邪的多样性与复杂性。其中最多见者为风热，其次为风寒，此外还可以有暑热、燥热、湿邪、温热之邪及疫疠之气，因此温病的病因是相当复杂的。从临床实际情况来看，以肺热及肺胃热甚最为多见。此外小儿呼吸系统感染同时还常有夹证，常见有夹食、夹痰、夹惊、夹瘀、夹虚，应予特殊注意。如忽略了兼夹证的存在，临床疗效则会大大减低。

古来医者称小儿科为哑科，因小儿不会自述病情，但也不能全信孩子的话，我根据多年临床经验总结出以下要点来判断小儿外感表证是否存在。一般说，急性外感，发病三天以内必有表证；发热无汗是表有邪的另一重要指征。

温热之邪传变迅速，肺胃气分热盛是里热最常见的表现形式。临床实际工作中只要有壮热、烦躁口渴、舌红苔黄、脉滑数，即可确定为本证，不要等"四大"俱全，否则贻误时机。

在辨证的过程中，除辨邪气的性质、浅深、部位，还要随时注意观察正气盛衰、注意邪正消长情况。辨正气的盛衰对病情的进退具有极为重要的作用。若正气逐渐恢复，邪气逐渐消退，表明正气战胜邪气，此为好的现象；反之，预后不良。故应随时采取相应的顾护正气的措施。

呼吸系统感染大部分属于外感温病范畴，温病的发展变化，以卫气营血和三焦传变为主，故治疗亦须遵循这一发展规律，根据不同层次、不同阶段，使用不同的方法。此外在治疗中还要特别注意透邪、祛邪和保津的原则，并适当结合止嗽定喘法。

用中医温病学理论辨治传染病

访谈者：谈谈您用中医温病学理论辨治传染病的经验？

周耀庭：我用中医温病学理论辨治传染病经验如下。

我在中医院里头待的时间比较长，中医院也没有完全把我当中医，知道我是西医底子，有西医基础。碰到一些比如说在郊区什么地方出现传染病了，首先把我派出去。那么我们有时候一两个、有时候两三个人，带上其他科的大夫、护士，还有化验室的人员，都跟着我走。一开始都一块儿看病，可是到了比如说像密云，很大一片，范围很大的地方，一个人忙不过来，只有把他们派出去。他们背着药箱，我也背着药箱，我去山区，重的患者我去看，一般的病让他们去看。后来带着带着，有护士，有化验室的、药房的，他们本来不是大夫，但后来慢慢的，简单的病也能看了，这可以说也是一个培养人的过程。

那个时候去山区看病，看的是传染病，流行性感冒、麻疹大流行，也有小儿的问题。麻疹流行，麻疹合并症多，合并肺炎治不好就死亡。去了以后先给他们讲常识，然后医生是不能像现在这样在诊所里等着患者来，得背着药箱子到处跑，抢救了不少患者。

2003年"非典"来势凶猛。非典就是病毒引起的，西医抗生素没有用，最后用我们温病这一套，来辨证施治，效果相当不错。但是对中医要求还是比较高的，需要掌握中医传染病、温病学这一套，理法方药、卫气营血辨证，辨证出来了以后怎么用药，这一系列都有技术方面的要求。所以要没有中医的基础，那也没有用。虽然中医不错，但你不会的话，有这个武器你也用不了。最关键还是对我们医生的基础素质要有要求，像现在来说你要懂西医，还得懂中医，不是一般的懂，从理论基础到实践都要会。

我认为"非典"具有温疫与风温双重特点，其病因为风热疫毒之邪，根据多数患者情况来看，还常夹有湿邪。2003年5月12日，我在中国中医药报发表题为《"非典"中医分段论治》的文章进行探讨，提出我的观点，强调对于该病主要应采用卫气营血、三焦辨证的方法，分6个阶段辨证施治。①高热阶段：此为卫、气同病，即肺胃两经气分热盛，并有风湿郁表。治疗在清泻肺胃气分同时，予以散风祛湿。个别病例夹湿较重，可用和解少阳、清热化湿法。②干咳少痰阶段：这一阶段仍为肺胃两经气分热盛，热邪犯肺，肺失肃降。治疗须清气解毒，宣肺止咳，滋阴润燥。③咳嗽喘促阶段：在上症的基础上进一步发展，邪热迫肺，肺气不降，可见喘促。治疗当以清气解毒、宣肺平逆为主。④喘憋烦躁阶段：这是由于肺胃热不解，灼津为痰，痰热阻遏肺络，肺气不降而上逆所致。治宜宣肺开闭，涤痰平逆。⑤呼吸窘迫综合征或呼吸衰竭：病情发展到这一步，表明病情已至危重阶段。此时为内闭外脱，正虚邪实阶段，即热毒痰热仍在，但正气已大虚，即将外脱。正虚以气阴两虚，尤其是气虚为主。治疗应祛邪、扶正同时并举，清热化痰，轻开肺气，益气固脱。⑥余邪不尽，气阴未复阶段：发热已退，肺部阴影逐渐吸收。治疗以清余热、益气阴为主。

"非典"的时候我跟中国中医研究院王永炎教授请示过，那时候我想去一线、想去病房，后来王永炎教授说，我的岁数也大了，保护老同志，那时候没让我去。

2014 年埃博拉出血热爆发，迅速肆虐西非地区，有逐步向周边国家扩散的趋势，我国也派出医疗队前往诊治。根据埃博拉出血热流行性及临床特征，我认为该病的性质应该是疫毒之邪夹有湿浊，初犯卫分和气分，属卫气同病，同时湿浊犯中焦致升降失司，故突然高热，身痛恶寒，并有吐泻；继则疫毒化燥，迅速传里，深入血分，迫血妄行，导致全身内外广泛出血；继而因为热毒强烈消耗人体的正气、阴液、气血，引起全身衰竭，最后患者阴竭阳脱而死亡。

初期邪在卫气，病机为疫毒夹湿浊，邪犯卫气，内扰脾胃，治以散风祛湿、清气和中法；极期邪在气血，病机为气血两燔，热迫血妄行，治以大清气血、凉血止血、滋阴保津法；恢复期病机为余毒不尽，气阴两虚，治以清解余热、滋阴益气法。

优秀中医应该具备的素质

访谈者：您认为优秀中医应该具备哪些素质？
周耀庭：我认为优秀中医应该具备以下的素质。

1. 衷中参西，中西结合

作为一个中医，实际上中医和西医不能完全分开，这也是我逐步体会到的。一开始我学习中医认为，我只需要把中医的那些基础理论著作如《黄帝内经》《温病学》学完了，然后结合临床就差不多了。后来我体会到，中医和西医虽然是分开的，但实际上不能完全分开，有密切联系。如果你只是中医，会碰到很多局限，到了某一步再往前走就走不了啦。中医和西医应互相促进，中医大夫不能单纯掌握的中医相关知识，还要了解西医的诊断、西医的治疗原则，这些对于学习中医也是很重要的，这两种医学只是理论体系不一样，临床不能完全分开。如果你西医基础好，学习中医就快，联系的就好。有一些患者，一般普通的患者，单纯用中医治疗就可以了，有些患者单纯用中医治疗却不行。举个例子来说，比如说急腹症，突然来个腹痛，发展很快，很快患者就休克了，对于急腹症这样的患者，中医是无能为力的。肚子痛，中医能治，一般的肚子痛、腹痛，受了寒或者因寄生虫引起的一般性腹痛，中医可以治，但是急腹症变化很快，晚了就会休克，需要抢救，然后需要开刀，那中医就无能为力。我母亲就是死于急腹症，这对我打击很大，所以后来我觉得单纯的中医不够，应该正正经经学习，这样我就考入山东医学院（现在的山东医科大学），在那儿经过系统的学习，在医学理论方面打下了比较牢固的基础，所以中医和西医不是孤立的，如果没有西医知识，中医到一定程度就上不去，有这么一个过程，学了中医，中西医结合了，各方面真的提高了一大步。当然，我觉得还不够，因为医学这个东西没有止境，什么时候到头啊？到头你能解决百分之百的问题吗？所有的患者都能治好吗？就现在来说也只能治疗一大部分。西医也在发展，很多病，到现在还是缺乏比较有把握的治疗手段。所以说医学这东西没有到头的时候，只有勤勤恳恳，不断地努力，不断地提高，从临床、从教学等方面不断地提高，一步一步地向前，这样才能够发挥更好的作用，救治更多的患者，它没有到头的时候。

2. 夯实基础，注重实践

上学期间，我倒也比较努力，打下了坚实的基础。后来我成为中医药学院的老师，就是教学，教学就得给学生说清楚，在理论上又提高一大步，再加上不断地实践，不断地积累经验。还有一个很重要的方面，我带学生喜欢跑医院，哪个医院欢迎我去我就去，为什么？这门诊到一定程度，病情要是再重一点就看不了了，比如说卫气营血辨证到了营血，门诊就看不到了，只有病房能看到。那时候我也不嫌麻烦，带着学生各医院跑。我去的最多的就是儿童医院，因为医院领导是西学中的大夫，在我们那学过中医，欢迎我到那儿去。病房很多，随便我选。我最愿意去儿童医院传染病房，传染病专门有一个病区。病房有位姓白的大夫，我和他合作还是挺好的，有的患者虽然诊断明确，但是对抗生素耐药，症状老是控制不住，体温退不下去，白大夫就会找我去会诊。

3. 逐步提高，重视辨证

我学习中医，是逐步深入。中医的内容非常广泛，里头确实有许多宝贵的东西，究竟有多少东西，现在摸不到边，范围很大。而且这个有效、没有效，光从概念上不好说。中医的治疗内容非常丰富，但要用对地方，如果用的这个针对性不强，那再贵重的药物也没用。中医治病，首先要精通中医的理论，中医理论不精通，分析病情便分析不好。比如发热，原因多了，一般的普通感冒有发热，支气管肺炎有发热，肠伤寒、肠胃炎都有发热，这不同的发热，要经过特殊的分析，按照理论，用我们中医的理法来分析，判断为什么样的发热。辨证要准确，选方用药针对性要强，选方用药如果针对性不强，辨证得不透彻，有时候盲目用贵重药那就是浪费。贵重药资源有限，应用贵重药，要知道它的效果，应该知道在什么样情况下应用，或者谁愿意用，这个就是我所说的，要能够临床判断并且进行病情分析，要准确。

说是好说，但实际做起来就没那么容易了。比如进行卫气营血分析的时候，有时候不一定分析得那么清楚。气分的症状，也可以高热，也可以谵语，也可以说胡话，说胡话是已经入营血了，但从整体来说还没到营血，舌质没有红绛，身上也没有斑疹，那就没有到营血分，高热还是在气分。分析病情比较重要，有时候挺复杂的。有时卫气营血在一个患者身上都有体现，不能说就把银翘散、白虎汤、清营汤堆起来用，那样就没有效了对吧。要是都有的话，重点先抓什么？一个一个来，就是这样处理。所以有好多技巧，一个是认证、辨证，认证它究竟到什么程度，除了卫气营血辨证以外，患者的正气怎么样啊？阴液亏损程度怎么样啊？如果阴液亏损特别严重，那我第一步是要先补阴的，不是按公式化的去清热。不同的阶段不同的表现，我治疗的步骤不是死板的，什么重要我就先治什么。正气快要衰竭了，倒气了，体温还挺高，那你说是先给他清热？还是先抢救？已经到呼吸衰竭的时候，寒凉药不能用了，患者阳气已经有限，给他点寒凉，阳气又会衰竭了。所以不同阶段，分析病情要清楚，治疗我可能不会那么按部就班，按部就班就得先解决卫分，卫气营血辨证，浅表的先解决，到了紧急的情况，什么最关键？一方面我们对药物要清楚，另一方面要掌握临床的病情。卫气营血辨证说起来挺容易，但有时常会分不清，有时候临床情况比较复杂，一下子看不了那么清楚。营分，也有血分的证候，比如说症状错综复杂，那就要抓重点，而不是胡子眉毛一把抓，要分析重点是什么，就要求我们有丰富的经验。老中医的经验怎么来的，那就是从临床实践中来的，不断地总结。干了多少年也没有到头的时候啊！干了多少年，也还会有一下子分不清楚的地方。所以在临床紧急的时候不能面面俱到，要搞清怎么抓重点才是最关键的，关键点解决了，再全面治疗。

医生这个职业是比较特殊的，它的对象是人，而且与生命息息相关，是一个特别重要的职业，需要严格、一丝不苟的态度。作为一个医生，首先要有职业道德，要有救死扶伤的这么一个思想、一个精神，才配得上做一个合格的医生。如果医生光是眼睛盯着那个钱、光是为了挣钱，这个医生他是不合格的。医生、医学有一个特殊的地方，学会容易，但它很深奥，学习没有到头的时候，总有解决不了的问题。作为医生，干一辈子就要学习一辈子，就得不断地努力、不断地前进、不断地往前争取，这样才能够不断提升医生的手术水平、技术能力。

我最大梦想就是成为一个主任医生，而且成为一个中西医兼通的医生。从我不会治病，从对患者束手无策，到现在我能用中医和西医两种方法治疗、抢救患者，我觉得这是一个很大的提升，我觉得相当满足。但是我清楚地知道，满足也只是在一定程度上的满足，医学是世界上最复杂的学科、科学，研究和学习没有到头的时候。现在虽然我能解决不少问题，但还不能解决所有患者的问题，所以还需要学，还需要钻研，还需要深入，不能满足，要学习一辈子。

（周耀庭名老中医传承工作室　李明整理）

第十七章　高益民

高益民（1932—），男，首都医科大学教授、主任医师。1955 年毕业于山东医学院医疗系，1962 年结业于北京市第一届西医离职学习中医班。1983 年获北京市教育系统先进工作者称号，2004 年获北京市先进科普工作者称号，2003 年、2012 年、2022 年分别担任第 3 批、第 5 批、第 7 批全国老中医药专家学术经验继承工作指导老师，2022 年担任第 6 批北京市中医药专家学术经验继承工作指导老师，2017 年获第三届"首都国医名师"荣誉称号。从事中医药教学、科研、临床工作 60 余年，先后出版论著 30 余部，发表论文 100 余篇。教学上曾主讲中国医学史、中医基础理论、中医诊断学、中药学、方剂学等课程。科研上参加"水牛角代犀牛角研究""人工麝香研究"等项目，曾获 1997 年国家中医药管理局科技进步奖一等奖、2015 年国家科技进步奖一等奖。临床上先后跟随北京中医医院王大经、卢冶忱、姚正平、关幼波、郗霈龄、赵炳南、刘奉五等多位名老中医临证学习，为关幼波老中医最早被北京市卫生局批准的西学中徒弟之一。20 世纪 70 年代，执笔出版了《赵炳南临床经验集》（1975 年）、《刘奉五妇科经验》（1976 年）、《关幼波临床经验选》（1979 年）等老专家经验集，其中前两本书曾获 1978 年全国科学大会奖。临床擅长治疗各类疑难杂症，如癌症、慢性胃炎与胃癌前病变、免疫性疾病、代谢综合征等，擅长危急重症中西医结合抢救。

我的学医缘由

访谈者： 您是怎么走上中西医结合之路的？

高益民： 我学医主要跟我母亲有关。我们那时候在高校招生时可以同时报考几个大学。当时我报了3所大学，一个是南开大学，一个是齐鲁大学医学院，还有一个我记不清了，最后3所学校都给我发来了录取通知。轮到我选择学校了，我就很为难，于是就去征求当时中学班主任的意见，他非常了解我当时的家庭情况。那时候我母亲得乳腺癌刚做了手术，所以他就建议我去学医。经过慎重考虑，我最终听从了班主任的建议，去了齐鲁大学医学院学习临床。我在山东学医、在上海实习，一直到分配至北京邮电医院，一共九年的时间里，我一直陪着我母亲看病、住院。所以我为自己能够学医，在母亲最后的时光里一直陪在母亲身边深感欣慰。

大学毕业后我被分配到北京邮电医院从事外科工作。1959年，院领导找我谈话，说为了响应国家"西医学习中医"的号召，院里内科、外科要各选拔一位大夫去参加北京市第一届西医离职学习中医班，我为人选之一。我就是从那时候开始学的中医，从此走上了中医之路。我在西医离职学习中医的过程中，对中医产生了浓厚的兴趣，学习班结业后为了更好地研究、学习中医，我就要求从北京邮电医院调到了北京中医医院，而且给关幼波老中医做徒弟。当时我是在肝病组，一面抄方子，一面学习关幼波老师的学术思想。关老这个人很开明，他通过对西医知识的学习，有一些与时俱进的看法。比如他在治疗肝病的时候，除了要达到患者症状改善，舌象、脉象都趋于正常，还提出肝功能必须恢复正常才算好。因此他的临床疗效就比较客观，患者也非常多，这对我的影响比较大。

因为我是西医五年制本科毕业后先做临床外科，然后又去学了两年零十个月的中医，所以说从学制来说，我是西医的本科加中医专科的一个综合。在对中医的看法上，我比较接受这种中西医并重的思想。我在学习中医、走上中医临床之后，不仅仅是改变了原来的西医专业，而且是从事中医内科、外科、皮科和妇科等各科临床诊疗，因此我觉得自己的收获很大。

我学习中医的三个阶段

访谈者： 您学习中医经历了哪些阶段？

高益民： 我学习中医的过程可以分为三个阶段。

第一个阶段，就是在西医离职学习中医班两年零十个月的学习阶段。这个阶段以听课学习为主，和现在大学的学习方法是一样的，就是要认真听讲、记笔记。我们那时的学习是以四部经典为主的，有老师讲解相关内容，我们是一边学习理论知识，一边再通过临床见习把学到的间接经验转化为直接经验。凡是在临床上遇到类似的问题，我都要反过头来去查询《黄帝内经》《伤寒论》里的原文，再去查询《方剂学》里的内容，这样等于是临床实践和基础知识一起来对照学习，我基本是采取这个方法。例如，我们在临床实习期间，有位学员遇见一个产妇，开始是外感高热，经中药治疗后热退，但经常失眠，近一周左右夜寐不安，乱梦纷纭且有幻视，眼前似有两个人，一黑一白，夜现昼消，以致于夜间不敢关灯睡觉。患者头痛头晕，心烦急躁，时而身热汗出，心惊胆怯，小便黄短，月经未至，脉弦，舌质红。在诊治期间，这个学员请教刘奉五老师，刘老说："这就是热入血室的典型案例，为产后外感，余邪未尽，热入血室，扰乱神明。治疗应和解肝胆，清热安神，可用小柴胡汤加减。正如《金匮要略》所说：妇人伤寒发热，经水适来，昼日明了，暮则谵语，如见鬼状者，此为热入血室。这个患者夜见二人，一白一黑，就是如见鬼状嘛！"大家听了刘老的讲解，哈哈一笑，全都明白了"热入血室"这个病证。

第二个阶段，就是我跟随北京中医医院一些老中医学习，并总结整理他们临床经验的阶段，这个阶段有十多年的时间。当时我主要在肝病组学习关幼波老中医的诊疗经验，积累总结关老的临床病例。关老在新中国成立前就行医，那时他等于是全科医生，患者的什么病都看，包括内、外、妇、儿各科。经过十多年的积累，我总结完成了关老治疗肝病的一些经验及病例。如黄疸有隐性黄疸和显性黄疸之分，隐性黄疸为湿或湿热在气分，显性黄疸为湿或湿热在血分；治疗黄疸的原则是"治黄必活血，血行黄易却；治黄须解毒，毒解黄易除；治黄要化痰，痰化黄易散"。还总结了一些关老治疗杂病的经验。如他治疗发热常从气血来辨治，提出"无内热，不外感"，外感发热病在表，而内有伏热多病在气分或血分，故治疗发热当气血两清，表里同治，因此他喜欢在解表及清热药中加牡丹皮、赤芍、生地黄等清热凉血之品，不但不会引邪入里，还可阻断病邪的进一步发展，大大提高临床疗效。这些经验我都编写进了《关幼波临床经验选》这本书中。

除此之外，当时在北京中医医院张敬发院长的指示下，我常在下午的时间接触和整理几位老中医的学术经验，其中包括赵炳南老师的皮外科，刘奉五老师的妇科，还有郗需龄老师治疗急危重症的一些学术思想和成功案例，这些老中医对我的影响非常大，在我成长为中医的过程中都起了很大的作用。

我首次接触赵炳南老中医是张敬发院长找我说："赵老德高望重，临床经验丰富，你好好跟他学习，把他的学术经验继承下来，编写成书，流传后世。"当时由于是一项新任务，我也摸不清头脑，我就从整理赵老的经治验案入手，逐渐地摸出一些头绪来。"神秘的灰楼上9号"是院长批准给我的一间办公室，每周二下午我都会请赵老来，听他讲述分析对治愈病案的心得体会，日久天长逐渐积累了整理赵老经验的思路。赵老也很珍惜每周二下午这段时间，他认为这是雷打不动的宝贵时间。有一次，外院约请他去会诊，他问清病情并不是急性病，就说："我这天下午有重要会议，后错一天我去吧。"赵老曾感慨地说："拳不离手，曲不离口，经验不带走。"他经常不厌其烦地回答我所提出的问题。随着继承工作的不断深入，赵老把新中国成立前的一些病历资料也都拿给我分析整理。经过近一年的努力，《赵炳南临床经验集》的书稿完成得差不多了，他心情也舒畅许多，说"但求不愧我心"，好像是了却了一项重大心事。

郗需龄老中医擅长治疗疑难重症，我经常跟着他到西医医院去会诊。我印象最深的是一位中毒性痢疾患者，因大量使用抗生素引起了肠道菌群紊乱，不停地拉蛋花样大便，还高热不退。按当时的医疗情况，这种疾病的病死率很高。由于频繁腹泻，患者已经出现了严重脱水，神志处于昏迷状态，生命垂危。我看到患者当时已经出现了中医书上所说的"舌卷囊缩"的危候。郗老对于这种极重症的诊治思路是极为明确的，他辨证为脾肾虚衰，阳虚欲脱，治以温补脾肾、回阳固脱之法。处方为党参9g，茯苓15g，炒白术9g，官桂4.5g，附片3g，吴茱萸6g，炮姜3g，煨葛根4.5g，肉豆蔻6g。当时看完这个患者，我就给值班护士交代，说如果吃了药以后有什么情况，尽快打电话告诉我。我当时住在北京中医医院的办公室，我就写了一个办公室电话。患者吃完药以后，到了凌晨五点多钟电话铃响，我赶紧爬起来接电话，护士告诉我说："有效。"我就问："什么叫有效？"她说："患者服药三小时后，体温逐渐下降。昨天你们走了以后，大便有八次。"我当时想大便八次也是很多呢，可是护士说："原来是根本没有次数的，结果吃药以后有次数了。"这就是说患者的菌群失调现象有所改善。我马上请示郗老，郗老叮嘱效不更方，连续用药三天，患者竟奇迹般地逐渐痊愈了。这一验案在该医院产生了不小的震动，很多人都惊讶中医还能治疗如此疑难重症。从那以后，这家西医院又邀请郗老看了儿科、外科等好几个科所出现的菌群失调症病例，效果都比较理想。后来，我就把郗老的经验写成一篇论文《伪膜性肠炎中医辨证施治的体会》发表在了《中医杂志》上。

在对刘奉五老中医的学术经验进行整理时，我采取问答式的继承整理模式，我提问，他回答，刘老先生戏称为"过堂"。对刘老的临床病案进行分析时，我要求他首先对症状进行分析，然后得出辨证结论，最后是立法、处方、用药。刘老在他40多年的临床实践中，常常把一些经典方剂结合自己的实践，创造出一些确有实效的方子。比如他治疗闭经的瓜石汤（瓜蒌、石斛、玄参、麦冬、生地黄、瞿麦、车前子、益母草、马尾连、牛膝），全方滋阴清热、宽胸和胃，可达活血通经的目的，适用于阴虚胃燥所致月经稀发、后错或血枯经闭。该方药性平和，可长期服用，疗效也十分明确。刘老在跟我谈起此方时，曾幽默地对我说："这个方子我摸索了二十多年才定型，现在五分钟就告诉你啦！而且阴虚胃燥这个证型，一般的妇科教科书上都没有，你赚大了！"刘老这些丰富的经验，我都写进了《刘奉五妇科经验》一书中。

第三个阶段，就是我出师之后自己独立门诊的一个阶段。这个阶段是我将所学中医知识，以及各位名老中医的经验运用于临床，融合各位名家经验，逐步积累自身经验的过程。例如我治疗皮肤科的银屑病、神经性皮炎、系统性红斑狼疮缓解期，常采用赵炳南老师喜用的秦艽丸加减，治疗湿毒蕴于血分的皮肤病常以赵老经验方"土槐饮"作为基础方加减，往往都能取得非常好的疗效。我治疗感冒后久咳不愈的有效验方"清肺止咳方"，就是在泻白散的基础上加上关幼波老师常用的化痰药对——杏仁和橘红，方中还运用了施今墨老中医治疗咳嗽喜用的宣、降、润、收四法。还有我在临床上体会，妇人经期感冒，或产后血虚外感风寒，或有寒热，或无寒热，而有感冒症状，均属于热入血室范畴。如不彻底治疗，每遇经期，患者都会有感冒状，持续不适，难以解脱。我在治疗上就是遵循刘奉五老师的教导，以小柴胡汤为主加用活血或凉血药，如桃仁、红花等，再随证加减，患者一定要连续服药2～4周才能完全祛除血室之热邪。

我治疗癌症及慢性胃炎的一些体会

访谈者： 谈谈您治疗癌症及慢性胃炎的经验？

高益民： 到目前为止，我从事中医已经 60 多年了。通过这些年的临床实践，我对一部分病证的诊疗也总结了一些自己的经验和体会。比如，近年来我门诊上治疗较多的病种是各类癌症和慢性胃炎。

就癌症来说，我认为中医药在癌症非手术治疗方面有其独到之处，适用于手术前后、放化疗及靶向药治疗期间，以及因肿瘤转移或年老体弱而保守治疗的各阶段、各类患者，中药可起到扶助正气、减毒增效、抑制病邪的作用，达到人瘤长期共存的效果。我体会癌症的基本病机是"正虚毒蕴"，因此在治疗时要把握患者"体虚"和"邪实"两个方面，始终贯彻"扶正祛邪"的治疗原则。在该原则指导下，我总结了一个治疗癌症的基本方——益气解毒抑瘤方（黄芪 30g，炒白术 10g，当归 10g，茯苓 10g，薏苡仁 10g，仙鹤草 30g，草河车 10g，白屈菜 10g，白花蛇舌草 15g，甘草6g）。该方具有益气养血、解毒抑瘤的功效，适合各类癌症符合气血两虚而毒热积聚者。我在治疗各类癌症时，常根据患者所患癌症种类、临床证候、所处病情阶段等具体情况，在益气解毒抑瘤方的基础上进行加减。

慢性胃炎是临床常见病，我治疗慢性胃炎的学术思想主要受刘奉五老中医所倡导的"脾胃升降"理论影响。脾为脏属里，功能主升，喜燥恶湿，故体阴而用阳；胃为腑属表，功能主降，喜润恶燥，故体阳而用阴。脾胃阴阳协调、燥润适当，则中焦气机升降有序。若阴阳失调、燥润太过或不及，则脾胃升降失常而引发各类脾胃疾患。我治疗慢性胃炎，一般会根据脾胃的生理特性及体用关系，察其阴阳，知其升降，明其补泻，同时还注意协调脾胃与肝、肾等脏腑的关系。经多年临床摸索，我基本定型了治疗慢性胃炎的处方——健脾和胃饮（黄芪 15g，白术 10g，茯苓 10g，陈皮 5g，半夏 10g，黄连 3g，吴茱萸 10g，白及 10g，三七粉 3g，白芍 15g，白屈菜 10g，甘草5g）。该方在健脾升阳、和胃降逆的基础上，兼顾了肝与胃的关系，也很好地协调了升阳与滋阴关系，因此能够适用于各类慢性胃炎的治疗。临床应用时需结合患者的具体证候及病情进行相应加减，才能不失中医辨证论治的本色。

优秀中医应当具备的素质

访谈者：您认为优秀中医应当具备哪些素质？

高益民：根据我所接触的这些老中医，我认为要做一个优秀的中医，首先要重医德，医德要高尚。我接触过的赵炳南、刘奉五、关幼波、郗霈龄、王大经、姚正平、卢冶忱等老中医，当时都是北京市的一些名老中医，在各个区都是很有群众基础的，而且医德都很高尚。例如赵炳南老大夫，新中国成立前他自己开诊所的时候，常常免收贫苦人的诊金，甚至还为一些贫困患者掏钱买药。新中国成立后他在北京中医医院出诊时，每位患者诊治完毕，他都要起身目送。还比如关幼波老中医，有一年我跟随关老赴包头出诊，一路火车下来已经很疲惫了，关老突然拿出一张小条，指着上面的地址和人名说："咱先去看看这个孩子。"接待者说："都快该吃午饭了，这个地方离我们很远，他们家在小巷子里，小汽车进不去。"关老执意说："小汽车进不去，咱们到时走着去嘛。"那个孩子是前些天到北京找关老看病的厌食症患者，关老当时就叮嘱道："你们先带着药回包头，我过几天去出诊，我去看你们。"患者的地址和名字都是关老当时特意记下来的，足见他心里一直装着患者。那天，当小孩家人看到关老出现在自家门口时，感动地流下了眼泪。关老高尚的医德，也深深打动了在场的我们每个人。所以作为中医，我们首先应当学习这些老中医高尚的医德精神。

其次，要做一个优秀的中医，必须谦虚地、谨慎地、努力地学好中医。首先要学习《黄帝内经》《伤寒论》《金匮要略》等中医经典里面治疗疾病的思路和方法。此外还要多学习老中医的临证学术思想。比如我通过跟随王大经老师学习，掌握了《伤寒论》经方桂枝汤、小柴胡汤等的灵活运用法则；通过整理刘奉五老中医的妇科经验，深刻认识了冲任与肝、脾、肾的关系，以及调理冲任、调补冲任、安冲、固冲、降冲逆等治则治法与用药；通过整理赵炳南老中医的皮外科经验，对赵老"皮肤瘙痒的主要原因有风、湿、热、虫、虚""湿疹主要分热盛型和湿盛型两大类""红斑丘疹类皮肤病多与血分蕴毒有关"等观点有了深刻的理解，丰富了自己诊疗皮肤病的经验；通过总结关幼波老中医的经验，掌握了黄疸的分类与辨证施治要点，以及从痰来辨治疑难怪病的思路和方法；通过总结郗霈龄老中医诊治疑难重症的经验，对中西医结合治疗急危重症有了切身体会。总之，老中医的经验都是他们多年临床实践总结的宝贵财富，应当好好地学习继承。

我对传承老中医经验的体会

访谈者: 您对传承老中医经验有哪些体会?

高益民: 传承老中医的经验,我体会要做到四心。

1. 诚心

诚心,即诚心诚意地尊敬老师,特别是对有独特专长的老中医,如果你不诚心向他学习,他绝不会把他的秘方、独特技艺教给你。例如我整理赵炳南老中医经验时,诚心诚意地收集他的门诊、病房和外出会诊的病例,并提出多种问题向他请教,赵老看到了我的诚心,因此总是能不厌其烦地回答我的各种问题,甚至还把他新中国成立前积累的病历资料交给我进行整理,结果赵老的经验集得以顺利出版。

2. 细心

老中医的学术经验往往是从临床实践中获得的,而且经过反复验证,逐渐定型下来,很多经验并非很系统,有的还比较"凌乱",因此必须细心记录,反复提问,特别要注意他不经意间说出的一两句话,应当立即抓住这"一带而过"的词语,或许会隐含着很深奥的医理。例如我整理刘奉五老中医的经验,有一次在刘老分析病案时,他突然冒出一句"冲任不能独行经",不强调其意义,更不重复再说。我当时一愣,认为这句话一定很有来头,马上举起双手做了暂停手势,让刘老回家准备一周后再"过堂",同时我也下去查查文献,做好提问的准备。一周后我说:"我提些问题。什么是'冲任'?为什么不能'独行经'?在临床上的意义如何?其临床价值如何?"刘老详细回答了我的问题,最后我用了近一个月的时间写完了经验集里面《略谈"冲任不能独行经"》一文。

3. 耐心

在我系统学习完中医理论课后,临床实习大约有十个月时间,开始是跟杂病大家卢冶忱老大夫。他诊病时重视脉诊,往往诊脉用时较长,短短几句问话、望舌之后即可确定辨证,而后立法、处方、遣药,全部过程"干净利索"。我是初学者,跟不上他的思维方法。后来我仔细观察他的诊疗过程,实际上他从患者走进诊室的那一刻,就两眼盯着患者,从形体、步态、面色、妆容等方面,已经有了初步印象。之后,他把自己从医诊病的过程,十分耐心地教给我们。要求我们每天上午只看一个患者，四诊八纲，仔细详尽，特别是在辨证时，要作详细的理论分析，经他审阅合格后才能过关。经过卢老的系统训练，使我的辨证诊疗技能得到了很大提高。

4. 用心

学习中医过程中，我跟随实习最长的老师是肾病专家姚正平老大夫，他对温病有很深的造诣。记得当时大叶性肺炎流行，西医使用抗菌素5～7天患者体温仍不降，就请他去会诊，我一般都跟着。姚老望闻问切四诊之后处方三剂，患者全部退热，达到临床痊愈，主治的西医甚为赞赏，这对我也有很大启迪。于是我便联系全班散在其他四个医院实习的西学中学员，请他们把发热的病例全部提供给我，最后收集了大约500多例，实际上是把几位指导老师治疗热病的经验汇集起来，我综合分析之后，撰写了"疑难发热的中医辨证论治"一文，文中对证型、热型、辨证、用药均进行了详细阐述，充分发挥了中医治疗疑难急症的特点和优势，迄今为止对我治疗耐药菌株感染所引起的败血症等急危重症，都能提供很有价值的参考。

以上四心，是相互联系而又统一的，关键在于诚心诚意地向老中医们虚心学习，潜心继承。继承的内容，要以医德为重，医案、医话、医论都要全面继承。要取各家之长，纳诸贤之精粹，融会贯通，把间接经验变为自己的直接经验，在实践中反复验证，才能最终把老中医的学术经验真正学到手，提高自己的理论与临床水平。

我从学中医以后一直到现在，我自己给自己定了一个座右铭，就是"潜心继承、勇于创新"。我觉得医生这样的职业，首先要有一个高尚的医德，其次要努力争取在掌握中医、西医知识的基础上有所创新。我曾经写过一篇文章，叫《站在生命科学的前沿继承发扬中医》，其宗旨就是这八个字。"十九大"以后，我又把它改了两个字，我觉得这样更贴切，就是"潜心继承、守正创新"。所谓"守正"，我认为就是要守住中医的精华部分，它的理论核心，守住中医的发展规律。我现在给学生们题字，基本就用这新的八个字。

（高益民名老中医传承工作室　王文娟整理）

第十八章　姚乃礼

姚乃礼（1944—），男，山西榆次人，主任医师，博士研究生导师，首都国医名师，第四、五、六、七批全国老中医药专家学术经验继承工作指导老师，享受国务院政府特殊津贴。1968年毕业于北京中医学院中医系，1981年毕业于中国中医研究院首届研究生班，历任广安门医院内科副主任、院长，中国中医科学院院长、书记等职，担任中华中医药学会常务理事、内科学会副主任委员、急诊学会副主任委员、北京中医学会副会长、国务院学位委员会学科评议组成员、第七至十届国家药典委员会委员、《光明中医》总编等职务。长年潜心于脾胃疾病及慢性肝病的理论和临床研究、科研及教学工作，主持国家"九五""十五""十一五"重大攻关课题及国家自然基金项目国家级课题11项，主编《中医症状鉴别诊断学》（二版）、《中医证候鉴别诊断学》（二版）、《古今名医临证精华》《当代名老中医典型医案集》《当代名老中医经验方荟萃》等重要中医专著25部，在中医肝胆脾胃病诊治及中医证候学领域取得了重要成果，并获国家科技进步奖二等奖等科研奖励10项。

学医历程

访谈者：请谈谈您的学医初衷和学医之路。

姚乃礼：我于 1944 年出生在山西榆次南砖井村，正值战乱时期，老百姓处在水深火热的苦难之中，贫病交加，有感于亲人和邻居有病得不到治疗而不幸去世，遂萌生了当医生以济世救人的愿望。面对农村缺医少药的状况，在党和政府的关心下，中学毕业以后立志学医，报考了北京中医学院，希望以自己的知识为广大群众提供医疗服务。回首自己的求医历程可以分为以下三个阶段。

初涉岐黄，理论积累：我 1962 年考入北京中医学院（现北京中医药大学）中医系，求学期间受业于秦伯未、任应秋、陈慎吾、程士德、董建华、颜正华、刘渡舟等老一代中医名师。系统学习了中医理论，特别是《黄帝内经》《伤寒论》《金匮要略》《温病条辨》《中医各家学说》，以及临床各科，同时学习了西医基础和临床课，为今后的医学生涯打下了坚实的基础。

临证磨砺，临床实践：医学理论基础要真正掌握和提高，还须在临床实践中应用，在实践中提高。本科毕业后，我进入解放军 2395 医院工作，主要工作是面向军需职工和基层群众提供医疗服务，经常下乡巡回医疗。在当时医疗条件下，采取中医药综合疗法防治常见病、疑难病，很有特色和一定优势，十分有利于中医学术水平的提高和经验的积累。后调至山西省中医研究所，有机会同山西的名老中医一道工作和学习，使自己的学术有了进一步的提高。

师承授受，学术提高：1978 年国家恢复研究生招生制度，我考入中国中医研究院研究生班，这是中医第一次有了研究生教育，作为首届中医研究生之一，我非常珍惜这个难得的学习的机会，进一步系统学习了《黄帝内经》《伤寒论》《金匮要略》《温病条辨》"四大经典"理论，并跟随著名中医大家岳美中、方药中、谢海洲等学习中医理论及临床。研究生班还聘请了全国著名中医药专家讲学和举办讲座，使我有幸聆听赵锡武、任应秋、董建华、刘渡舟、金寿山、姜春华、邓铁涛、万友生、李今庸等老一辈专家传授各具特色的学术思想和临床经验。学习经典著作和跟随名医大家系统学习，使我不仅提升了中医理论，学到他们丰富的临床经验，还学到了他们"大医精诚"的品格，极大提高了中医学术水平和临床应变能力，提升了自己的文化和精神修养，为日后的事业发展注入了新的养分和动力。

精研医术，传承创新

访谈者： 请谈谈您诊治消化病的临床经验及学术创新。

姚乃礼： 1981年研究生毕业以后，我以优异的成绩留在国内中医研究的顶尖机构——中国中医研究院（后更名为中国中医科学院）工作，一开始在广安门医院内科研究室从事中医临床及科研工作，期间向沈仲圭、赵金铎、谢海洲、路志正、刘志明等老专家学习，一道工作，先后晋升为副主任、主任医师，并担任内三科副主任，1985年后担任该院常务副院长、院长等职。1998年调入中国中医研究院院本部工作，先后担任常务副院长兼副书记、院长、书记等职，兼职从事临床及科研工作，承担多项省部级及国家级科研课题，还担任硕士、博士研究生及博士后合作导师，培养40多名硕士、博士、博士后。在中国中医研究院这个大家云集的学府中，有幸向各方面的中西医专家学习和探讨中医学术的相关问题，不断总结和思考，梳理有关中医理论，对临床经验进一步总结，逐渐形成了一些自己的学术认识和观点，主要包括以下几个方面。

1. 内科肝病、脾胃病的思考与体会

（1）慢性乙型肝病的基本病机是"毒损肝络"，"解毒通络"法要贯穿治疗始终：从慢性乙型肝炎、肝纤维化、早期肝硬化的病因病机来看，"肝脾不调，湿热瘀滞，毒损肝络"是慢性乙型肝炎的基本病机，由湿热疫毒（乙肝病毒）之邪稽留体内，导致肝脾失调，邪气内侵，深伏血分，损伤肝络，湿热痰瘀交阻，缠绵难愈，而致该病逐渐向肝纤维化肝硬化发展。该病机主要包括三个方面：①湿热疫毒滞留难尽，是本病的启动因子和持续因素。慢性乙型肝炎为乙肝病毒感染，乙型肝炎病毒作为病因属于中医的湿热疫毒。一方面，湿热疫毒自外侵袭人体，初期郁于气分，进而深入血分。另一方面，由于湿热之邪侵袭，脏腑功能失调，特别是脾胃运化失宜，湿热之邪难解，瘀结成毒，伤及肝络，更影响气血的运化，水湿的停留，病情反复加重。②肝病及脾是病机的必然演变过程。慢性乙型肝炎，湿热疫毒首犯中焦，困遏脾胃，出现脾运失调的病理状态。肝病传脾主要与两方面因素有关，一是肝郁日久，乘侮脾土；二是素有脾胃虚弱，土虚木乘。其病位虽在肝，但其病机转化、临床表现均与脾有关，肝郁脾虚、肝脾同病贯穿于该病的全过程，是肝病发生发展的重要基础。③毒损肝络是影响慢性乙型肝炎病情发展的重要病理机制。肝络生理上为连接肝脏内外表里、运行气血津液的桥梁，在病理

状态下成为疫毒之邪由表入里、循经入络、弥散传变的重要途径。从本病的发展过程来看,其实质是正邪交争的过程。湿热疫毒侵袭人体,正气与毒邪相持,毒邪伏而不发,若由于某种诱因打破这种平衡,可见正邪交争,引发疾病,损伤肝络,并形成时发时止的病理特性,致使病情缠绵,反复不愈,络脉不利,为瘀为痰,湿、热、瘀、毒互结,肝络壅阻,正气耗伤,脏腑受损,形体败坏则病情发展,变证丛生,预后不良。

具体可分为四个阶段:①疫毒侵袭,正邪交争。湿热疫毒侵袭,正气未虚,驱毒外出,或正盛邪退;若正邪力量相当,毒邪循经,深入肝络,与络中气血相搏,正邪交争,肝络受损而致胁痛、黄疸等病症,甚者可致神昏、血证等。②疫毒留滞,深伏肝络。湿热疫毒侵袭人体,加之素体不足,正气亏虚,正虚络脉失养,毒邪侵入肝络,伺机待发,日久营卫失调,气血津液生化不足,肝络益虚,毒邪深伏,暂不发病;或初感治不得法,正气内伤,邪毒内陷肝络,邪伏不发;或正气驱邪外出,但未能尽除病根,余邪留滞,深伏肝络。③正邪交争,屡发难愈。由于失治误治、饮食不节、劳逸太过、七情所伤、复感外邪等因素作用,打破"正邪平衡",正气与邪毒,此消彼长,交争剧烈,肝脏络脉受损,导致疾病反复发作,病情缠绵,屡治难效,形成病情平稳→活动→缓解→再活动→再缓解的恶性循环,肝络渐损,肝体败坏。④久病致瘀,肝络受损。疾病反复、缠绵失治或毒伏肝络日久,壅阻络道,瘀血内生,瘀毒互结,湿热瘀毒久聚损络,伤津耗气,停水动血,损伤脏腑、络脉,因而变证丛生,发生神昏、血证、鼓胀、癥瘕、积聚及水肿等,病情进一步加重。

(2)慢性萎缩性胃炎及胃癌前病变的基本病机是"脾胃虚弱、寒热错杂、升降失宜、邪毒瘀滞、胃络损伤":其中脾胃虚弱是本病的发病基础,邪毒壅滞损伤胃膜为重要的致病因素,胃络瘀阻、寒热升降失司是慢性萎缩性胃炎及癌前病变发生发展的基本病理变化。病机关键在于脾虚毒损络阻,治疗应以健脾通络解毒为基本治则。慢性萎缩性胃炎是由饮食不节、情志失调、劳倦内伤或内、外生邪毒久酿伤及脾胃,脾胃升降失司,寒热错杂,终致气阴两亏,邪毒胶结难化,缠绵不解,日久损伤胃络胃膜,正气愈虚,邪气愈盛,最终导致胃膜萎缩,甚则化生恶变。慢性萎缩性胃炎病情易于反复,病程绵长,病理变化复杂,一旦进展为重度肠上皮化生及各种异型增生等胃癌前病变则危害较大。

①脾胃虚弱为重要发病基础。一方面脾胃同居中焦,皆属土脏,脾主运

化，胃主受纳，共司饮食水谷的消化、吸收与输布。另一方面脾胃为后天之本，气血生化之源，脾与胃以膜相连，互为表里，故云"内伤脾胃，百病由生"。慢性萎缩性胃炎多由长期饮食不节或不洁、情志失调、内伤劳倦、邪毒为害等因素损伤脾胃，轻则功能失调而不和，重则形态损伤而虚弱。

②胃络瘀阻是贯穿本病发生发展过程的基本病机。在脾胃虚弱的基础上，外感与内生之邪侵袭，滞留胃络，气机痹阻，渐进而成毒，日久深伏血分，胃络邪毒瘀痹，络道滞塞不畅，瘀血不祛，新血不生，胃络失于荣养及损伤，留瘀日久，胃膜萎缩并渐成有形之癥积，即向肠上皮化生、异型增生甚至胃癌发展。如提前干预、治疗及时恰当，可获得长时间的稳定缓解，若反复发作，病情进一步进展，则病变难以逆转。慢性萎缩性胃炎病久入络，胃络瘀阻的微观表现常为胃镜下黏膜表面粗糙不平、结节形成、血管影显露、灰白色肠上皮化生结节等征象。

③邪毒蕴结，缠绵不解，是慢性萎缩性胃炎及癌前病变的重要致病因素。邪毒既包括寒、热、痰、湿浊等邪气壅盛，又有内外毒邪之分。胃为"受纳之官"，早期多见于外来之毒，如酒食之毒、药品之毒、虫毒、六邪之气甚者亦为毒。如《素问·五常政大论》王冰注"夫毒者，皆五行标盛暴烈之气所为也"。当今之幽门螺杆菌（H.pylori）感染之毒尤其重要。H.pylori 是人类消化道疾病的重要致病因素，世界卫生组织于 1994 年将其确定为 1 类致癌因子，同时我国是该菌高感染率国家。H.pylori 作为外来"毒邪"，在脾胃虚弱、正气不足的情况下才易于附着、定植并产生多种毒素，破坏胃黏膜屏障，是导致腺体萎缩、不典型增生甚至癌变的重要因素。本病的发病关乎正气与邪气之间的斗争与平衡，脾胃虚弱是其内在因素，邪毒是导致发病的重要条件，在一定的条件下甚至起主要作用，而病情的轻重除了取决于脾胃受损的程度外，也决定于邪毒的轻重，邪气蕴结不解而化毒酿毒，毒损胃络，迁延日久，损伤胃体，邪毒深伏血分，耗伤人体正气，终致疾病虚实夹杂，缠绵难愈，甚则化生恶变。故在临床上应既强调脾胃虚弱的决定作用，又要重视邪毒的发病学观点。

（3）胃食管反流的发病基础是"脾胃虚弱，运化不行，痰气郁阻，升降失调"：气机失于调畅贯穿疾病始终，胃失和降、胃气上逆为病机关键，痰、热为重要病理因素，病久及络，可形成癥痹之患。胃食管反流属中医"食管瘅""吐酸""胸痛"范畴，其病位在食管，与脾、胃、肝胆密切相关，还可涉及肺。其基本病机为脾胃素虚，或因后天损伤导致脾胃运化失常，升降失司，脏腑失和，酿生痰浊，交阻为病。脾胃气机失调是其病理基础，痰热是重要的病理因素，胃气上逆是病机表现。气机失于条畅，贯穿疾病始终，在治疗中应注重调畅脏腑气机。胃食管反流初期多为气病，久病则多虚多瘀，病理因素离不开气滞、郁热、血瘀、痰浊等。初起多在气分，证属肝脾不和，痰气交阻，或湿热蕴结，或胃阴被耗。诸邪涩滞食管，迁延日久，深入血分，可及络脉，导致痰、热、瘀交阻，食管黏膜失于濡养，受到损害，诸症变生，形成"食管瘅""食管痹"等患，导致难治性胃食管反流。因此在治疗难治性胃食管反流时应注重清除络脉中"痰、热、瘀"诸邪，常用启陷汤加减，后期还要顾及气阴的不足和邪毒的损伤。

2. 对中医临床的整体思考与体会

（1）慢病防治，重在脾胃：脾胃病有狭义和广义的不同。狭义脾胃病主要是指脾胃及相关脏腑组织的病变，广义的脾胃病包括一切由脾胃功能失常引起的各种病证。当今社会，人们的生活方式发生了很大变化，如暴饮暴食、久坐少动、焦虑紧张、环境影响等等，这些因素导致消化系统疾病、营养代谢疾病及泌尿、循环、呼吸、结缔组织和神经精神等系统的慢性疾病已成为人类面临的重大健康问题，这些慢性病均属广义脾胃病的范畴。因此慢病防治，重在脾胃。"饮食失节，寒温不适，脾胃乃伤"，饮食不节，情志失调，外感邪气疫毒，内生水湿痰浊瘀血，以及内生之毒，均可损伤脾胃。正所谓"内伤脾胃，百病由生"，脾胃运化失常，导致各种慢性病的发生。

脾胃病的病因病机特点可总结为以下几方面：脾胃虚弱为病之本，食饮情毒为病之因，运化失常为病之机，升降失宜为病之变，寒热错杂为病之化，肝脾不调为病之常，血络瘀滞为病之势，五脏移易为病之传。

（2）内伤辨治，当重气化："气化"是中医极其重要的生理学概念。"气化"本是反映自然界各种物质运动变化的形式，即"气"的运动变化。而人与自然息息相关，所谓"人有此生，全赖此气"。人类各种物质的变化亦由"气化"而产生。《素问·阴阳应象大论》对气化有系统的论述，所谓"阳为气，阴为味；味归形，形归气；气归精，精归化；精食气，形食味；化生精，气生形；味伤形，气伤精；精化为气，气伤于味"。说明了人体精气之间的转化及其同生理病理之间的关系。而"膀胱者，州都之官，津液藏焉，气化则能出矣"，则是讲气化的代表性作用。因为人体生理上有这种气、味、形、精方面的转化，若由于精气不足或其他原因造成气化失职，影响转化，发生问题，则会影响人体物质的化生和代谢，引起各种疾病。气化之动力在于脏腑之气，尤其是脾肾二脏，健脾益肾为气化之本；要善于调整阴阳二者的关系，做到"阴阳互根"，做到"善补阳者，必于阴中求阳，则阳得阴助而生化无穷；善补阴者，必于阳中求阴，则阴得阳升而泉源不竭"；在治疗用药时，要处理好补泻、动静、寒热等辩证关系。

（3）病证结合，宏微相济："辨病论治"和"辨证论治"相结合是中医诊断疾病的传统模式，这就是"病证结合"的辨证模式。现在常常以"辨证论治"来代替"辨病论治"，并且将辨证论治模式化，缺乏对疾病本身的病机病证的深刻认识，缺乏中医对疾病规律的掌握，则很难进行系统有效治疗，而且也难以探索疾病的诊治规律，难以形成共识。疾病是某些致病因素引起的人体发生特定的病机变化，其发展过程和病程演变有一定的规律性；而证候则是在某一阶段发生的具体变化，二者有整体和局部、全面和具体的不同。由于影响证候的相关因素较多，且不同医生的认识不一，所以证候标准很难统一，单纯依靠辨证影响了对疾病的整体认识和疗效的提高。要重视对疾病基本病机的认识和研究，基本病机是影响疾病发生发展的主要病机，贯穿于整个疾病的发展过程中。要把辨证治疗和辨病治疗有机结合起来，才能对疾病起到有效的治疗作用。

现代理化检查所见，是中医"四诊"的延伸，它是人体内在功能变化的客观体现，可以反映疾病的活动性及稳定性。辨证论治时应重视这些指标的变化，并用中医理论认识这些理化检查的结果，指导临床辨证，从而为辨证提供更加客观、更加精确的依据，这就是"宏微观"辨证相结合的目标和要求。以慢性乙型肝炎为例，应重视病毒指标和肝功能指标的变化。谷丙转氨酶（丙氨酸氨基转移酶）、谷草转氨酶（天冬氨酸氨基转移酶）异常，多考虑机体湿热较重；乙型肝炎病毒核糖核酸定量异常，多考虑为湿热毒邪较盛。对于胃部疾患的治疗，胃镜下所见能够反映胃腑局部的病变，可结合镜下胃黏膜病理改变及病理组织学情况选择用药。结合理化检查指标，不仅提高了辨治的精准度，临床治疗亦常有效验。故将中医辨证论治与现代理化检查分析相结合，不断探索检查指标异常与病机之间的内在联系，为疾病的治疗提供一些借鉴和线索，以寻找相应的治法和方药，这是对中医辨证论治体系的有益补充和发展，将极大提高中医辨证论治的水平。

（4）辨"毒邪"，重"络病"：中医对"毒邪"的认识由来已久，在中医众多病因概念中，"毒邪"是其重要的组成部分。"毒邪"泛指诸邪之"毒"者，大致可分为以下几类。

①六淫邪甚之毒及五行标甚暴烈之毒。

②非其时而有其气。

③易对脏腑形质造成破坏作用的邪气。

④其他病因所致之"毒"，如药毒、食毒、虫毒、水毒等。

毒邪有内外之分，就外感"毒邪"而言，多指暴烈邪气、疫疠之气，具有外源性、起病急、病情重、变化快、传染性强等特点，新发传染病多属这一范畴。内生"毒邪"是指因脏腑气血阴阳失调、情志饮食内伤、先天不足等原因，邪气蓄积久留而为"毒"，具有内生性、起病隐匿、发展缓慢、缠绵难愈、损伤形质等特点。"毒邪"对所客种群或脏腑有一定的选择性，如艾滋病毒之于人类、幽门螺杆菌主要寄居于人的胃黏膜、乙肝病毒具有嗜肝性、SARS病毒对肺的侵袭、人乳头瘤病毒可引起子宫癌等。

中医的经络系统主要由经脉和络脉两部分组成，经脉是运行气血、沟通上下表里的主干部分，络脉则是指由经脉细分而别出的分支，是经脉系统的基本结构单元和终末分支，正如《灵枢·脉度》所言："经脉为里，支而横者为络，络之别者为孙。""络脉"一词最早见于《黄帝内经》，络脉为经脉所分出的为气血津液所运行的脉络，是营卫气化、气血津液渗透及灌输的场所，具有沟通表里、通行气血、津血互渗的作用。清代医家叶天士认为"凡是邪气久羁，必然伤及血络"，并提出"初为气结在经，久则血伤入络，病久痛久则入血络"。

胃络，分布于胃膜，贯穿于胃体，是气血运行交汇之所，荣养胃膜，联系胃体，完成腐熟水谷功能。胃络的作用是运行气血、转化气血和荣养胃体。胃为多气多血之腑，胃气以通降为用，若正虚不荣、邪气犯胃等均可致胃络病变。或是胃络瘀阻，或是胃膜失其濡养，可见邪壅伤胃，日久必由气入血，伤及胃络，这是慢性萎缩性胃炎及癌前病变的重要病机所在。长期气血运行不畅，胃府络脉瘀滞，则胃膜日渐形成有形之积，此与胃黏膜肠化及不典型增生在胃镜下黏膜表面凹凸不平、结节状形成之现象相符合。

肝络作为络脉的一种，主要指分布于肝经表浅部位的肝之阳络和分布于肝脏内部的肝之阴络。肝络除具有一般络脉的特点外，还具有其特定的结构和功能，这种特殊性主要体现于肝脏的生理功能和生理特性。肝脏生理功能具体分"主疏泄"和"主藏血"两方面。肝之络脉系统须具有强大的动态开放功能，才有利于气血、浊邪的渗泄流通，进而发挥主疏泄功能；主藏血，则提示肝之络脉数量和容量巨大，方能储蓄足够的气血精微。肝脏微循环系统以肝窦为基本单位，其细微的分支、巨大的数量、动态开放的窗孔等结构特点，与肝络的结构特点非常相似。肝脏气血运行失调，肝体失于濡养，浊邪失于渗泄，终致肝脏体用俱损，不能正常发挥"疏泄"和"藏血"的生理功能。早期阶段主要为"络脉不和""络脉失养"，与肝窦内皮细胞功能失调类似；中晚期多见"络脉郁滞""络脉瘀阻""络脉虚损"等，相当于肝窦毛细血管化。

肝纤维化、肝硬化、慢性萎缩性胃炎等疾病都有病程长、病机复杂、虚实夹杂的特点，发病过程中"毒损络脉"的传变规律符合络病理论由经入络、由气到血的致病特点。

中医人才培养与学术传承发展的体会

访谈者：谈谈您对中医人才培养与学术传承发展的体会？

姚乃礼：在中国中医科学院工作的40多年中，我非常重视人才培养和学术传承与发展，先后以研究生教育、西学中教育和师承教育等形式培养传承人才，并牵头建立起广安门医院的中医肝病、脾胃病国家重点专科，也组织中国中医科学院各单位申报和建立各级各类重点专科、重点学科，许多优秀人才、专科、学科都成了全国的"领头羊"，在中医药人才培养和学术发展中发挥了重要引领作用，通过这些工作和思考，在人才培养和学术发展方面也有一些自己的认识和看法。

1. 中医人才培养，当重视师承传授和经典研读，以求薪火相传，生生不息

中医的疗效优势体现于优秀中医师的临床水平，发挥中医的特色优势必须将培养优秀的中医人才摆在突出位置。受现代教育模式的影响，中医传统的师承制培养模式逐渐淡化，而对以"四大经典"为代表的中医经典理论的忽视，导致中医师对传统中医知识的储备严重不足，最终导致中医临床疗效的下滑，甚至影响到年轻中医师对专业的信心。我认为，在中医人才培养方面，必须给予传统的中医学习及教育模式足够的尊重，才能培养出合格的中医师。在理论学习方面，突出《黄帝内经》《伤寒论》《金匮要略》《温病学》等中医经典著作的基础地位，在此基础上广泛涉猎各家，如《难经》《神农本草经》《本草纲目》、金元四大家著作、《医宗金鉴》《景岳全书》等。在

临床能力培养方面，注重中医师承带教的积极意义，一方面使得名老中医的学术经验后继有人，另一方面通过名老中医的点拨引领，提高学生学习中医的兴趣和效率，坚定其为中医药事业献身的专业信念；"熟读王叔和，不如临证多"，在注重理论学习和跟师的同时，尽可能多地参与临床诊疗工作，在实践中积累经验，重点培养应用中医药理论和方法解决临床问题的能力。

2. 中医健康服务要突出特色，发挥优势，有的放矢，方可惠及百姓

首先要根据不同群体对健康服务的需要，提高中医药在卫生保健、防治疾病中的"参与度"。针对目前亚健康、心身疾病、功能性疾病、慢性病高发的特点，中医药的特色优势逐渐为人们所重视。以传统中医汤剂为主，为解决都市群体现代生活节奏快，难以按时服药的问题，开发颗粒剂、免煎剂、丸剂、散剂、膏剂等，以及针灸、按摩、拔罐、气功等非药物疗法。以传统膏方为例，其在对慢性病、疑难病、亚健康的治疗和调理方面比传统汤剂更具优势。有着入冬进补习俗的江南地区，各中医院的膏方服务项目成为每年入冬季节健康保健市场的热点。基于中医"冬病夏治"理论的"三伏贴"，因经济方便、安全有效，广为人们所接受。再如以针刺、按摩、气功为代表的多种非药物疗法，对多种功能性疾病、情志疾病疗效确切，因其简便廉效，较之药物治疗更容易为人们所接受。应当积极鼓励相关专家下基层、进社区，并大力培训基层全科医师，编织中医药服务的立体网络，将中医药的特色疗效优势转变成人民群众看得见、体验得到的实惠。

3. 中医学术发展，要重视吸收现代研究成果，衷中参西，相辅相成，方有突破

现代科技的突飞猛进为中医药的发展带来了前所未有的机遇，尤其现代医学的发展理念、方法技术、人才培养模式、服务模式等均可为中医学的发展提供有益借鉴。同样，西学东渐，中西医汇通，对传统中医的发展也提出新的挑战，中医药传统的服务模式、人才培养模式、诊疗技术、疗效评价体系、服务能力等，均受到不同程度冲击。

就中医自身的相对优势而言，一方面，中医学"道法自然""天人合一"的思想，为现代"对抗医学"模式提供深刻的哲学启示；中医学注重预防、以人为本、辨证论治的诊疗模式，为医学模式的转变积累了必要的经验，并提供了可供参考的样本；中医学科学的养生理念、丰富的防治手段，有望帮助现代医学从无尽的药物研发和设备更新中解放出来；中医学浓厚的人文气

息，为改善现阶段医患关系、建设行业文化提供智力支持。

另一方面，现代医学与时俱进、不断创新的发展态势，对中医学的继承创新工作起到很好的示范作用。现代医学注重实证、客观严谨的治学方法，也为中医行业和中医同道所重视；现代医学先进的诊疗设备，为中医学的科学合理应用提供技术保障；现代医学规模化的人才培养模式，可为中医学服务模式和人才培养模式提供借鉴。将两者优势互补的中西医结合学科无疑更具活力和发展前景，在提高临床疗效、形成科研思路、促进新药研发、激发设备创新、丰富学科体系、培养复合型人才等方面，均能起到积极推动作用。所以，中医学术发展，一定要重视传承创新，并吸收现代研究成果，衷中参西，相辅相成，才能更好地发展中医，并取得突破性成就。

　　传承，实践、创造、发展。

　　以极强的历史责任感传承中医文化和岐黄技艺；以极为崇高的职业精神救死扶伤、身体力行，为人民群众解决病痛疾苦；以极具智慧的思想触角创新诊治手段，完善和发展学科体系；以极具热情的奉献精神甘为人梯、培桃育李，为中医发展培养后人。

（姚乃礼名老中医传承工作室　刘绍能整理）

第十九章　刘伟胜

　　刘伟胜（1937—），男，广东兴宁人，广州中医药大学教授，主任医师。中医肿瘤病、呼吸病学专家，肿瘤科、呼吸科学科带头人。1963年毕业于广州中医学院。从事教学、临床工作60年，为岭南名老中医之一。享受国务院政府特殊津贴，为全国第二、三、四批全国老中医药专家学术经验继承工作指导老师。曾获"全国防治非典工作优秀共产党员""中医药抗击非典特殊贡献奖""全国防治非典型肺炎优秀科技工作者""广东省抗击非典先进个人一等功"、广州中医药大学"211"工程重点学科建设先进个人、"中国中西医结合肿瘤防治特殊贡献奖"等。主编《中医肿瘤学》《刘伟胜从医50年临证集萃》《中医肿瘤、呼吸病临证证治》《肿瘤病治疗调养全书》等多部专著，发表相关论文数十篇。科研上参加"慢性支气管炎中西医结合分型诊断和治疗"项目，获1978年全国科学大会一等奖（集体奖）；"舌诊对慢性阻塞性肺疾病病情判断的意义"项目，获广东省高教局成果三等奖；研制的"降气定喘颗粒"获1985年广州市科委科技成果四等奖，该方与"祛痰止咳冲剂"先后通过省级鉴定，分别转让生产，收到良好的社会效益和经济效益；"中医药对非小细胞肺癌防治及抗复发的临床与实验研究"项目，获1999年广东省中医药科技进步奖二等奖；"中西医结合治疗传染性非典型肺炎的临床研究"项目，获2003年教育部、2005年中华中医药学会二等奖。

　　刘伟胜教授擅长治疗肺癌、肝癌、肠癌、鼻咽癌等肿瘤类疾病，慢性支气管炎、慢性阻塞性肺疾病、呼吸衰竭等呼吸系统疾病及危重症。

名医访谈——我的学医缘由

访谈者：您是怎么走上中医之路的？

刘伟胜：我是客家人，家乡在广东兴宁。与大多数农村家庭一样，经济条件不好。大哥因此辍学，到北京参军。1957 年我参加高考，填报志愿时颇感棘手，当时的情况是，没有助学金的话，即使考上大学，家里也负担不起学费；要想申请助学金，必须有公社大队开的财力证明，而以我家的成分，让公社开证明的可能性基本为零。于是老师给我出主意，我患有近视，成分不好，家里没钱，如果选读中医，则没有视力限制，免学费，学校每月提供13.5 元的饭票，最关键的是，不需要公社的证明。

我的父亲是个知识分子，多少懂点中医，家里有一些中医古籍，比如《金匮要略》《伤寒论》等，都是小本本的，我平时会读一读，逐渐对中医产生了兴趣，所以我决定读中医，然后报名参加了新中国第二届高考，考上了广州中医学院（今广州中医药大学）。放榜后，我得到一个到广州念大学的机会。因为没钱，在广州念书六年，我没回过一次家。穿的是大哥淘汰下来的旧军服。寒暑假则留在学校勤工俭学，在学校周围的菜地里挑粪、担水种番茄。

大学六年期间，教我们的都是广东省的名中医。那个时候，生活上虽然艰苦，但是过得很充实，也认真学习。那些老师不像现在的老师穿西装，他们穿唐装，我们也是很尊重老师。他们都是名医，讲课讲得非常好，大学期间我也很努力学习。

我学习中医的四个阶段

访谈者：您学习中医经历了哪几个阶段？

刘伟胜：我学习中医的过程可以分为四个阶段。

第一个阶段：就是在广州中医学院的大学学习阶段。这个阶段以听课学习为主，学习中西医基础知识，掌握基本技能。有较多的记忆内容，且中医经典大都是医古文，在熟记重要知识点的基础上，更重要的是理解和掌握，构建知识体系，并融会贯通。老师讲解相关内容，比如《金匮要略》《伤寒论》等。因为我以前就在家里读过一些中医经典著作，所以再听老师讲解就理解得更加深刻。于是被博大精深的中医所吸引，刻苦学习，打下了较好的专业基础。那时教我们的老师都是广东省的名中医，老师讲课讲得很好，学生们也认真学习。

第二个阶段：毕业了分配到湖南中医学院附属医院，跟禤国维等几位同学一起。湖南中医学院附属医院刚刚开办，我们七位同学过去，学校就告诉我们，正好协助办学。那我们刚刚去的时候呢，夜晚吃饭前就有人倒水给我们洗脸洗脚。后来才知道，给我们倒水洗脸洗脚是位老红军，把我们给感动到了，感觉到非常温暖，在那里工作很愉快。为尽快适应临床，我是带着问题再学习，理论联系实际。我一去就先分配到儿科，工作大概不到一年，那个时候湖南麻疹流行，要我下乡，六四年大雪封山，我就骑着单车，走家串户，提倡什么呢，麻疹不出门，就是不能到外面，麻疹因为传染，所以要隔离，治疗上主要是中医，就是当温病治，那效果相当好，如果合并肺炎的就用点抗生素。在麻疹治疗过程中，我把以前学习过的中医经典理论与临床相结合，将自己学习过的中医知识应用到实践过程中，并且取得了很好的效果，所以对中医更加有兴趣，也更有信心。那个时候我接触了麻疹，我们那个队，就是我一个人（医生），还有一个护士跟着我，我们取得的疗效是长沙南区的第一名。

"文化大革命"期间，我到了保健科。很多革命分子要去井冈山，经过湖南，然后上井冈山，就那一条线。那条路线，当时流脑流行，流行性脑膜炎，死了不少人。我们医院派我去当领队，我是队长。大约有十几个人，有一个是老中医，其他都是年轻人。那去了之后，将大祠堂当临时医院，前面一进来就是前厅，做临时门诊，就放一张桌子，接诊生病的学生；中厅做抢救室，我们摆一张床放在那；后面是三进厅，做临时病房，收治患者。他们症状都很典型，脸色苍白，讲话糊涂，那时候不用做腰穿，一看到他们的样子就基本可以判断是流脑了。有位患者之前还能讲话，到了我那儿已经不会讲话了，手上拿的馒头就掉下来了，很严重，病情发展得很快。那个时候呢，治疗用磺胺，这是很有效的药物，很多学生都被抢救回来，治好了很多人。回来之后，中医学院党委对我们、对我的工作还是很肯定的。跟我去的除了一个老中医，还有原来国民党的上校医生。那个时候我觉得他是医生嘛，我们要认真学，不会歧视。他跟我们下乡，他也很细心地教我，我也很细心地学习，很多西医的内容都是在那时学的。

第三个阶段：1968年工作调动回广州，到工人医院就是现在的广州医学院呼吸疾病研究所，当时与钟南山同志等一起进行"新医科"的建设和研究工作，回来之后就在那工作了几年，边工作边学习。主要从事中西医结合诊治呼吸系统疾病，系统学习了中西医相关知识，掌握了纤维支气管镜、气管插管、呼吸机辅助通气治疗等技术，提高了危急重症诊治水平。自己一直很认真读书，教科书、各种中医著作，只要有时间就抓紧时间读一读，遇到不懂的问题，经常要查阅书籍。我记得回到广州第一个治疗成功的病例就是一个中风的患者。他在急诊室，神志不清，乱说乱动、很躁动，急诊科没办法，家属说西医没办法，找个中医看一看行不行。后面就叫我去看，当时患者手脚都绑住了，我用压舌板撬开嘴巴一看，舌苔黄厚腻，肚胀，我当时就想，好像大承气汤证，试试看啊，开了大承气汤，试了之后患者第二天就醒了，后来患者恢复得很好，什么事都没有了。

后面国家发布搞科研工作的通知，搞什么呢，搞慢性支气管炎的科研。对于长期抽烟，引起的慢性支气管炎（简称"慢支"）、肺气肿、肺源性心脏病（简称"肺心病"），找一个能够治疗的方法。我们当时想搞西医怎么也赶不上北京、上海那些大城市的科研型大学，我们只好走中西医结合的道路。那么后面呢就是分工，中医就我，我负责定方，钟南山他们就搞理论研究，搞动物实验。我现在还有不少这个奖状，就是我跟钟南山等同志做研究获得的奖励。研究慢支什么的，得到七八年全国科学大会一等奖，题目是"慢性支气管炎的中西医结合诊断和治疗"。那个处方是我定的。后面我那个方转让了，转到中药一厂，还有一个转到潘高寿药厂，我的几个处方都转让了。这几个处方是看很多书研究出来的，其中一部书是《古今图书集成·医部全录》，书中分咳门、喘门、痰门这样的，就是专题。我就是从那边看到之后就组成这个方，组成四五个方，那个不是叫做一方二方，当时是七五年，叫七五一、七五二、七五三这样的，后面拿到大庆去试，效果很好。我们四个人，当时还不叫呼吸疾病研究所，叫做新医科，呼吸疾病研究所前身就是新医科，所以后面就是我们四个人把这个呼吸疾病研究所给办起来的。

这个学习呢，只能在临床上就是边工作边学习。比如今天看到一个患者，不太清楚什么问题，下班回家之后我就要翻书，把方子记下来，然后在书上找找，跟哪一个相近，他的病跟哪一个相近，就是一方面看书，一方面临床，这两个方面相结合。光去看书，还可能不会看病。光是在临床上看病不看书，也不能提高，两者是互相促进的。

还一个就是，不管是什么人，只要有点经验，我都要学。我在呼吸所的时候，南海里水有一个老中医，治疗哮喘效果很好，很多病例是断根的。我就到里水访问他，我说："我专门向您学习的，您是老前辈了，能不能把治好的患者给我看看，我说我什么时候来，来的时候，您找几个患者。"跟患者座谈之后，的确是，不少患者都讲："我过去有哮喘，就是他治好的。"他用的药是什么呢，他也不告诉我。然后我就从书上看，哮喘用什么药可能医得好，现代医学有什么方法，然后发现有砒霜，也就是三氧化二砷。那这位老中医就是把它磨成粉，之后做成丸子给患者吃。如果说砒霜中毒有什么症状，我有看书的，齿龈会出现铅线。结果我一看患者，当然我不会专门去看的，他一讲话就看到牙齿一点黑黑的。后面我说："我们做个实验看看，你们能不能留点小便给我，我回去看一看。"结果小便检查发现就是铅中毒。这个方法治疗哮喘肯定有效，但是他要中毒，只有中毒之后才会断根，所以我就不敢用，没有专门研究，又不中毒，又能够断根，那当然是最好，实际上应该是可以的。

很多民间的中医，他是专门治一种病、两种病，其他的病他不会，他是祖传的。但是我们可以从他那里学到很多东西，治疗慢性支气管炎我也访问过很多民间医生。比如说我那个治疗慢性支气管炎的方，也是访问很多民间医生，结合查阅很多中医古籍得来的，不是我个人的。

还有一个治疗重症肌无力，邓老治疗重症肌无力是以补脾为主的，我治疗重症肌无力是以补肾为主的。那是不是我创造出来的呢，我拿出来的呢？不是的，是从患者身上学到的。有一个患者，他经过广州医学院门口的时候跌倒了，他因为重症肌无力而全身无力，跌倒之后到了急诊科，然后收入住院，他呼吸很差了。我就问他："你去哪里啊？"他说："我去中山医院。"我说："去中山医院干什么？"他说："我去看病。"我问："看什么病啊？"他说："我是重症肌无力，我去开药。"我说："你是哪里人啊？"他说："我是珠海的。"我说："你平时吃什么药？怎么吃饭啊？"他说："我现在吃东西吃不到了，牙齿没有力，咬不动，眼睛往下掉。"这就是重症肌无力的症状了。过去我根本不知道，原来重症肌无力是这样的，口水很多。他说："我吃了中药，口水也少了，也可以吃骨头了，不吃中药呢就什么都吃不到。"我说："你那个方子给我看看行不行。"他说："可以，你拿去看。"我一看全是补肾药，所以我从这里学到治疗重症肌无力的方法。有几个重症肌无力的患者治好了，就是用这类方为主。现在有个患者还挺好的，几十年了，现在还没有事。

第四个阶段：1991 年，我被广东省中医院院领导指派负责成立肿瘤科，那么这里面呢，困难是很大的。因为我以前也不是搞肿瘤的，我以前是搞肺部疾病的，研究慢性阻塞性肺疾病（慢阻肺），后面去搞肿瘤，肿瘤不但有肺的，还有其他的，那么第一个就是要勇于担担子，第二个担了担子自己要去不断学习，阅读典籍，查阅资料，悉心请教，不耻下问。经过不懈努力，在临床、科研方面，理清了中医治疗肿瘤的各种方法及特点，把握中西医结合的切入点，充分发挥中医特色与优势，为科室、专科的可持续发展打下了基础。在教书育人方面，先后被评为硕士、博士生导师，省名中医；担任全国老中医药专家学术经验继承工作指导老师，培养的相关人才已成为医院及各单位的骨干。获全国老中医药专家学术经验继承工作"优秀指导老师称号。在科研方面，结合多年临床经验，研发了抗肿瘤院内制剂消积饮。"中医药对非小细胞肺癌防治及抗复发的临床与实验研究"获 1999 年广东省中医药科技进步奖二等奖。成立广东省中医药学会呼吸病学会并担任第一届主任委员，同时还兼任多项国家级、省级学会的职务。2008 年被中国中西医结合学会肿瘤专业委员会授予特殊贡献奖。

我治疗恶性肿瘤的一些体会

访谈者：谈谈您治疗恶性肿瘤的经验？

刘伟胜：到目前为止，我从事中医工作已经 60 年了。通过这些年的临床实践，我对一部分病证的诊疗也总结了一些自己的经验和体会。比如近年来我门诊上治疗较多的病种是常见的肺癌、肝癌、大肠癌、鼻咽癌等。对于恶性肿瘤治疗我有以下的体会。

治疗恶性肿瘤疾病要重视个体化原则。个体化治疗必须根据肿瘤的生物学特性、患者局部和全身情况、各种治疗措施的特点、患者的经济情况、伦理等全面来确定治疗方案。我的中医个体化治疗的原则是，在个体化治疗中重视稳定率，改善症状，延长生存期，提高生存质量。根据病理分型及临床分期来确定治则，对于早中期恶性肿瘤，中医药配合手术、放化疗、生物治疗，以抗术后复发与转移，并起到减毒增效的作用；对于晚期失去了手术机会，并不能耐受放化疗，或不愿手术，坚持用中医药治疗者，可以中医辨病、辨证与对症治疗相结合。

在临床中重视中医、西医相互取长补短，形成个体化中西医结合治疗方法。在中医治疗中，以辨病论治及辨证治疗相结合为制订治疗方案的基础。辨病则辨肿瘤病理分型、分期、是否放化疗阶段，辨证则重视区分病程的阶段性、把握局部与整体的关系、重视处理多因素的病因、根据个体化差异整体性去认识疾病，重视病－证－症的结合。

在肿瘤个体化治疗中重视合理扶正祛邪，首先，通过辨证明确脏腑、气血、阴阳之虚，气滞、血瘀、热毒、痰饮、水湿之实；其次，重点益气健脾益肾；再次，扶正培本宜缓补而少峻补；最后，注意邪正标本、轻重缓急，应灵活立法施治。

随证调理的同时尤重视顾护脾胃，要缓缓补之，在临床立法时或先调脾胃，然后施以扶正祛邪，或在祛邪时不忘保护脾胃。善用全蝎、蜈蚣、半枝莲、白花蛇舌草等以攻毒散结，使用时避开手术、放疗、化疗后等正虚之期，并与扶正健脾补肾等品同用，能起到攻邪而不伤正之功效。

治疗肿瘤的常用治法有扶正培本、理气活血、清热解毒、软坚散结、化痰祛湿、以毒攻毒、养阴清热、对症治疗等。由于肿瘤疾病较复杂，属多系统、多组织器官受累，寒热交错，虚实夹杂，因而上述各法常配合作用，以一法为主，配合其他治法。

针对肿瘤化疗后出现的毒副反应的治疗有独到心得。化疗中的扶正固本治疗应以扶正益气为主，但仅有扶正法是不够的，而应针对各种化疗药物引起的不同反应，予以辨证施治，才能更好地保护机体，减少化疗药物毒副反应，同时也能加强化疗药物的抗癌作用，从而使绝大多数患者化疗得以顺利完成。针对肿瘤化疗后出现的毒副反应，采用中医辨证施治对肿瘤化疗减毒，如益气健脾，和胃止呕；温补脾肾，助阳利水；补肾填精，益气滋阴；滋补肝肾，养阴生津；清热解毒，和营活血；泻热除湿，清肝利胆等。

对于肿瘤患者，除了积极对原发病进行治疗外，生活中还要注意一些与癌症发病有关的问题，才能收到相辅相成的效果，提高治疗效果，防止病情恶化，帮助患者早日康复。在日常生活中应该注意以下方面：①养成良好的生活习惯；②肿瘤患者的饮食调理与忌口；③保持良好心态，勇敢面对疾病；④适当进行运动锻炼。

优秀中医应当具备的素质

访谈者：您认为优秀中医应当具备哪些素质？

刘伟胜：我认为要做一个优秀的中医，首先要具有高尚的品德修养，关心患者疾苦，感同身受，具备同情、怜悯之心；不论贫富，一视同仁；敬畏生命，如履薄冰，不断提高专业水平。在人文方面，要重视患者的心理状况、家庭及社会关系，具有深厚的人文情怀。在专业方面，既要有扎实的中医功底，又要掌握现代诊疗技术，中西医融会贯通，充分发挥中医特色与优势。

我们应该以患者为中心。我们的老师，也就是现在讲的，全国的、省的名中医，他们是很认真的，看病都很认真。而且很同情患者，有的老师看到患者出不起钱，可能就自己掏腰包了。他们对患者诊断是非常耐心的，也就是按照中医传统理论，望闻问切，都做得到了，然后才开方的，不是问了一两句就开方的。他们都会详细问诊，切了脉，然后说这个是什么证，应该是属于用伤寒辨证还是用脏腑辨证，还是要用温病辨证，再予以处方用药。

我们要同情患者，要理解患者，关心患者疾苦，感同身受。我最近碰到这样一位患者，患者得了肺癌，到中山大学附属肿瘤医院（中山医院）看病，中山医院的教授叫他化疗，他说："我不想化疗，行不行。"那个医生态度很差，把他病历一摔，说："你不化疗过来干什么？"患者即刻就流泪了。如果是我看的话，我就不会这样，你不化疗可以换一个方法，用其他药物呀。因为这个患者，他有很多情况的，我们不了解的，他没钱呐，家庭关系不一定很好啦，怕治疗费用太多了等等。所以你要了解，从他的讲话里面了解，他可能是什么事情。比如有一位新疆患者，女的，她丈夫带她从新疆乌鲁木齐来到广州看病，我在门诊叫了她的名字，没人进来，我开门出去一看，夫妻两个在打架，我说："你们两个为什么打架？"患者说因为生病了，怕她丈夫不要她了，她不想看病。我后面跟这个患者讲了，我说："他不要你的话，他在这里干什么。你先生能够从新疆带你来广州，他是爱你的，爱这个家的，你应该来看病。他花那么多钱带你来看病，你都不接受，这样不好啊。"经过我劝解，她就看病了，看了三个月才回去。所以你知道患者的根本所在，比如他怕吃中药，你就告诉他应该怎么吃。他要是不吃汤药，有中成药；不吃中成药，有汤药。你不能说一成不变，非要吃我这个药不可，都是可以变通的。

有一个女患者，29岁，诊断为卵巢癌，她知道手术以后可能影响生小孩，不愿意做手术，因为她才二十几岁，还没有结婚。她就想，将来结婚的时候，全都切掉了，谁跟你结婚哪。我怎么给她解释呢，我说："没有关系，你回到重庆之后，到生殖医学中心，把你的卵子冷冻起来，然后你做手术，将来你疾病好了，再把卵子取出来，还是有可能生育的。"因为有这么一个机会，所以她觉得自己还有希望。我们要尊重患者，有一些私隐不能同别人讲的，她对我们讲了，我们也要保守秘密。

所以我们要关心患者、理解患者、爱护患者，才更容易拉近医患关系，患者就更容易相信我们。这样我们开的方他会吃，有什么反应他也会告诉我们，有时患者甚至打电话来问我："我吃了你开的药拉肚子。"我会解释："你这个病应该拉肚子的，拉肚子对病情是有好处的。"我会告诉他："你还照吃啊，吃多几剂，病情会好一些。"但是，如果服药后不应该腹泻的，我就会告诉他："你停一下试试，观察看看。"我们要充分了解，我们开的药、中成药，里面有什么成分，可能有什么副作用，作用是怎么样的，只有这样的话，才是很好地为患者治疗。

作为一个优秀的中医，还要不断学习，提高自身中医功底，要非常虚心地向所有有相关知识和经验的人学习，不在乎其职称、身份，也向患者学习，研究患者的治疗病历，总结经验，学习新的治疗方法，这样才能不断提高自己的诊疗水平。我现在的治疗模式就是，处方是中药的，是中医理论基础，中医辨证在前面，但是必须与西医结合，为什么呢？没有诊断，你肺癌也是咳痰喘，慢性支气管炎也可以是咳痰喘，那是肺癌还是慢性支气管炎？一定要有病理，没病理就不行了。所以中西医结合不等于就要用西药。当然也不等于不用西药，当西药有很好很明确的疗效，我们也可以用。还有一个，我们认为患者要做手术，一样可以让他们去做手术，如果做手术比吃中药要好、要快，预后还可以，就让患者去做手术。所以我们不仅要懂得中医的知识，还要掌握西医的进展，要坚持学习，多读书、查资料，才能给患者更好的治疗，让中西医结合诊疗帮助更多的患者。

我对中医传承及培养弟子的体会

访谈者：您对中医传承及培养弟子有哪些体会？

刘伟胜：对于传承中医经验及培养弟子，我体会要做到以下几点。

1.重视医德培养

想要做一个好医生，首先要有良好的医德。在临床过程中，言传身教，以身作则，学生们看到我们是怎么做的，就会跟着学习。我们对患者要将心比心，急患者所急，忧患者所忧。我们医生要同情患者，站在患者角度去理解他们的痛苦，关爱他人，有助于患者解除心理障碍，积极配合治疗。很多肿瘤患者因为疾病的折磨，身体和心理都非常脆弱，有些患者对抗疾病的信心几乎处于崩溃的边缘，在和他们交流时要笑得和蔼一点，把病情解释得清楚一点，回答疑问时耐心一点，患者有什么困难，自己力所能及地帮助一点，这些对医生个人而言，只不过是多花点时间和精力而已，而对患者而言，换回的可能就是健康乃至生命。我们对待患者还要一视同仁，不可以说患者是当官的，医生就非常殷勤，来的是一些乡下的贫穷的穷人，就不那么积极、就怠慢，不可以这样的。我们在临床过程中，要做好学生的榜样，学生在我们的影响下也会做得越来越好。

2. 启发式教学

在临床带教时，要注意引导学生思考，启发式教学，更有利于学生提高。有时候在工作里面，跟学生要有交流。我都会问他处方啊，怎么诊断啊，为什么是这么诊断，这个患者的处方为什么这么开。比如说胰腺癌，以前讲肝癌是癌王，胰腺癌是王中之王，怎么辨证啊，我就看他的症状了。如果是全身都黄，眼黄、皮肤黄、小便黄、瘙痒，我就看他是阳黄啊还是阴黄啊，阳黄就用大柴胡汤，阴黄则在大柴胡汤基础上加上附子、肉桂。所以有时候我开方的时候，我就问学生这是什么方啊？他讲不出来。我就说大柴胡汤你知道吗，你看看这里面有没有？有了吧，不过是加上一点药，半枝莲、白花蛇舌草、全蝎、蜈蚣这些药。这黄不泻就是不行啊。所以在工作里面有些事，不要怪学生，他就是来跟你学习的嘛，他讲不好，这一次他讲不好、讲不对，他以后都会记得。

3. 传授学习方法

我经常跟我的学生们讲，年轻医生啊要沉下心，要踏踏实实做事，认真对待每一个患者。特别是在临床上碰到一些疑难杂症的时候，一定要查资料。查资料是很重要的一个途径，当你通过医院的会诊、通过科室的会诊搞不定的时候，要去查一些最新的文献资料，来查阅世界上其他国家、其他同行对这方面的一些研究，这样能够帮助到患者，也有利于提高我们的医疗水平。我们不能满足于现在的成就，有句话叫做学无止境，学习永远在路上，特别是遇到一些困难和挫折，遇到一些疑难杂症的时候呢，就一定要去虚心向别人学习，向别人讨教。三人行必有我师，只要别人有这方面的知识，有一技之长，他的学识比我们渊博，我们就应该向别人学习，叫别人老师。这是最好的、最重要的一个学习方法。

4.耐心与爱心

作为老师，对待弟子要有耐心和爱心，如果学生或弟子们遇到困难，我都会想办法帮他们解决。有的学生家庭条件不好，在他们跟诊结束后我就会请学生们吃个饭，给他们改善一下伙食情况。学生家里小孩读书我也很关心，如果学生有需要，会帮助他们安排好小孩上学，不能把小孩学习给耽搁了。在跟诊时，边看诊边给学生们讲解，有利于学生理论联系实际，对于学生不会的问题，我也会耐心解答。学生们的论文、跟师笔记、出版的专著，我都会认真批改，还要找他们面谈我的想法，有不足的给予及时指出，让他们及时改正。

以上几点，是有密切联系的，教导学生和弟子们在思想上成为医德高尚的医生，在学术上成为医术高超的医生，努力把学生和弟子们培养成才。

我觉得医生这样的职业，最重要的一点是要有高尚的医德；其次要努力学习，多读书，虚心下问，向所有掌握专业知识的人学习，博采各家之长，努力提高自身的医疗水平。希望学生们做个好中医，最好是中西医结合医生，不畏困难，坚韧不拔，虚心学习，尊敬师长，不要自高自大，为中西医结合创造更多经验，把中西医结合推向世界，留下更多的事迹。最后送学生们一句话——"学而不倦，仁心仁术"。

（刘伟胜名老中医传承工作室　李柳宁整理）

第二十章　王小云

王小云（1954—），女，国家中医药领军人才——"岐黄学者"，广州中医药大学妇科主任医师、二级教授、博士生导师、博士后合作导师。卫生部、人事部、教育部联合指定第五、七批全国老中医药专家学术经验继承工作指导老师，国家药品监督管理局与国家中医药管理局共同组建的"古代经典名方中药复方制剂专家审评委员会"委员（第一批），全国名老中医药专家经验传承工作室指导老师，广东省名中医，广东省教学名师，国家中医药管理局"十五""十一五""十二五"重点专科协作组牵头单位负责人，是中国参加"WHO ICD—11 TCM 和中医临床诊疗术语标准制定与修订"的妇科首席专家。曾历任国家新药/中药（广东省中医院）临床试验研究中心伦理委员会主任、广州中医药大学第二临床医学院纪委副书记、广州中医药大学第二临床医学院大妇科主任、妇科教研室主任，现任广州中医药大学妇科重点学科带头人、广东省中医院妇科学术带头人、主任导师，广东省中医院岭南妇科流派工作室负责人。

王小云教授1980年毕业于广州中医学院，同年分配到广州中医学院第二临床医学院工作至今，期间曾先后至广东省人民医院、中山医科大学附属医院、英国诺森比亚大学进修学习。先后跟随全国首届"国医大师"路志正教授，全国第三、四、五批名老中医药学家经验继承导师、广东省名中医李丽芸教授，腹针创始人薄智云教授，以及平衡针创始人王文远教授等多位名老中医临证学习。从事中医药临床、科研、教学工作40余年，擅长治疗妇科各类疑难杂病及危急重症，如更年期综合征、产后抑郁症、卵巢早衰、早发性卵巢功能不全、不孕症、多囊卵巢综合征、妇科感染性休克，月经性气胸、血崩症、异位妊娠、出血性休克，妇科术后肠梗阻、包裹性积液、胎盘植入、慢性盆腔痛、子宫内膜异位症、妇科恶性肿瘤等。至今共主持国家及部省级等各级课题45项，荣获国家教育部、广东省政府等各级科技成果奖17项，出版专著36部，发表学术论文180余篇（其中SCI、EI等20余篇）。培养专科各级优秀人才及硕、博研究生170人。获全国"首届杰出女中医师"、全国"郭园春式好医生"、全国"首届中医药传承高徒""全国优秀科技工作者""全国优秀中医健康信使""广东省丁颖科技奖"、广东省卫生系统"白求恩式医务工作者"、中国中医科学院"师德标兵""广东省教学名师"、广东省"南粤教书育人优秀教师"等荣誉称号。

我的学医缘由

访谈者： 您是怎么走上中医之路的？

王小云： 我自小生活在新社会，由外婆抚养长大。外婆时常对我说起家族医训的事。我们家族的太祖曾是一位岭南名医，治病救人无数，当时名望甚高，被称为"张一摸"，就是患者只要经过他的手摸一摸，便可知道病变部位、疾病的缓急轻重，药到病除。家族医训甚为严格，治病救人不能分贫富贵贱，不能耽误救治时机，不管是白天黑夜，随叫随到，还经常为贫穷的患者免费诊治，深受民众的赞誉。由于身处岭南之地，植物药资源十分丰富，我从小就目睹外婆用新鲜穿心莲加红糖捣烂外敷，治疗外伤感染及急性痈、疮、疖等疾病，效果甚好。正是这样的耳濡目染，使我从小就对中医有着浓厚的兴趣，那时就在内心深处埋下了立志中医，做一个好医生的种子。

我的从医之路与大多数医生并不同。1970 年，我在广州中医学院学的是护理专业，并以护理学专业入职广东省中医院，勤奋、认真、负责是我的工作作风，我以短短 4 年的时间从一名普通护士晋升到能独当一面的护士长。1976 年，由于我出色的工作表现及对医学的热忱，被广东省中医院推选到广州中医学院（现广州中医药大学）学习中医学专业临床课程。当时的广州中医学院名师云集，教室上课除了教授课本知识以外，大多都会把个人经验和从业心得教予学生。在此良好的学习氛围中，我忘我地投入学习，大学时期的上课笔记对我日后的工作都大有裨益。自此，我开始了真正意义上的中医之旅。

我的中医妇科之路

访谈者： 谈谈您的中医妇科之路？

王小云： 20 世纪 80 年代，我从广州中医学院毕业后分配到广东省中医院妇科，在当时妇科主任李丽芸教授的带领下开始妇科医生的生涯。80 年代的广东省中医院还是一个名不见经传的小医院，妇科全科室医生加起来只有六位，一天来就诊的患者只有 100 多人，这让我有更多时间观察每位前来就诊的患者，问诊的时间也相对较长。随着接触的患者越来越多，我也越来越能共情于患者的痛苦困扰。给我印象比较深的是一个因为更年期情绪失控而前来就医的患者。患者是 45 岁的妇女，近一年的时间经常会无故失控打 7 岁的儿子，打完以后又无比后悔，抱着儿子痛哭，这种病态让她十分痛苦。当时，普通人对更年期综合征、绝经相关疾病都不太重视，更不知道更年期阶段月经紊乱、潮热汗出、心悸、失眠、情绪波动、骨关节痛、尿失禁等几十种症状就是更年期综合征的症状，而很多医生也觉得更年期综合征并不是什么大病，认为与神经官能症没有什么区别，并没有被医学界重视，有学者认为没有太大的学术研究价值。当时年轻的我对这个疾病没有什么经验，虽然我很同情这些患者，尽我所能帮助她们改善症状。在查阅和分析了大量的医学资料之后，我意识到随着人民生活水平的提高，人均寿命的延长，全社会将逐步向老龄化发展，而社会压力逐年增大，妇女出现更年期相关病变的问题会愈来愈凸显和严峻。所以在接到医院通知要我选择专业方向的时候，我毅然选择当时被许多医学专家认为偏于冷门的"女性更年期相关疾病"作为自己终身研究的学术方向。

从那时开始，年轻的我立志要以解救更年期妇女脱离苦痛为己任，义无反顾地开始了更年期综合征专科方向的研究。在中医经典理论的指导下，最初将临床诊疗中发现的难点和瓶颈问题，通过临床科学研究方法摸索并综合了诊治规律和治疗方案，再通过大量的临床实践，验证和提升自己的中医理论水平和诊疗技能，从无数的偶然中发现了必然，更明确了如何发挥中医药特色与优势对疾病的诊治经验和体会，带领团队在更年期相关疾病领域中开展了长达40多年的系列研究，取得了可喜的成效，学术水平处于国内领先水平。但时至今日，我发现更年期相关疾病的领域还有很多未知，需要我们进一步持续探索和研究。

更年期综合征是典型的心身疾病，在日常临床工作中，我发现越来越多的更年期女性患者因容易出现情绪问题而深受困扰，严重者甚至痛不欲生。有这样一位46岁、来自中国香港的女患者，那一年她的妈妈病重，同时高中的儿子准备出国，无论是挽救妈妈的生命还是考虑儿子前途，都需要大量的财力，本来这些事情就已经让这位患者深感忧虑，恰逢此时，她朝夕相处的枕边人——她的丈夫，瞒着她偷偷赌马输掉了全部的存款，沉重的打击彻底压垮了这位患者最后的精神支柱，她开始变得精神抑郁，焦虑不安，彻夜难眠，甚至产生了轻生的念头，家人带她遍寻当地的名院、名医，毫无效果。后来一个偶然的机会找到我，我详细了解了患者的起病原因和治病全过程，认真寻找疾病的癥结所在，发现患者的起病原因与她的"心念"有关。《金匮翼》讲："凡忧思郁怒，久不能解者，多成此疾。"孙思邈《青囊秘箓》

曰："善医者，必先医其心，而后医其身。"在中医"心身合一"理论指导下，我对她进行中医"以情胜情"治疗，采用"悲胜怒"治法，引导其宣泄不良情绪。治疗过程中患者放声大哭，痛哭了整整半小时，哭完以后，当时患者就觉得胸口闷堵症状完全消失。此后再通过"喜胜悲忧"治法，平衡患者的不良情绪，发挥情志的正性效应。经过几次治疗，最终患者欣然痊愈。根据《黄帝内经》的"五志相胜"和"以情胜情"的原理，我率先在全国开展了"心身同治更年期综合征"的临床研究。此后又有幸师从全国首届"国医大师"路志正教授，在路老的指导下，我进一步对中医情志疗法、心身同治更年期综合征等进行了深入研究；同时我也师从薄氏腹针创始人薄智云教授学习腹针，师从平衡针创始人王文远教授学习平衡针等中医特色技术，以中医疗效为前提，在传承中医、发挥中医特色的道路上，深入探索，不断进取，超越自我，独创了中医"情志疗法"操作规范，"额针"疗法，形成了自身"心身同治""针药并用"的学术思想和临证诊治特色。

　　到了2000年，对更年期相关疾病的研究已有十几个年头了，让我真正从临床医生向临床科研复合型医生转化的，则是一次看似偶然的机会。当时国家"十五"攻关项目招标，这是国家科技部第一次对妇科疾病诊治开放招标，就是中医药治疗"更年期综合征"的研究。当时广东省中医院妇科只有我带领的团队是重点研究更年期相关疾病方向的，当时吕玉波院长找到我，多次跟我谈心，鼓励我积极申报，争取这个项目，当时我非常犹豫，觉得自己就是一个小医生，而且我们团队的人员非常单薄，怎么可能承担得起这么重大的国家项目呢？吕院长耐心引导我，告诉我申报的过程就是整理自己思路和业绩的过程，从中可以发现自己的优点和不足，明确进一步努力的方向。在吕院长的再三鼓励下，我与团队的同事们用了3个月的时间整理了我们既往的研究成果，突然发现原来不经意间我们已经做了不少的工作，这也成为我们最后申报成功的扎实的临床优势和研究基础。我们获得了国家科技"十五"攻关课题"妇女更年期综合征中医证治规律研究"，申报国家项目不易，完成更难。研究期间正逢非典高峰时期，其中的难处可想而知。经过克服重重困难，2004年，我和团队背着满满7大箱的原始资料按期上北京参加验收答辩，最终以全国12个验收项目中排名第一的优异成绩顺利通过验收，得到了国家科技部和评审专家的高度好评。当宣布验收名单时我热泪盈眶，心情更是一言难尽，有如释重负的轻松，又有苦尽甘来的欣慰，至今想起那一幕仍然心潮澎湃。此后我又连续主持了国家科技部"十五"攻关滚动课题"绝经综合征中医临床疗效评价研究”和国家科技部“十一五”支撑计划项目“中医治疗常见病研究——中医标本同治法治疗不孕症研究”和“中医‘异病同治’绝经综合征、经前期综合征优化治疗方案及应用规范研究”，在全国首创制订了中医“情志疗法”操作规范，科学验证了中医“心身同治”的确切疗效，并在全国多中心推广应用，收到了极好的社会效应。2005 年获教育部科技进步奖二等奖。在此期间，我担任国家临床重点专科学科带头人、国家中医药管理局“十五”“十一五”“十二五”重点专科协作组牵头单位负责人，带领全国 63 家三甲医院的妇科重点专科进行专科建设，在大家的共同努力下 100% 顺利通过重点专科验收，在全国有较大的社会影响力，还先后在加拿大、美国、法国、韩国等多个国家和地区，以及中国香港、台湾、澳门等地进行学术交流，提升了国际影响力。

我运用中医药诊治妇科疑难疾病的经验与体会

访谈者：谈谈您诊治妇科疑难疾病的经验与体会？

王小云：我从事中医药治疗妇科疾病工作 40 余年，擅长通过中医“心身同治”“内外合治”“针药并用”诊治妇科疑难疾病及急重病症，形成了自己的学术思想与临证经验。

1. 中医辨证治疗早发性卵巢功能不全

早发性卵巢功能不全在国际及国内的诊断标准是：①女性年龄＜40 岁；②月经稀发或停经 4 个月及以上；③至少 2 次血清基础 FSH ＞ 25IU/L（间隔＞ 4 周）。

这个病的发病率大概在 1%～ 5%，现在有增加的趋势。相比于其他妇科疾病，该病的发病率虽然不高，但对妇女的危害很大，不仅影响妇女自身健康，更严重影响生育能力，进而影响到夫妻关系、家庭稳定。目前西医除了用激素治疗以维持月经来潮，没有办法逆转已经衰退的卵巢功能。但是中医药对于改善卵巢功能有独特的疗效优势。本人经过数十年临证实践总结出来的经验方养阴疏肝方，主要由白芍、柴胡等组成，以滋养肝肾、养血调冲为治法，经临床大样本研究观察，对早发性卵巢功能不全疗效满意且安全。另外对心肾不交、水火失济的证型，我常用熟地黄、山茱萸、女贞子、麦冬、墨旱莲等滋养肾水；淡竹叶、川木通、甘草、莲子、五味子等清心安神，通过滋养肾水以制心火，水火相济，平衡阴阳，以达到调经治病的目的。对于水土违和、脾肾不足的证型，临证给予健脾补肾、养血调经治法，常用归脾汤合左归丸、右归丸加减治疗，主用仙茅、淫羊藿、枸杞子、当归、白芍、生黄芪、党参、茯苓、广木香。对于金亏水乏、肺肾两虚的证型，临证治以益肾保金，常以六味地黄丸滋养肾阴。然肺为水之上源，肺阴虚损，肺津不能下降以滋补肾阴，母病及子，亦可致肾阴不足，按"虚则补其母"之治则，多采取甘温保肺或甘凉清肺之法，用药常配伍前胡、沙参、麦冬、百合等品，使金水相生，则月事可调，卵巢功能有所改善。

早发性卵巢功能不全的患者多存在不良情绪，且易悲、易怒、易恐、多思虑等负性情绪常会加重卵巢功能下降的进度，甚至严重影响卵巢功能恢复和疗效的稳定性。《素问·阴阳应象大论》曰："肝在志为怒。怒伤肝，悲胜怒。脾在志为思。思伤脾，怒胜思。肺在志为忧。忧伤肺，喜胜忧。肾在志为恐。恐伤肾，思胜恐。"在中医"情志致病"与"情志治病"学说理论的指导下，在临证诊治中，我带领团队开展中医"情志疗法"，用正性的情绪调节、平衡负性情绪，"用之以药石，劝之以良言"，十分重视患者的情绪状态，往往采用情志疏导，即"告之以其败，语之以其善，导之以其所便，开之以其所苦"，从而诱导患者吐露压抑的心声，宣泄不良情绪，通过情志治疗的正性效应，发挥患者情志恢复的能动性。通过积极的中医心身同治疗法，首医其心，再调其身，治愈了众多疑难患者，使已经减退的卵巢功能得到恢复，使因此而丧失生育能力的患者恢复了生育。

2. 中医辨证治疗妇科晚期恶性肿瘤

许多学者认为，中医药是恶性肿瘤的辅助治疗措施之一，不能进入主流，甚至有专科医生一再告诫晚期恶性肿瘤患者，在接受西医抗肿瘤治疗的同时不能接受中医药治疗，以致于西医抗肿瘤治疗因其效果的不确定性和出现严重并发症，使患者遭受其苦，甚至影响生命。事实上，当今对于早中期恶性肿瘤患者，手术和放化疗、靶向治疗等的确是西医抗肿瘤的主要治疗方法，但对于晚期恶性肿瘤患者，目前西医尚缺乏有效的治疗方法，而中医药以其整体观念和辨证论治为特点，在晚期恶性肿瘤治疗方面发挥着一定的积极作用，中医药的综合疗法在改善晚期恶性肿瘤患者的生存质量、延长生存期等方面有其独特的优势。我运用中医药治疗妇科晚期恶性肿瘤的体会有以下几点。

第一，晚期肿瘤姑息治疗患者以祛邪、扶正并重，当活血化瘀、理滞运脾。晚期肿瘤患者失去了手术的最佳时期，西医抗癌治疗已经不能使其获益，只能采用姑息治疗，让患者在舒适的状态下带瘤生存。患者体内有形瘀毒留滞，瘀血既是致病因素，又是病理产物，因此当祛除体内有形瘀毒邪气；又因恶性肿瘤的特殊病理阶段，此期人体正气受损，邪正交争，当以祛邪、扶正并用。李东垣提出"恶血必归于肝"。肝疏泄功能失常使正常血液、津液运行障碍，久则成瘀。本人在治疗妇科晚期恶性肿瘤方面，运用疏肝活血治法，常用平和活血类药物，如最常用当归、丹参、赤芍、郁金、桃仁、红花等药，都入肝经；少用破血化瘀药物如三棱、莪术，以防破血伤正。本人认为对于晚期恶性肿瘤患者若盲目驱邪而忽视扶正，则往往收效欠佳，故注重理滞运脾，固护后天之本，使气血生化有源，常用党参、茯苓、白术、黄芪、五指毛桃、茯苓、陈皮等。此外疏肝胆之气有利于恢复脾升胃降功能，使津液四布，营卫调和。

第二，重视情志治疗在晚期恶性肿瘤患者中的应用。由于医学的局限性，人们对恶性肿瘤多具有恐惧感，会出现不同程度的抑郁、情绪低落、恐惧等情志失调，强烈的精神反应可导致机体的免疫、神经、内分泌功能紊乱，进一步加重病情，直接影响患者的治疗和康复。本人临证时非常重视晚期恶性肿瘤患者的情绪状态，采用语言疏导法，解除其不良情绪，引导患者对疾病有正确的认识，让患者学会将肿瘤视为一种慢性病，安慰鼓励患者，给予其希望，激发正性情绪作用，从而有益于疾病的治疗和改善。此外，情志治疗不仅仅局限于患者本人，患者家属同样是情志治疗的主体，鼓励家人、朋友以平常心态对待患者，让患者找回自尊，体会生命存在的意义，创造良好和谐的家庭、社会环境。

优秀中医应当具备的素质

访谈者：您认为优秀中医应当具备哪些素质？

王小云：我认为优秀的中医应当具备良好的素质，概括起来就是仁心仁术。

首先是仁心。仁心往往与厚德相提并论，"医乃仁术，无德不立"，只有感患者之苦，体患者之痛，与患者感同身受，将患者的苦痛放在心上，"患者至上"，放弃私念，才能真正为患者竭尽全力。作为一个医者，要拥有崇高的职业情怀和精神，人的禀赋资质有差异，但只要拥有仁心，那么就有希望成为一个好医生。2011年10月的一天，一对移民美国的夫妇带着宝贝女儿的百日照和大学毕业照，特意从美国来到广东省中医院大德路总院的妇科教研室，对我表示感谢。18年前，这对已结婚10多年的夫妇，太太先后自然流产5次，胚胎每次都在妊娠2个月左右停止发育。太太觉得自己此生与子无缘，不能拖累男方而有了离婚的念头。后来机缘巧合来到我这里，经过诊治，这对夫妇顺利产下一健康的女孩，但生下小孩没多久，全家就移民美国了。这次他们的女儿在美国名校硕士毕业，夫妻二人专程回来，对我致以万分的感激。夫妻二人回忆，在妊娠过程中最难熬的是经常想起以往多次的流产经历而心生恐惧，她们夫妇说幸亏在我的悉心安慰下，才转忧为安，坚持到最后顺利分娩，而且由于在妊娠期得到中医药的精心调治，女儿生下来后体质非常健壮，而且聪明伶俐。想起当时年轻的我，其实并没有很高的技术，对于复发性流产也不是特别熟悉。我也没有十分的把握一定能保住她的胎，但看到这个患者每天忧虑害怕的样子，想到她多次流产的往事，同样身为人母的我，特别心痛和同情，于是经常安慰她、开导她，给她鼓励，并结合她的病情认真钻研古籍，查阅了大量的中外资料，请教老师，然后悉心为她治病，最终帮助他们夫妻完成了身为父母的梦想，诞下了一个健康聪明的宝贝。

其次是仁术。孙思邈在《大医精诚》有言："故学者必须博极医源，精勤不倦！"医生的天职就是救死扶伤，要完成这光荣的使命，光有决心和信念是不够的，除了要有基本的医疗技能外，更要具备人无我有、人有我更专的"医疗金刚钻"，能解决医学上的疑难问题。我在40多年的医疗实践中，非常注重学习、注重积累，深入思考，努力探索中医治病之道，提高诊治疑难疾病的能力。通过多年的沉淀，我现在运用中医"心身同治、针药并用、内外合治"等中医综合疗法，包括中医辨证施治、"情志疗法"、薄氏腹针、平衡针、雷火灸、莲花针、皮针、穴位埋线、腹疗、火罐、走罐、放血祛瘀疗法、五音音乐体感疗法等方法，为很多患者解决了各种疑难疾患，给患者带去了福音，给更多人送上了健康。用精良医术造福人民群众，利莫大焉！

比如曾有一位患卵巢癌晚期的王女士，在经过一系列的手术、2次化疗后出现严重的并发症，化疗不能继续。主诊医生预言其生存期最多不超过3个月，最关键还是由于巨大的身体创伤导致了抑郁症，患者几次欲绝望轻生，其丈夫是一家三甲医院的外科教授，也无计可施，家人万般无奈之下慕名来找我，试试中医这棵最后的救命稻草。面对这样的患者，我也颇感压力巨大，认真了解分析了病情后，我发现这个患者主要存在两个问题：第一，心理障碍严重。内心非常绝望，求生欲望不强，这种情绪会直接导致机体免疫功能低下，化疗并发症会愈加突出，肿瘤复发的概率也越大，因此重塑患者的信心是提升疗效的关键；第二，这位患者是卵巢癌，虽行手术，但因病属晚期，手术并未能根治，如何抑制肿瘤的发展，也是恢复患者信心的重要条件。两者互相影响，因此必须双管齐下。于是我一边专门花时间定期跟患者做一对一的中医情志治疗，以感同身受的立场与患者对话，让患者渐渐树立起对治疗的信心和对生活的向往，同时根据中医理论"正气存内，邪不可干""邪之所凑，其气必虚"原则，为她精确辨证论治，运用中药治疗。到现在已经10多年过去了，王女士仍然健康地生活着。她丈夫逢人就说："中医人果然了不起，不可小觑。"每一个患者痊愈后快乐愉悦的笑脸，是我快乐的源泉和奋进的动力。

练就"仁术"，其实是一个不断学习、不断修炼、不断长进的过程。到现在我依然保持着每天阅读，经常查阅资料，掌握学科新进展的习惯，"活到老、学到老"是我经常奉行的一句话。我也常常要求我的学生、弟子，趁着年轻，要勤奋学习，谦虚请教，注意积累总结，保持求知欲和创新欲，不断进取，在医疗道路上精益求精，不断超越自我，才能为今后的医疗之路打下坚实的基础。

我对传承老中医经验的体会

访谈者：您对传承老中医经验有哪些体会？

王小云：我将传承老中医经验的体会总结为以下两点：博采众长、感恩之心。

1. 博采众长

我早年师从全国首届"国医大师"路志正教授和全国第三、四、五批名老中医、广东省名中医李丽芸教授，后来又师从薄氏腹针创始人薄智云教授学习腹针，还随平衡针创始人王文远教授学习平衡针，到广西、内蒙古出差之际，利用周末休息时间向壮族、蒙族的名医虚心请教少数民族特色疗法，再结合自己的诊疗经验，以临床疗效为前提，在传承中医、创新发展中医特色的道路上,不断前进,超越自我,总结形成了中医"心身同治""针药并用"等学术思想和诊疗技能,还独创了中医"情志疗法"治疗规范和"额针疗法"。除此之外,为了提升自己的专业水平,我还曾前往英国纽卡斯尔诺森比亚大学专修循证医学,将祖国传统医学与现代医学有机结合,在中医证候规律、治疗方案、疗效评价、新药研制等方面均有创新性及先进性,取得不错的临床及科研成就。谦虚好学、博采众长、善于总结,是我对传承中医的体会之一。

2. 感恩之心

在跟师传承名老中医经验的同时,我们要懂得感恩。前辈们把自己数十年宝贵的经验传授给我们,我们要懂得珍惜,懂得感恩。感恩,一方面表现在对老师尊敬与关心关怀,同时也要把老师的宝贵经验应用到临床,并发扬光大,努力提高自己的诊疗水平,真正把从老师那里学到的知识转化成为社会服务的能力,造福患者。未来要让老师以你为荣,是对老师最好的报答,才不负老师对你的倾囊相授。我们很多名老中医都是有师承渊源的,虽然有很高超的技术,但是他们都很有感恩之心,对于前辈和老师说的话到现在他们都能脱口而出,老师传授他们的知识和技能都能随证应用并发扬创新,并取得现在的成就,成为一代名医。中医就是这样,代代相传,生生不息,在老一辈们无私的传授下,带起年轻的一辈,年轻的一辈成长起来,再传承给下一辈,不仅传授医技,也传授医道,在"大医精诚"思想的指导下,努力在发扬中医的道路上添砖加瓦。同时我们也要感恩所有帮助过我们的人。我一直说我能有今天的小成绩,要感谢很多人,感谢广东省中医院领导,感谢恩师路志正国医大师、李丽芸教授,感谢我的同事们;感谢每一位找我看病的患者,因为他们都是我的"恩师",我在众多患者的反馈信息中不断拓展临证思路,在思考中医的过程中逐步提高了自身的诊治水平。所以我要感谢所有一路支持我、帮助我的"老师"。

现在我也是全国老中医药专家学术经验继承工作指导老师,先后培养了国内外硕士、博士研究生及博士后等一百多人,也被评为广东省教学名师、广东省"南粤优秀教师","优秀博士研究生导师",2012年和2022年是卫生部、人事部、教育部联合指定的第五第七批全国老中医药专家学术经验继承工作及学位指导老师,并作为王小云全国名老中医传承工作室指导老师,继续为培养岐黄传承人才贡献自己的微薄力量。我始终认为振兴中医是现代中医工作者义不容辞的责任和神圣的使命，它需要几代甚至几十代人的不懈努力。所以，中医要从娃娃抓起，从小对他们进行中医文化内涵和智慧的教育，使中国的孩子们爱祖国、信中医、弘扬中医，代代相继，传承不息，中医文化才可能长盛不衰，才能实现伟大复兴。

名医寄语

> 我在与学生的交流中时常与他们说，"三人行，必有我师焉"，名医、名师层出不穷，每个医家都有自己的特色及专攻方向，我们通过多学、多用，在临床中不断反思、总结与升华。作为医生，除了不断提高自己的专业能力，有爱人之心也至关重要。总结起来就是"博采众长，仁心仁术"八个字。回首数十年杏林耕耘，希望我的弟子和广大中医学子们继续谱写"博采众长，仁心仁术"的新篇章。

（王小云名老中医工作室负责人　黄旭春整理）

第二十一章 杨霓芝

杨霓芝（1948—），广州中医药大学内科教授、主任医师、博士生导师、博士后合作教授；第五批全国老中医药专家学术经验继承工作指导老师；广东省名中医；国家中医肾病临床研究基地、广东省中医院全国中医肾病重点专科学术带头人；国家中医药管理局"杨霓芝全国名老中医药专家传承工作室"导师；先后兼任中华中医药学会肾病分会副主任委员，广东省中西医结合肾病专业委员会主任委员、名誉主任委员，广东省中医肾病专业委员会副主任委员；广东省中医药学会、广东省中西医结合学会终身理事；《中国中西医结合肾脏病杂志》编委。

杨霓芝教授毕业于广州中医药大学，毕业后于广东省中医院内科从事医疗、教学、科研工作至今，临床经验丰富，是广东省中医院肾内科的奠基人。擅长以中医药为主防治肾内科常见、多发、疑难病，以中西医结合手段抢救、治疗肾内科急危重症；开展新技术、新疗法，如中药配合血液透析、腹膜透析等；她所带领的肾内科为全国中医肾病第一批重点专科建设单位；该肾病重点专科于"十五"期间获国家优秀中医重点专科（全国中医肾病专科唯一一个），牵头全国30家中医肾病重点专科进行重点病种慢性肾衰竭诊疗方案的制订及临床路径等研究工作，获国家中医药管理局领导及同行好评，为广东省中医院成为国家中医临床研究基地创造必备条件。2008年，广东省中医院被遴选为国家中医临床研究基地（重点研究病种——中医药防治慢性肾脏病）；主持国家自然基金课题2项、"十一五"国家行业专项1项、省部级等课题11项。获广东省科技进步奖、广州市科技进步奖、中华中医药学会科技奖、"康莱特杯"全国中医药优秀学术著作奖等奖项6项；获国家发明专利4项；获广东省中医院杰出贡献奖荣誉称号；担任主编、副主编出版著作9部；发表论文80多篇；培养博士后3名、博士研究生13名、硕士研究生15名、全国师承弟子2名、省级师承弟子4名、广州中医药大学师承弟子26名、院内外青年医师30余名。

多次到基层单位指导开展肾病防治工作。先后应邀参加国际肾脏病会议、国际中西医结合肾脏病会议、中日女科学家研讨会等。2014—2021年，先后获"岭南名医""羊城好医生"等荣誉称号。2019年，在"敬佑生命，荣耀医者"第四届全国公益活动中获"中华医药贡献奖"荣誉称号。负责中央首长保健任务，获首长好评，原国家副总理邹家华同志亲笔题词"仁心仁术"。

学医之路

访谈者： 谈谈您的学医之路？

杨霓芝： 说起我学医的原因，大致有三方面。首先，我出生在潮汕地区，当地百姓很相信中医，有小毛病会寻求中医药治疗。我的父母也略懂一些中医药知识。比如他们知道菊花茶可以治疗头痛，大便偏硬就煮银花水。小毛病能自己处理就很少去医院，所以我就觉得中医很好。其次，我的姐姐、姐夫他们都是医生，对我选择学医也有一定的影响。每当得知患者在他们的帮助下康复，改善了生活质量，减轻了痛苦，我就觉得医生再累再辛苦都有价值，生命的意义就得以提高。再次，年轻的时候我下乡，看村里面缺医少药的情况非常严重，所以我立志当个好医生，为人民服务。至于选中医还是西医事业，当时并没有仔细考虑，心里想着只要能学医，能够为民众解决缺医少药的问题、解除一些疾病就很好了。后来我有幸在中医药大学读书，系统学习中医药知识。毕业后我留校任教，为的就是培养中医药接班人，同时我申请到附属医院当医生。那时候到附属医院出诊和在大学当老师并不冲突，这样，我不仅能够治病，还能够培养中医药人才。

从毕业到现在也40多年了，很多老中医对我影响很大。我们大学的邓铁涛教授曾经给我授课。从中我不仅夯实了中医药的基础知识，还学习到了很多岭南道地药材的临床使用经验。同时邓老为中医事业奋斗的精神一直影响着我。还有我们广东省中医院的老中医梁乃津院长，他医术高明，热爱临床，80多岁的时候仍然坚持出诊，还致力于中医药现代化，创制了在岭南地区家喻户晓的"胃乃安胶囊"，惠及百姓。这些先辈都是我的学习榜样。后来我主攻的方向为肾脏病。一些肾脏病方面的国医大师，如张琪教授、邹燕勤教授，他们都给了我很大的影响，不仅仅是学术上，而且精神上也引领着我。所以我也是一边以他们为榜样学习，一边学经典、做临床。

临证经验

访谈者： 谈谈您的临证经验？

杨霓芝： 到目前为止，我从事中医工作已经40多年了，通过这些年的临床实践，我对一部分病证的诊疗也总结了一些自己的经验和体会，尤其是慢性肾脏病方面。在学术上我主张以中医益气活血法防治慢性肾脏病，主张以益气活血清热法为主防治慢性肾小球肾炎，以益气活血利水法为主治疗难治性肾病综合征，以及以益气活血蠲毒法为主的中医综合措施延缓慢性肾衰竭。并以中药配合血液透析、腹膜透析治疗终末期肾病等，疗效都是比较明显的。研制的益气活血中药院内制剂"三芪口服液"（原"通脉口服液"），已用于中医临床防治慢性肾脏病。目前也有在做相关中药新药开发研究。临证经验大致可以提炼为以下几点供参考。

1. 脾肾为本，瘀血为标

其实脏腑亏虚是慢性肾脏病的发病基础，以脾肾不足为关键。脾虚是疾病发病及病机演变的重要环节，肾虚是疾病演变与转归的必然结果。如果是脾气虚为主，表现为面色萎黄、消瘦、少气懒言、疲倦乏力、纳呆、腹胀、舌淡润、舌体胖大、舌边有齿印、脉弱等。如果是肾气虚，常见腰痛、腰膝酸软，或脱发、耳鸣、耳聋、牙齿松动易落、尺脉弱等。脾肾气虚久了就会阳虚，见畏寒、大便溏泄；阳损及阴，肾阴不足的话，可以表现为口干、五心烦热、舌红、少苔。这时候我们要嘱咐患者劳逸有度，以免造成脏腑虚损更甚。

学过中医基础理论的我们都知道，人身气血互相关联，相互依存。气行则血行，气虚则血瘀。血液的运行有赖于气的推动。那么慢性肾脏病迁延不愈、反复发作，就会"久病入络"，"久病多虚多瘀"。标实虽有瘀血、湿浊、水湿、湿热等，但以瘀血最为关键，因虚致瘀，因瘀致虚，终致病情缠绵难愈。临床上常表现为面色晦暗或黧黑，腰部刺痛，肌肤甲错或麻木，舌黯有瘀斑，脉沉涩细小等。

2. 益气活血为法

自 20 世纪 80 年代以来，我就提倡以"益气活血法"为基本方法治疗慢性肾脏疾病。同时结合疾病所处阶段及兼夹证的不同辨证给药，并据此创制了广东省中医院院内制剂"三芪口服液"。益气活血法其实就是将补气和活血化瘀两大治疗法则相结合，在治疗中既重视气虚，也不忘血瘀，立足气虚血瘀这一根本。"益气活血法"主要体现在以下两点。

第一，补气善用、重用黄芪。黄芪不只补脾肺气，还补肾脏元气，正所谓"黄芪其补肾者，气为水母也"。黄芪用量常为 30g。

第二，要多途径活血化瘀。常用的活血药包括丹参、桃仁、红花、三七、益母草等，都可以辨证使用。然后根据导致瘀血的病因进行辨证选药，如气虚血瘀者，要补气活血，用药如黄芪、党参；阴虚血瘀者，要养阴活血，用药如生地黄、玄参；气滞血瘀者，要理气活血，用药如延胡索、艾叶等。

值得注意的是，治疗慢性肾脏病时，除了应用益气活血法这一基本大法外，同时还要兼顾气滞、血虚、水湿、浊毒等兼杂之情况。因此我摸索出了一套随证治法，如"益气活血，行气利水""益气活血，滋阴养血""益气活血，温补脾肾""益气活血，泄浊蠲毒"等，力求调整机体气血阴阳之平衡。

因为湿邪是影响慢性肾脏病发展的重要病理因素，涉及上、中、下三焦等不同脏腑，所以在治疗水湿过程中须辨明病位，分治三焦。如上焦宜用宣肺利水，中焦宜用健脾渗湿，下焦宜用温阳利水。针对气虚血瘀湿聚的病机，我们就要益气活血，行气利湿。像我自拟的益气活血利湿汤，里面的黄芪除了能益气固表，还能利水消肿；薏苡仁、白术能健脾益气，合茯苓皮、泽泻、车前子能渗湿利水；桃仁、红花、丹参活血化瘀，能通络行水；陈皮、砂仁、半夏能和中理胃，使滋补不碍胃，又能理气化湿。

气病日久，损及阴液，就会气阴两虚。肝肾之间阴液互相滋养，精血相生，被称为肝肾同源，所以肾脏虚损常累及肝阴，这时候我们要益气活血，滋阴养血。我的益气滋肾活血汤中用山萸肉补益肝肾，为补阴之冠，又能敛阴固气；山药、女贞子、太子参、桃仁、红花、茯苓、泽兰共为佐药，山药能益气养阴，平补脾肺肾，为治气阴两虚之佳品，合女贞子补肝肾，太子参补气，以加强主药益气养阴之功效。

脾肾阳虚是慢性肾脏病常见的证型之一，一般由初期的肺脾肾气虚发展而来，多见于慢性肾脏病的中后期。这时候我们除了益气活血外，还要加上温阳的药物。像肉桂补火助阳，温经通脉，配伍仙灵脾、肉苁蓉补肾温阳；制何首乌、女贞子能补益精血，可以防温药伤阴，又可以润肠解毒，配伍温阳药，亦有"阴中求阳，少火生气"之意。

慢性肾衰竭是多种慢性肾病的终末阶段，基本病机为气虚瘀血浊毒。因此益气活血、泄浊蠲毒是这个阶段的常用方法。除了应用补气活血药外，另外一个治疗要药就是大黄了，它不仅能清热解毒、逐瘀通络、推陈致新、安和五脏，还能与生牡蛎合用，制作成中药灌肠制剂，可以通腑泄浊，潜阳安神定志。

3. 病证结合

辨证论治是中医的精髓，只有辨证熟练准确，遣方用药才能中肯，这样才能保证疗效。但毕竟受历史条件的局限，辨证也有不足。所以我提倡在中医学宏观辨证理论的指导下，吸收现代科学技术的检测手段，借助微观辨证，深化和扩展中医学四诊，以更好地识别疾病的本质。只有将中医辨证与西医辨病相结合，才会大大开阔诊治的思路。一些患者在慢性肾衰竭早期无明显的症状，这个时期不进行检验检查，仅靠中医辨证还很难诊断，这就可能耽误病情。所以我们临床上要注重辨证与辨病的密切结合，强调辨证必须先识病，在识病的基础上运用辨证论治的方法确立疾病的证型，分清病性的虚实，以指导临床治疗。

4. 用药轻灵

我在临床中常常跟学生们强调，辨证要精准，用药最好平正轻灵，既要重视后天之本脾胃的健运，也要顾护先天之本肾气的充沛。选药少而精，与疾病主症相对应就可以了，尽量执简驭繁，才能出奇制胜。而且大方中众多药物之间经常存在相互牵制的弊病，这是我们临床需要尽可能避免的。组方用药不在多，贵在精，量不在大而在中病，贵在轻灵。"轻"指的是我们处方里面的药量不宜过大，药味不宜过多、过杂。原因是量大药杂味厚，则脾胃难以运化，并且药多庞杂，相互牵制。"灵"指的是轻而灵活，遣方用药选择性味甘淡、平和的，避免味厚、质浊、黏腻药物，以免闭塞气机，助湿生痰。同时避免大苦大寒之品，败坏脾胃，克伐后天之本，如黄连、胡黄连、羚羊角（代）、苦参、龙胆草之类。苦寒的药往往伤胃，因此对于苦寒药我们即使要用也是小量应用。况且肾病常是慢性病，患者是需要长期服药的，苦寒滋腻的药也不好长期久服。

5. 衷中参西

作为现代中医，我们要衷中参西，把握中医药的切入点，中西医结合增效减毒，发挥综合治疗优势。我们中医临证肯定是辨证论治用药，但在准确辨证及符合中药配伍前提下，结合中药现代药理，合理组方，以此来提高临床疗效，使患者获益，何乐而不为？像现代药理研究表明，火把花根片、雷公藤制剂等中成药，黄芪、黄芩、穿心莲、山豆根、天花粉、夏枯草、丹参、红花等单味中药具有免疫调节作用。我临证时就常配合激素、免疫抑制剂使用，发挥免疫抑制或免疫调节作用。这也就是所说的结合药理，辨证用药。

衷中参西还体现在中药减少西药毒副作用方面。在免疫抑制剂运用过程中，我们根据不同的用药阶段，配伍恰当的中医药治疗，可以有效避免或减轻西药的毒副作用。如长期大剂量使用激素易化热化火，耗气伤阴。这个阶段中医中药的切入点就是滋阴清热、凉血活血。激素减量至维持阶段，患者往往出现气阴两虚、脾肾亏虚的表现，与西医学皮质激素撤减综合征相符，这时治疗就变成了"益气养阴、健脾补肾"为主，加用温补脾肾之品，配合治疗，并逐渐以中药治疗为主。

巩固疗效、防止复发方面，衷中参西也有一席之地。不少慢性肾脏病患者病情容易复发，这个阶段适当选用中药非常必要，可巩固疗效，防止复发。常用方法包括清热利湿、益气健脾、滋肾填精等。

慢性肾炎患者常常伴有高凝状态，加重心脑血管、肾等脏器损害。中药在改善血流变方面有极大的优势，不仅疗效确切，而且不良反应少，可长期使用。像我临证常选丹参、三七、桃仁、红花、毛冬青、当归等，临床观察效果均不错。在治疗慢性肾炎的过程中，常在中药汤剂中重用黄芪、丹参。成药常选用大黄胶囊及各种冬虫夏草制剂，来起到延缓慢性肾衰竭的作用。配合中药减少并发症，延缓肾病进展，也是衷中参西的一个体现。

6. 预防调护

对于慢性肾脏病的调护，我认为是非常重要的。根据中医治未病的"未病先防，既病防变，瘥后防复"理念。未病先防即预防肾脏病发生，从卫生环境、生活习惯、饮食调理等各个方面；既病防变即预防并发症发生、预防肾衰竭的发生发展；瘥后防复即预防疾病复发，比如用补气活血法调节机体免疫功能，防止肾炎、肾病综合征等复发。比如按肾脏病气虚血瘀的理念制成的三芪口服液，正是基于"正气存内，邪不可干"，以扶正为主，兼以活血化瘀，在防治并发症、防止复发方面效果显著。很多患者吃了说极少感冒。我们知道感冒是肾病复发的诱发因素。通过扶助正气，达到防止外感的目的，从而可以减少肾病复发。每一个肾病患者，我都会教他如何预防，如何调理，比如饮食、生活等各个方面，这对病情稳定是非常有好处的。

中医人才成长三阶段

访谈者：您认为中医人才成长一般要经历哪几个阶段？

杨霓芝：我认为中医人才成长一般要经历三个阶段。第一个阶段是青年中医师，像刚刚毕业的医生。第二个阶段是中年中医师，即已经经过一定时间的临床，职称是主治医生以上到高级职称这一段的中医师。第三个阶段是老年的中医师，包括已经退休的老中医。这三个阶段，在中医事业方面各有侧重。

第一阶段：比如刚毕业的年轻医生，他们的主要任务还是要认真学好中医基本知识、中医经典、中医汤头方剂等，这些应该要学得很透彻，并熟练掌握。我以前查房的时候真的很严格，会要求年轻医生背病史、背方剂，而且是全部背出来，这样他们的基本功就能很熟练。还有常见病、多发病的诊断和治疗，对于青年中医，我觉得他们也应该要很好掌握。

第二阶段：到了中年的时候，他们的临床水平也到达一定的层次后，即主治以上了，或者有高级职称时，这些医生他们的基本功已经很熟练。这种情况下他们就应该注意疑难重症的诊断和治疗，他们应该主攻这方面的，而且应该有所创新。在原来基础上有所创新，不是日常的工作做完就算创新，应该是我们常说的传承创新。在这基础上他们可以进行一些中医药的研制研发、新药的开发等工作。我们现在大部分的医生，比如各个科室那些年资比较高的医生会从事这方面的工作。

第三阶段：至于老中医们，因为中医跟西医有所不同，老中医的临床经验还是很丰富的，这种情况下，他的主要任务就变成指导了。虽然他也负责一定诊治工作，但已经不是主要的。我觉得老中医的主要工作是传承，把他们的经验传给下一代的接班人。中医是临床的医学，中医师临证多年，有一定的经验，这个经验可能在教科书、著作上还没来得及体现。现在教科书上的知识可能是四五年前的。特别是中医，很难有一个大样本的调查总结。中医的经验往往藏在师承的一个个病案里，所以医案对于中医传承是很重要的。在这种情况下，老中医就有一个很重要的任务——带徒弟。现在我们国家中医药传承的工作也做得非常好。中医药传承现在可以分为两步走，分别是大学和师承。大学是系统化教育，师承是把民间老中医的经验加以继承和发扬。师承是最近几年很重要的一个工作，现在也是做得很好。总之，老中医到这个程度上，他就是一个如何传承的问题。希望我们的中医事业能一代代传承下去，不断发展。

重视中医人才培养

访谈者：您是如何重视中医人才培养的？

杨霓芝：从医到现在，我也有好多弟子了。一是我本来研究生也很多，包括硕士和博士；同时现在参与师带徒的工作，师承弟子包括我们广州中医药大学的硕士、博士，还有各个基层单位的一些医疗骨干，包括主任医师等。先后培养博士后、博士、硕士、院内师带徒、全国名老中医师带徒共30余名。我认为他们作为弟子，首先应该是自己喜欢中医，只有喜欢中医，才能在中医这条道路上坚持走下去；只有喜欢中医，才有源源不断的内驱力学习中医。其次，我教育弟子做人要真诚、踏实、认真。不是说拜师以后，仅仅拜得一个名义，不去好好学习老师的临证经验，只是挂着老师的名字，我不希望我的弟子是这样。我希望我的弟子是踏踏实实、真真正正地学到东西，学到真本领，真真正正能学到医学知识，不断提高临床诊疗水平，把中医传承下来，使患者获益。因为只有继承、发展，才能更好地为患者服务。对目前跟我的学生，我还是很满意的，而且他们都很认真的，会问问题，有好学之心。所以认真、真诚、踏实，这些品质我就觉得非常好。

我当科主任的时候就很注重高素质人才梯队的培养。除了对下级医师严格要求及认真指导，还要充分发挥各级医师的主动性、积极性。给青年医师专业定向，安排科内轮转培训，要求一专多能等等，都是我作为导师、主任应有的责任。对年青的医生都给予精心的培育和指导，使他们成长起来。现在我们肾病专科及已分配到全国各地的学生已经有12位成为科室主任，还有多名拔尖人才、朝阳计划人才，广州中医药大学"千百十人才工程"导师。另外范萍博士、钟丹博士先后成功获得"全国优秀中医临床人才"称号。我有几个学生，像龚保文、刘立昌、王文凤、钟键、谢丽萍等，他们都是正高职称的，还来做师承弟子，我十分高兴。他们来跟师，真真实实，真正想学东西，真的想把中医这一块、把老师的经验学好，所以像这样的学生，我也很认真给他们指导，我希望他们能够成才。目标最小是当科主任、学科带头人，以后就是省名中医或全国名中医。有的学生现在已经成立当地的名医工作室，也开始招徒弟了，就非常好。这一代一代地传下去，我们中医就有前途，有发展。

　　以前我经常说，中医治病是治有病的人，而不单是治人的病。医学，尤其是中医学的对象，是有思想、有意愿、有情感的人，所以要亲自临证，与患者交流，掌握患者的病情变化、思想动态。不但治病，而且治人。在治病的过程中，医生要关心体谅患者，从疾病的治疗到心灵的治疗，使患者感受到医生的关心。虽然有些病无法诊断，治疗方法也不多，但是我们努力通过中医的辨证论治来减轻症状。症状得到改善，患者就会信任医生，提升依从性，对病情的恢复也有帮助。我也希望后学者们能够给患者足够的人文关怀，改善患者的临床症状、提高生活质量、延长生命，并在临床、科研工作和跟师过程中传承创新，砥砺前行。希望大家不负韶华，谨以此与诸君共勉。

（杨霓芝名老中医传承工作室　侯海晶、卢家言整理）

第二十二章　高彦彬

高彦彬（1959—），男，毕业于北京中医药大学，获医学博士学位。首都医科大学二级教授，主任医师，博士研究生导师。第六批全国老中医药专家学术经验继承工作指导老师，北京市第五、六批老中医药专家学术经验继承工作指导老师，首都名中医。历任北京中医药大学东直门医院肾病内分泌科主任、北京中医药大学东方医院肾病糖尿病中心主任、内分泌代谢科主任，国家中医药管理局重点学科内分泌科及重点专科肾内科学术带头人，首都医科大学中医药学院院长、中医药研究所所长、中国人民政治协商会议北京市委员会第十届委员和第十一届、十二届常务委员。现任首都医科大学中医研修学院院长，首都医科大学中医代谢病研究中心主任，首都医科大学科技园中医药转化研究所所长，国家中医药管理局重点学科中医络病学学科带头人，国家一流专业、北京市一流专业中医学建设负责人，北京市重点学科中医学学术带头人，首都医科大学中医临床基础学科带头人，国家中医药管理局"高彦彬全国名老中医药专家传承工作室"导师。兼中国代谢病防治创新联盟理事长及专家委员会主任委员，世界中医药学会联合会糖尿病专业委员会副会长，中华中医药学会慢病管理分会副主任委员、糖尿病分会副主任委员，中国中医药信息学会常务理事兼中医临床药学分会会长、北京中医药学会副会长、北京中西医结合学会副会长、北京糖代谢研究会会长、教育部高等学校中医学类专业教学指导委员会委员、全国中医药高等教育学会理事、国家食品药品监督管理局新药评审专家、国家科学技术奖励评审专家、国家发改委新药价格评审专家。从事中医内科临床、教学、科研40余年，先后承担国家科技部"九五""十五"攻关、"十一五"支撑计划、"973计划"项目国家重点研发、国家自然科学基金及省部级课题40余项。获国家科学技术进步奖一等奖1项，省部级科技成果奖10项。主编专著30余部，发表学术论文300余篇，其中SCI论文30余篇；培养博士、硕士研究生100余人，培养各级师承人员30余人。获全国首届优秀中医临床人才，中国产学研工匠精神奖、中华中医药学会糖尿病学科发展突出贡献奖，全国中医科技之星，络病研究40年卓越团队奖，北京教育系统教书育人先锋等，应邀先后曾前往北美、欧洲、亚洲30等余个国家（地区）参加国际传统医学大会及讲学。

我学中医的缘由

访谈者: 您是怎么走上中医之路的?

高彦彬: 我是 1978 年应届高考生,1978 年是我国开启伟大改革开放的第一年,由于"文化大革命",1966 年至 1969 年,中国大陆所有大专院校均停止招生。1970 年,为落实毛泽东主席"大学还是要办的"指示,北京大学、清华大学等部分高校开始招收工农兵学员。据统计,从 1970 年到 1976 年,按照"自愿报考,群众推荐,领导批准,学校复查"的原则,全国招收工农兵学员共七届 94 万人。恢复高等学校招生考试制度,是 1977 年邓小平同志重新走上党和国家领导岗位之后作出的重大决策,改变了一代知识青年的命运,为中国特色社会主义改革开放和现代化建设培养了一批承前启后、继往开来的高素质人才。据统计,1977 年冬,全国有 570 万考生参加高考,录取新生 27.8 万人;1978 年夏,全国共有 610 万名考生参加高考,录取新生40.2 万人。1978 年夏天,我满怀激情与梦想,以第一志愿报考了北京中医学院(现北京中医药大学),开启了我的中医之路。

我选择中医学专业主要是基于以下的考虑。

第一,自己小时候患了一次重病,被中医治好,对中医药深信不疑。我上小学时患腹痛,痛的厉害,到乡镇卫生院看西医,诊断不清,建议转县医院动手术,我父亲当时非常焦急,怕我手术出危险,就请当时乡镇卫生院的中医看,开了两服中药,服后肚子就不疼了。当时我由衷感到中医很神奇,想着长大后要学习、研究中医。

第二,电影《李时珍》对我的人生有着重大影响。上中学时看了电影《李时珍》,明代伟大的药物学家李时珍为了编写《本草纲目》,他脚穿草鞋,身背药篓,带着学生和儿子建元,翻山越岭,访医采药,足迹遍及河南、河北、江苏、安徽、江西、湖北等广大地区,倾听药农、民间医生等很多人的意见,参阅医药书籍 800 多种,历时 27 年,终于完成了《本草纲目》这一巨著。李时珍对中医药事业百折不挠、艰苦卓绝的奋斗精神深深感染了我,我决心一生做一件事情,像李时珍那样做一个医学家或药学家。

第三,当时我们农村缺医少药,农民十分需要高水平的医生。我立志今后一定要当一位名医,为农民解除病痛。

由于以上的因素,让我选择了学习研究中医这条道路。因此高考时就报考了全国最好的中医药大学——北京中医学院。

我的中医之路

访谈者：您学习中医经历了哪些阶段？

高彦彬：我学习中医大体经历了以下几个阶段。

1. 大学学习奠定了我的学术根基

1978 年全国恢复了高考，我考入了北京中医学院。从农村能到北京读大学，并且读到自己热爱的专业，我当时的心情十分高兴，对于学习中医药学我可以说是如饥似渴，十分珍惜黄金一样的大学学习生活。五年的大学学习生活，我仅回山东老家过一次寒假，其余的节假日都是在大学图书馆渡过的。当时北京中医学院拥有一大批国内著名的中医大家，如任应秋教授、刘渡舟教授、王绵之教授、赵绍琴教授、董建华教授等都是我们的老师，都给我们上过课，在大学图书馆我也经常看到他们的身影，他们以德立身，学识渊博，高山仰止，景行行止，虽不能至，然心向往之。

任应秋教授是我认识最早、对我学医影响最大的人之一。我在大学读书时，每天下午晚饭后，都会到学校三角地那个比较幽静的地方，背诵四部经典的重要条文或回忆一下当天老师讲课的重点内容，但当我每次到三角地背书时，总会看到身着蓝色中山装、头发花白、很有风度的一个人，背着双手在校园的池塘周边，一边散步，一边诵读中医经典，后来才知道他就是著名的中医学家任应秋教授。任应秋先生是著名的中医学家和中医教育学家，学术成就卓越，论著等身，一生著书四十余部，撰写论文三百余篇，任应秋教授知识渊博，中医理论深厚，特别是在《黄帝内经》《伤寒论》《金匮要略》等中医经典著作的研究方面，不论是研究方法，还是研究成果，对中医学界的影响都是历史性。大学期间我多次聆听任应秋教授开设的中医学术讲座，旁听了 1978 年任应秋教授在中医首届研究生班上讲授的《黄帝内经》课程。大学毕业分配工作时任应秋教授看我学习成绩好，点名要我到中医文献研究室从事中医文献研究，问我愿意不愿意。一听说在任应秋教授指导下工作，我毫不犹豫地说我十分愿意，毕业后我就留校在中医文献研究室工作，并且参加了卫生部重点项目——任应秋先生主编的《十部医经类编》编辑工作，在任应秋教授指导下阅读了大量中医古籍文献，拓展了自己的学术视野；同时也学到了查阅文献及中医文献研究方法。在从事中医文献研究中，任应秋先生对我人生影响最大的有两点。

　　一是治学态度严谨，钻研学术刻苦。任应秋先生白天教学、科研，晚间博览群书，每日工作10余个小时，数十年如一日，即使节假日也从不例外。对于学术问题，引经据典，结合临床，无不溯本穷源。

　　二是治学方法。记得任应秋先生患病术后在家休养，我们看望他时，他语重心长地说，中医文献浩如烟海，期待系统整理。整理研究中医文献的人要甘于寂寞，要甘于长期坐冷板凳。谈到治学方法，任应秋先生讲："我治学几十年，主要抓住了精读、勤写、深思、善记四个环节，这是治学必不可少的，而且是一环扣一环的，还要记着'刻苦勤奋，持之以恒'八个字，这样才可能学有成就。""刻苦勤奋，持之以恒"这八个字，一直是我学习研究中医的座右铭，任应秋教授为人师表、严谨的治学态度、刻苦钻研学术的精神一直在激励着我。

　　刘渡舟教授是著名中医学家、《伤寒论》研究大家，也是我上大学时《伤寒论》的主讲老师之一，他主讲《伤寒论》阳明病。大学学习《伤寒论》的同时，我还认真学习了刘渡舟教授主编的《伤寒论通俗讲话》《伤寒论十四讲》，这两本书有理论、有临床，深入浅出地介绍了《伤寒论》的六经辨证理论体系。刘渡舟教授讲课善于结合临床病例，讲课深刻生动鲜活。他强调六经的实质是经络，《伤寒论》六经辨证思想是在《素问·热论》六经分证方法的基础上发展而来的。六经辨证是以三阴三阳的六经经络及其相互络属的脏腑的生理、病理变化作为物质基础的，离开六经经络及其相互络属的脏腑组织，则六经辨证就成了空中楼阁。他认为《伤寒论》398条是一个有机的整体，条文之间都有联系。他十分重视六经病提纲证的作用，认为提纲证是指能够反映出每一经络及其相关脏腑之生理、病理基本特点的证候群，对于某一经的辨证具有普遍的意义。例如太阳病提纲证曰："太阳之为病，脉浮、头项强痛而恶寒。"此一脉二证反映了太阳经病变的基本脉证特点，揭示了太阳主病在表的病变规律，因而，临床辨证只要掌握了提纲证，就能做到纲举目张。刘渡舟老师十分强调临床应用经方要善抓主证，主证是指决定全局而占主导地位的证候而言，如太阳病中风证的桂枝汤是以发热、汗出、恶风为主证，伤寒证的麻黄汤是以恶寒、无汗、身痛为主证，少阳证的柴胡汤是以口苦、喜呕、胸胁苦满为主证。同时强调应用经方要善抓病机、要灵活运用。刘渡舟老师强调临床应用经方要善抓主证、要善抓病机、要灵活运用，对我临床辨证治疗各种疾病尤其是疑难重症产生了重要影响。我个人体会，对于年老体衰、多病缠身、病情复杂、疑难重症等情况，抓主证、抓主要病机、选主方，再兼顾次症，灵活加减，多能取得较好疗效。

　　赵绍琴教授生于北京三代御医之家，其父赵文魁曾于清代末任太医院院使（正院长），学验俱丰，名著京师。赵绍琴教授自幼随父学医，尽得家传。赵绍琴老师是温病学大家，也是我大学《温病学》的主讲老师之一，他认为，温病的本质是郁热，卫气营血皆然，治疗温病必须贯彻宣展气机、透邪外达的治则，不可徒执清热养阴而遏伏气机。宣透为治疗温病之要义。宣，指宣散、宣发、宣通、宣畅；透，指透泄、透发。宣透的治法属于祛邪的范畴，它的特点在于为邪气寻找出路以引邪外出。如温病的卫分证，属肺卫郁热证，治疗应辛凉清解，宣郁清热。此辛散意在开郁，并非发汗解表。叶天士在《外感温热篇》中提出"在卫汗之可也"，"汗之"不是方法而是目的，如银翘散在金银花、连翘、竹叶、芦根等清解之品中，加入荆芥穗、豆豉、薄荷，且用量极轻，其用意不在发汗，而在开郁闭。在温病治疗上，他把透热转气法广泛地应用于温病卫、气、营、血各个阶段的治疗，在内科杂病治疗上也善用解郁、疏利、宣泄等法，开散郁结，宣通其滞，调畅气血，通达营卫。赵绍琴教授临证重视脉诊，提出的诊脉八纲（浮、沉、迟、数、虚、实、气、血）是指 8 类脉象。浮、沉言病机之趋势，迟、数言病性之寒热，虚、实言邪正之盛衰，气、血言病位之浅深。赵绍琴教授诊治温病学术思想及诊脉八纲对我临床诊治内科杂病产生了重要影响。

　　王绵之教授是方剂学及临床大家，也是我大学《方剂学》的主讲老师之一，他讲课逻辑严谨，表达精准深刻，他讲麻黄汤、大承气汤的配伍十分精彩，给我印象非常深刻。王绵之教授医德高尚，医术精湛。他利用周末义务为患者看病，每到周末，教授楼下都停着很多小轿车，大多是找王绵之教授看病的。王绵之老师医术高明，临床疗效好，我上大学暑假的时候生病了，服西药治疗两周不效，请王绵之老师开个方，一服药就好了。王绵之老师的字写的特别漂亮，字如其人，其仪表，其风度，其讲课，其疗效，给我印象非常深刻！他主张寓防于治，临证重视脾胃功能与情志影响；强调"不仅要把患者看成是生物的人，更要把他看成是社会的人"。根据患者的不同特点，遣药组方，达到"药与病合""药与人合"。王绵之老师的这些观点至今对我临床诊治疾病产生了深刻影响。

　　我大学毕业实习去的是北京中医学院附属东直门医院，我多次聆听董建华教授的学术讲座，也多次跟随过董建华教授大内科查房。董建华教授是中医内科大家，中国工程院院士，也是全国人大常委，他对患者和蔼可亲，医术精湛，是一代大医，尤其是对脾胃病及温热病的诊治有独到之处。他治疗脾胃病主张通降，并调理气血，治疗温热病强调宣展气机并重养阴。董建华教授对脾胃病的辩证论治提出"通降论""气血论""虚实论"的学术观点，对我临床辩证论治脾胃病具有重要的指导作用。董建华教授还是我研究生毕业答辩委员会主席，他学术造诣深厚，平易近人，提携后人，给我留下了深刻的印象。

焦树德教授精通方药，擅治内科疑难重病，疗效卓著，我多次跟随焦树德教授查房。他治疗类风湿关节炎多用补肾散寒、祛风通络法，对我临床治疗风湿、类风湿关节炎具有重要的指导作用。

王永炎教授是中医脑病大家，他通过对缺血性中风系统临床观察，总结了证候演变、辨证治疗、调摄护理的规律，针对中风病急性期痰热证、痰热腑实证而设计、研究的化痰通腑汤与清开灵注射液静脉滴注疗法，提高了临床疗效，减轻了病残程度。我在脑病科转科实习时多次跟随王永炎教授查房，他对中风病的辨证论治经验对我临床治疗糖尿病合并中风病具有重要指导作用。

另外，我在儿科转科实习时多次跟随著名儿科专家刘弼臣教授查房，学习了他治疗儿科病的经验。

我上大学的时候，以上的老师，有的是给我们讲课，有的是我跟着他们看病，有时候就是跟着他们查房，老师们的大师风范、学术经验对我的医学人生都产生了重要影响。我是一个比较勤奋的人，并善于随时记录老师讲的重要的东西，白天临床实习，晚上以病为纲，把白天学到的重要东西包括老师的诊疗思路、诊疗经验整理为临床笔记，这是我从事中医临床十分重要的参考资料。

大学五年，我聆听大师授课，刻苦学习，博览医籍，奠定了我的学术根基；老师们的学术经验对我的学术发展具有重要影响；老师们严谨的治学态度、刻苦钻研的学术精神、高尚的医德、大师风范，为我今后为人治学、为医为师树立了典范。

2. 研究生学习提升了我临床科研能力

国医大师吕仁和教授不仅是我大学《中医内科》的主讲老师，也是我硕士、博士生导师，也是对我医学人生影响最大的人之一。吕仁和教授是北京中医药大学首届毕业生，他师承深厚，为施今墨、祝谌予、秦伯未先生门人，治学严谨，钻研学术刻苦，是国内著名的中医糖尿病与肾病专家。在吕仁和老师指导下，我成为北京中医药大学第一位糖尿病研究方向的研究生，也是吕仁和教授的第一位研究生。吕仁和老师对我们要求很严，一是首先加强临床严格训练。要求我们 24 小时住在医院，独立管病床，每周跟导师门诊两次，独立出诊一次，自己给患者抽血做葡萄糖耐量试验。记得假期的时候科里没有学生，我与另外一位研究生每人管理 19 张病床。没有学生帮助写病历，当时也没有电脑，就用手写病历。一天要接诊 2～3 个患者，要写 2～3个病历，每天要写近 2 万字医疗文献，每天在病房工作到晚上 11 点，才能回宿舍睡觉。有时夜里在病房值班一晚上，要处理多次危重患者突发情况，早晨还要查房处理好患者才能下班。尽管很忙很累，但确实锻炼了当医生的基本功（医疗文献书写、处理患者能力、临床技能训练等）。二是重视科研能力培养。吕仁和老师指导我们查阅文献，让我们参与他主持的国家科技部"七五"攻关课题"慢性肾炎辨证论治规律研究"，鼓励我们积极参加国内外学术交流活动，及时掌握先进的科研方法与技术，在我读博士期间，由于科研的需要，我就到北京大学生命科学学院进修分子生物学，住在北京大学感受到综合大学浓郁的校园文化，多次听取生命科学学院举办的国内外学术讲座，拓展了学术视野，提升了科研能力。

　　读研究生时我做了两件重要工作，一是总结整理了北京中医药大学东直门医院从 1957 年建院到 1986 年近 30 年的糖尿病住院病历，大约 600 多份。其中有不少名医如施今墨、秦伯未、董建华等查房会诊的记录，十分珍贵。从600 多份病例中总结出了北京中医药大学东直门医院糖尿病中医证治规律，后来我把这篇论文《糖尿病 558 例临床资料分析》发表在《北京中医药大学学报》上，提出糖尿病慢性并发症气阴两虚、络脉瘀阻的基本病机及益气养阴、化瘀通络治法。二是系统整理了糖尿病的中医文献。我跟任应秋教授学习了查阅文献的方法。当时我住在东直门医院，到中医科学院的图书馆很方便，那个图书馆的藏书非常丰富。我查阅了馆藏的全部中文医学期刊，从创刊到 1986 年的有关糖尿病的中医文献，后来我在《中医杂志》发了两篇中医治疗糖尿病进展（中文和日文）综述，写了一本《糖尿病中文文献索引》，由黑龙江科学技术出版社出版。通过总结整理北京中医药大学东直门医院糖尿病的住院病历，查阅糖尿病的大量文献，使我了解到国内中医糖尿病研究现状，明确了自己的研究方向，同时吸取了国内中医大家施今墨、祝谌予等治疗糖尿病的经验。应该讲，读研究生阶段强化了我的临床能力，拓展了我的学术视野，提升了我的科研能力。

3.大量的临床实践提升了我的临床水平

研究生毕业后我留在北京中医药大学东直门医院工作，先在急诊室轮转2年，又在心内科、神经内科转了1年，最后在肾病内分泌科从事临床、科研与教学工作。并跟随吕仁和教授抄方、查房、工作15年，系统整理及全面继承了吕仁和教授的学术思想及诊治慢性肾病、糖尿病及并发症的临床经验。后来我担任肾病内分泌科主任，每周出门诊两次，其余全部在病房指导下级医生与大学本科生，每周我查房两次，跟吕仁和教授教学查房一次，吕仁和教授关爱患者、治学严谨、刻苦钻研学术的精神一直激励着我。通过吕仁和教授言传身教，我对吕仁和教授的学术思想及诊治慢性肾病、糖尿病及并发症的临床经验进行了系统整理及全面继承。吕仁和教授对慢性肾病、糖尿病主张分期辨治，对糖尿病六对论治，以及治疗糖尿病的"二、五、八"方案，对我临床诊治慢性肾病及糖尿病产生了重要影响。毕业后在临床中，我还学习了施今墨、祝谌予等名家治疗糖尿病的经验，邹云翔、张大宁、张琪等名家治疗慢性肾病的经验，并结合多年临床实践，逐渐形成了自己从络病分期防治糖尿病与慢性肾病的经验。

2000年，北京中医药大学东方医院开诊，学校安排我到东方医院担任内分泌代谢科主任，肾病糖尿病中心主任，内分泌代谢科及肾内科学科带头人，负责东方医院内分泌代谢科及肾内科学科建设工作。我团结带领科室医护人员，狠抓医疗质量、人才培养、学科建设。在学校及医院大力支持下，内分泌代谢科及肾内科获批国家中医药管理局重点学科及重点专科，先后承担北京市"十五"攻关、国家科技部"十五"攻关、"十一五"支撑项目、国家自然科学基金多项课题，医疗、科研、教学快速发展。在传承吕仁和教授学术经验基础上，在大量临床实践中我提出在治未病理论指导下开展糖尿病及慢性并发症防治，并获国家科技部"十一五"支撑课题资助，提出从络病论治糖尿病慢性并发症及慢性肾病，优化了糖尿病慢性并发症、慢性肾病中医诊疗方案，其中我牵头制定的糖尿病肾病中医诊疗方案作为行业标准在全国推广应用，研制了防治糖尿病及慢性并发症、慢性肾病的系列方药，提高了临床疗效。

2003年，我入选国家中医药管理局首届临床中医优秀人才项目，三年间聆听全国中医名家邓铁涛、任继学、张琪、路志正、陆广莘、李今庸等讲课，不仅跟随指导老师吕仁和教授学习，还在游学中向国医大师廖品正、卢方、南征，全国名中医张发荣、田德禄、郭维琴等老师学习。

2010年，我做为引进人才来到首都医科大学，担任中医药学院副院长、院长，负责中医药学科建设、人才培养、教育教学及科学研究等工作。

教学上主讲本科生及研究生中医经典课程，面向本科生及研究生开"络病与重大疾病研究进展"新课程。

科研上承担"973计划"课题、国家重点研发课题、国家自然科学基金多项课题；2012年，"糖尿病肾病微血管发病机制及通络干预制研究"获国家"973计划"项目课题资助；2018年，"东部地区名老中医学术观点、特色诊疗方法和重大疾病防治经验研究"获批国家重点研发课题；2019年，与全国9个大学及科研机构共同完成的科研成果"中医脉络学说构建及其指导微血管病变防治"获国家科技进步奖一等奖，2021年获中国产学研工匠精神奖。

学科及专业建设上，做为负责人及学科带头人获批国家中医药管理局重点学科——中医络病学，国家一流专业、北京市一流专业——中医学，络病研究北京市重点实验室；临床上组建了基础与临床相结合的首都医科大学中医代谢病研究中心，每周定期在首都医科大学附属北京中医医院、北京中医药大学附属东方医院出专家门诊，带研究生及师承人员。

40年来，我的工作大概分为两个大学（北京中医药大学、首都医科大学），三段工作：北京中医药大学东直门医院肾病内分泌科、北京中医药大学东方医院肾病糖尿病中心及内分泌科、首都医科大学中医药学院。但是，坚持每天学习、坚持中医临床是始终不变的工作。大量的临床实践提升了我的临床诊疗水平，40年来我勤求古训，博采众长，结合长期的临床实践检验及总结，逐渐形成自己的学术思想，在中医药防治糖尿病及慢性肾病方面积累了一定经验。

我诊治糖尿病的体会

访谈者：请谈谈您诊治糖尿病的经验？

高彦彬：我从事糖尿病的临床与研究40年，积累了一定经验，下面我从病因病机、治法、分期辨治、临床研究几方面谈谈我诊治糖尿病的体会。

1. 糖尿病是复合病因的综合征

西医糖尿病与中医的消渴病基本相似，先天禀赋不足，五脏虚弱，尤其脾肾亏虚，胰脾同病，是消渴病发病的内在因素；饮食不节、形体肥胖，久坐少动、体力活动减少，精神刺激、情志失调，外感六淫、毒邪侵害，久服某些化药、化燥伤津，长期饮酒、房劳过度等，均是消渴病发病的重要环境因素。内在因素与环境因素相合导致消渴病的发生。糖尿病病程漫长，不同发展阶段病机特点不同，病变早期，阴津亏耗，燥热偏盛；病程迁延，久病入络，气阴两伤，络脉瘀阻；病变后期，阴损及阳，气血阴阳俱虚，络脉瘀结，脏腑功能衰败。

2. 络病是糖尿病慢性并发症病理基础

络脉是从经脉逐级细分的细小分支，纵横交错，呈网状分布于脏腑组织。络脉结构特点为支横别出，逐层细分；络体细窄，网状分布；络分阴阳，循行表里。络脉气血运行特点为气血行缓，面性弥散；末端连通，津血互换；双向流动，功能调节。络脉包括运行经气的气络和运行血液为主的血络，发挥着温煦防御、信息传导、调节控制、渗灌气血、津血互换、营养代谢的功能。各种致病因素导致络脉发生病变即为络病。络病的内涵是络脉的功能障碍及结构损伤，络病的外延是导致络脉病变的致病因素及络病相关重大疾病。消渴病早期基本病机为阴津亏耗，燥热偏盛；消渴病日久，久病入络，气阴两虚，痰瘀阻络，可导致消渴病多种慢性并发症的发生，主要包括以下几方面。

（1）消渴病心病：气阴两虚，心之络脉瘀阻则出现胸痹、心痛、心悸、怔忡等心系并发症，其病位在心，继发于消渴病，故称为消渴病心病。其病机特点为心络瘀阻、心络绌急、心络瘀塞。

（2）消渴病脑病：肝肾气阴两虚，脑之络脉瘀阻则出现眩晕、中风偏瘫、口㖞、健忘、痴呆等脑系并发症，其病位在脑，继发于消渴病，故称为消渴病脑病。其基本病机为脑络瘀阻、脑络绌急、脑络瘀塞。

（3）消渴病肾病：肝肾气阴两虚，肾络瘀阻则出现尿浊、水肿、腰痛、癃闭、关格等肾系并发症，其病位在肾，继发于消渴病，故称为消渴病肾病。其基本病机为肾络瘀滞、肾络瘀阻、肾络瘀结。

（4）消渴病眼病：肝肾亏虚，目络瘀滞，则出现视物模糊，双目干涩，眼底出血，甚则目盲失明等眼部并发症，其病位在眼，继发于消渴病，故称为消渴病眼病。

（5）消渴病痹痿：肝肾阴虚，络气虚滞，络脉瘀阻，经脉失养，早期出现肢体麻木、疼痛、感觉障碍，晚期出现肌肉萎缩等肢体并发症，其症状类似中医"痹证""痿证"，继发于消渴病，故称为消渴病痹痿。

（6）消渴病脱疽：肝肾亏虚，肢体络脉瘀阻，则出现肢端发凉、患肢疼痛、间歇跛行，甚则肢端坏疽等足部并发症，其症状类似于中医的"脱疽"，继发于消渴病，故称之为消渴病脱疽。

3. 通络是糖尿病慢性并发症治疗大法

糖尿病慢性并发症是糖尿病日久，久病入络所致，其病理环节虽有络气瘀滞、络脉瘀阻、络脉拙急、络脉瘀塞、络脉瘀毒、络脉瘀结等不同，但是"瘀阻"则是其共同的病机。通络是糖尿病慢性并发症治疗大法，在糖尿病慢性并发症中，络病常是络虚与络瘀并存，治疗当以通补为宜。通络可分为祛邪通络、扶正通络两大类。

扶正通络又有益气通络，常用药为生黄芪、人参、党参、白术、山药、太子参等；养血通络，常用药为生地黄、熟地黄、当归、白芍、阿胶、丹参等；滋阴通络，常用药物为南沙参、麦冬、石斛、黄精、枸杞子、女贞子、龟甲等；温阳通络，常用药为巴戟天、淫羊藿、仙茅、鹿角胶、肉苁蓉、杜仲、续断、干姜、制附片、菟丝子等。

祛邪通络又有化瘀通络，常用药物为丹参、川芎、赤芍、延胡索、姜黄、桃仁、红花、鸡血藤、苏木、莪术、三棱、牛膝、泽兰等；化痰通络，常用药物为瓜蒌、半夏、胆南星、川贝母、浙贝母、竹沥、竹茹、旋覆花等；利湿通络，常用药物为藿香、佩兰、苍术、厚朴、薏苡仁、猪苓、茯苓、玉米须、车前子、泽泻、茵陈等；息风通络，常用药物为全蝎、蜈蚣、僵蚕、天麻、钩藤、地龙、石决明、紫贝齿、珍珠母等；理气通络，常用药物为陈皮、枳实、枳壳、佛手、香橼、薤白、檀香、甘松、九香虫等；解毒通络，常用药物为金银花、连翘、蒲公英、土茯苓、金荞麦、马齿苋等。

临床应根据不同并发症的不同发展阶段，辨证论治，遣方用药。

4. 分期辨治糖尿病

糖尿病病程漫长，不同发展阶段病机特点不同，必须分期辨证论治，综合防治。我把糖尿病分为三期。

糖尿病前期（脾瘅期）：血糖升高达不到糖尿病诊断标。

糖尿病期（消渴期）：血糖升高达到糖尿病诊断标，无并发症。

糖尿病并发症期（消瘅期）：血糖升高达到糖尿病诊断标，有并发症。

综合防治原则如下。

（1）糖尿病前期：健康教育；合理饮食；适当运动。

中医辨证论治：阴津亏虚证，治宜滋阴增液，方用增液汤加减；肝郁胃热证，治宜疏肝清胃，方用大柴胡汤加减；湿浊痰瘀证，治宜利湿降浊、化痰活血，方用二陈汤合小陷胸汤加减。

（2）糖尿病期：健康教育；合理饮食；适当运动；血糖监测；合理使用降糖药。

中医辨证论治：阴虚热盛证，治宜滋阴清热，方用增液汤合白虎汤加减；胃肠结热证，治宜清泻二阳，方用增液承气汤合白虎汤加减；肝郁化热证，治宜疏肝清热，方用大柴胡汤加减；胃肠湿热证，治宜清化湿热，方用葛根芩连汤加减；气阴两虚证，治宜益气养阴，方用黄芪生脉散合增液汤加减；气阴两虚、脉络瘀阻证，治宜益气养阴、化瘀通络，方用黄芪生脉散合增液汤加化瘀通络药。

（3）糖尿病并发症期：根据不同并发症的病机特点，采用通络大法，辨证论治，遣方用药。

5. 临床研究证实中医药可降低糖尿病及其并发症的发生风险

我在治未病原则及络病理论指导下开展 2 型糖尿病三级预防：一级预防的目标是预防 2 型糖尿病的发生；二级预防的目标是预防糖尿病并发症的发生；三级预防的目标是阻止或延缓已发生的糖尿病并发症的进展、降低致残率和病死率，并改善患者的生存质量。

我主持的国家"十一五"支撑计划课题"糖耐量低减中医药干预综合方案研究"，通过 13 个中心 520 例糖耐量低减患者 3 年随机对照研究证实，化痰通络方（糖脂平）可降低 2 型糖尿病（T2DM）相对危险 49%，为 T2DM 的预防提供新方案；我提出的糖尿病慢性并发症气阴两虚、脉络瘀阻的病机理论及益气养阴、化瘀通络治则，我主持的北京市"十五"攻关课题研究证实，益气养阴通络方干预可使糖尿病微血管并发症相对危险下降 35%；主持国家"九五""十五"攻关课题研究证实，补肾通络方药对糖尿病肾病早期和临床期可明显减少尿蛋白、延缓肾衰竭进展，疗效优于对照组洛汀新；循证研究证实益气通络方（糖络宁）治疗糖尿病周围神经病变有效率达 90% 以上，疗效优于对照组弥可保。

我诊治慢性肾脏病的体会

访谈者： 请谈谈您诊治慢性肾脏病的经验？

高彦彬： 我诊治慢性肾脏病有以下的体会。

1. 络病是慢性肾脏病的共性病理基础

我认为慢性肾脏病（chronic kidney disease，CKD）的病变部位在肾络，属于中医"络病"范畴。络病是广泛存在于急慢性肾脏病的病理状态，是 CKD 及其并发症的共性病理基础。肾为先天之本，水火之宅，寓真阴元阳；肾主水、主藏精、主纳气。肾的生理功能有赖于肾之气化、固摄功能完成。肾络是构成肾脏结构的重要组成部分，是实现肾脏功能的基础。肾络气血运行、弥散流动，可调节体内水液平衡，封藏五脏六腑之精气。肾络为气血汇聚之所，因其迂曲细小，肾络病变常表现为虚实夹杂，正虚邪伏；临床变化多样，易气血同病、易痰凝湿阻，易伏风扰动，易热毒损伤，易动血泄精，易浊毒壅塞，应详审病机。

肾之络病，内因责之禀赋不足、七情内伤、饮食失节、劳逸失度、代谢失调所致内脏生毒、湿浊瘀毒蓄积；外因责之外感六淫、环境污染所致毒损肾络。其发病特点是久病入络、久瘀入络。肾络病变的核心病机责之于"虚、瘀、毒"。肾络病变病性为本虚标实。本虚多为脏腑气血阴阳失调，标实多为热毒、湿热、伏风、血瘀、湿浊、浊毒，核心病机责之于"虚、瘀、毒"。基本病理过程是内外合邪所致的"肾络损伤、肾络瘀滞、肾络瘀阻、肾络瘀结、肾用失司"，病位以肾为核心，涉及肝、肺、脾、膀胱等。病理为毒损肾络、邪伏肾络所致肾络瘀滞。

2. 肾络不荣与肾络瘀滞是肾络病变基本病机

肾络病变的基本病机表现为肾络不荣、肾络瘀滞，二者均表现为肾络结构功能异常所致的气血互换、输布渗灌失调，水液代谢障碍。初病在气，肾气亏虚，气机失调，肾络虚滞；久病入血，血络瘀滞。既反映了肾络自身由气到血的病变阶段，也包括了肾络病变基础上肾脏组织继发性的病理改变。肾络不荣是指肾络中气血阴阳不足，肾脏组织失其荣养的病理变化，包括肾络气虚、肾络阴虚、肾络血虚、肾络阳虚、肾络虚滞、肾气不固。肾络瘀滞是由于外邪或伏邪损伤或阻滞肾络，导致肾络部分或全部闭阻不通，气血渗灌弥散功能失常的病理变化，包括湿浊蕴络、湿热壅络、风伏肾络、肾络瘀滞、肾络瘀阻、肾络瘀结、热毒伤络、浊毒阻络、络息成积、肾络损伤。肾络病变发展过程中常有同一阶段两种甚至多种虚实夹杂的病理改变交叉存在的现象。

3. 通络是慢性肾病的治疗大法

叶天士言："络以通为用。""大凡络虚，通补最宜。"《素问·至真要大论》云："疏其血气，令其调达，而致和平。"慢性肾病以肾元亏虚为本，治以扶正通络；肾络瘀滞为标，治以祛邪通络。通肾络是指修复肾络结构，恢复肾络功能，并非专指活血化瘀，我自拟了通肾络十三法用于 CKD 治疗。

扶正通络法：①益气固肾通络。常用于肾络气虚、肾络虚滞、肾失封藏之证，常用药为生黄芪、金樱子、芡实、菟丝子、沙苑子、覆盆子等。②养血补肾通络。常用于肾络血虚、肾络虚滞之证，常用药为熟地黄、当归、鸡血藤、首乌藤、枸杞子、阿胶珠、熟地黄等。③滋阴养肾通络。常用于肾络阴虚、肾络虚滞之证，常用药为熟地黄、山茱萸、女贞子、墨旱莲、龟甲、鳖甲、石斛、枸杞子等。④温阳强肾通络。常用于肾络阳虚、元阳虚衰、封藏失职之证，常用药为巴戟天、淫羊藿、仙茅、淫羊藿（仙灵脾）、鹿角、肉苁蓉、杜仲、续断、肉桂、制附片等。

祛邪通络法：①祛湿通络，常用于湿浊阻于肾络之证。芳香化湿通络常用藿香、佩兰；利水渗湿通络常用猪苓、茯苓、泽泻、冬瓜皮、薏苡仁、玉米须；清热利湿通络常用倒扣草、白花蛇舌草、车前草、茵陈、金钱草、石韦等，兼能活血通淋；葶苈子泻热利水、消肿通络。②活血利湿通络，常用于湿浊蕴络、肾络瘀滞、瘀阻之证，常用益母草、川牛膝、车前子、泽兰、泽泻、丹参、冬瓜皮，或合当归芍药散、桂枝茯苓丸血水同治。③活血化瘀通络，常用于肾络瘀滞、肾络瘀阻之证。活血祛瘀通络常用当归、桃仁、丹参、鸡血藤、王不留行、赤芍、大黄等；破血逐瘀通络常用莪术、鬼箭羽等。④祛风通络，常用于风伏肾络。疏风和络，常用于外风袭络之证。风寒伤络常用荆芥、防风、羌活、苏叶等；风热袭络常用蝉蜕、牛蒡子、淡豆豉、浮萍等；息风通络，常用于内风伏络，风阳上扰。常配伍天麻、钩藤、地龙等；祛风除湿通络，常配伍穿山龙、徐长卿、青风藤、老鹳草等；搜风通络，常配伍全蝎、蜈蚣、蝉蜕、僵蚕等。⑤凉血和血宁络，常用于肾络损伤，血热妄行之证。常用水牛角、小蓟、仙鹤草、紫草、三七粉等。⑥解毒化浊通络，常用于浊毒阻于肾之证络。解毒利湿通络，常用土茯苓、马鞭草、倒扣草、凤尾草等；通腑泄浊通络，常用生大黄、土茯苓等；清热解毒通络，常用金银花、连翘、蒲公英、黄芩、板蓝根、草河车等。⑦化痰通络，常用于痰湿、痰热阻于肾络之证。常用炒白芥子、制天南星、清半夏、竹沥、瓜蒌等。⑧理气通络，常用于络气虚滞之证。常配伍枳壳、枳实、香橼、佛手、荔枝核、甘松等。⑨软坚散结通络，常用于络息成积，肾络瘀结之证。常配伍莪术、三棱、海藻、昆布、浙贝母等。

我对慢病防治的体会

访谈者：请谈谈您对慢病防治的体会？

高彦彬：我对慢病防治有以下的体会。

1. 慢病防治必须从儿童抓起，必须预防为主、防治结合

慢病防治刻不容缓。慢病即非传染性慢性疾病，主要包括心脑血管疾病、癌症、慢性呼吸系统疾病、以糖尿病为主的代谢性疾病、慢性肾病、慢性消化系统疾病、神经退行性病等。慢性病目前已成为严重威胁我国居民健康的重大疾病，已成为影响国家经济社会发展的重大公共卫生问题。《中国居民营养与慢性病状况报告（2020 年）》显示，2019 年我国高血压患病人数约为 3.4 亿，慢性呼吸系统疾病患病人数约 1.4 亿，慢性肾病患病人数约 1.3 亿，糖尿病患病人数约 1.2 亿，慢性消化系统疾病患病人数约 1.1 亿，恶性肿瘤患病人数约 0.05 亿；因慢性病导致的死亡人数占总死亡人数的 88.5%，其中心脑血管疾病、癌症、慢性呼吸系统疾病死亡人数比例为 80.7%，慢病防控工作面临着巨大的挑战。

慢病防治必须从儿童抓起。据《儿童蓝皮书：中国儿童发展报告（2021）》分析，2019 年中国中小学生超重肥胖率为 24.2%；高中生现在饮酒率为 41.0%，过量饮酒率为 16.6%；中国儿童青少年抑郁症状的发生率为 26.3%。据《北京市 2020 年度体检统计报告》分析，2020 年北京市高招体检男生平均超重肥胖率 44.46%，中招体检男生平均超重肥胖率 43.12%。青少年肥胖、超重问题突出，儿童心理健康面临重大挑战，慢病风险加大。儿童期肥胖不仅对其当前的身体发育造成严重影响，而且会导致成年后心脑血管疾病、2 型糖尿病等慢病发病危险增加；心理因素不仅可导致心理精神类疾病，同时参与心脑血管病、糖尿病、恶性肿瘤等慢病的发生和发展。因此

儿童期肥胖及心理健康问题是慢病发病的危险因素，若不及时干预，任其发展，将严重威胁人群的身体素质和健康水平，给社会经济发展带来巨大负担，给民族素质的提高造成严重影响。因此慢病防治必须从儿童抓起，必须预防为主、防治结合。

2. 慢病防治必须实施零级预防、开展慢病四级预防

目前慢病防治不能停留在三级预防上，必须发挥中医治未病优势，以健康为中心，实施慢病零级预防。以未病先防、已病防变为依据，从控制危险因素、建立健康生活方式，降低慢病发病率，预防慢病并发症，减少慢病病死病残及提高患者生存质量四个梯度，开展慢病中医四级预防。

（1）实施慢病零级预防：坚持天人合一与绿色发展理念，持续改善生态环境，改善空气、饮用水水源、土壤环境质量，整洁城乡卫生，优化人居环境，促进人与自然、人与社会、人与人和谐，回归中医健康理念。中医养生（起居有常、适量运动、营养均衡、身心保养等）与健康促进知识要进课堂、进社区，在全社会普及慢病防治知识；大力推广传统养生健身法，推进全民健康生活方式，加强幼儿园、中小学营养均衡、心理保健、视力保护等健康知识和行为方式教育，实现预防工作的关口前移。

（2）实施慢病一级预防：针对慢病高危人群，通过健康生活方式（起居有常、适量运动、营养均衡、戒烟限酒、身心保养等）配合中医药早期干预，目标是降低慢病的发病率。

（3）实施慢病二级预防：针对已有慢病的人群，通过健康生活方式配合中西医药协同干预，目标是预防慢病的并发症。

（4）实施慢病三级预防：针对慢病的并发症，通过健康生活方式、中西医药协同治疗与康复，减少慢病病死病残率，提高患者生存质量。

我制定了糖尿病、慢性肾病中医四级预防原则与方案，经循证医学研究证实，中药配合一般生活方式综合干预，可降低糖尿病发生风险50%。

3. 慢病防治必须创新病机理论、络病是多种慢病的核心病机

我认为慢病具有病程迁延、久病难愈的特点，符合中医久病多瘀、久病多痰、久病多虚、久病入络的病机特点，属于络病范畴。络病是广泛存在于多种慢病中的核心病机，是病程迁延、疗效难以提高的关键，深入研究阐明多种慢病中的"络病"这一共性病机演变规律，对于创新慢病发病机制、拓展防治策略、提高临床治疗水平具有重要意义。

（1）冠心病：病位在心之脉络。心之脉络郁滞或虚滞为冠心病发病之本，基本病理环节为心络瘀阻、心络绌急、心络瘀塞。心络气虚，不能温煦血脉，一遇过劳、寒冷、情志刺激易致心络绌急，引起心痛卒然发作；心络郁滞或心络气虚可致津血运行障碍，痰浊、血瘀内生，痰瘀阻于心络，可致心络瘀阻；心络绌急、心络瘀阻日久又可发生心络瘀塞，导致真心痛，即急性心肌梗死的发生。尽管近年溶栓治疗可使血运重建，但梗死区微血管再灌注损伤，不能实现真正细胞水平上的心肌再灌注，成为世界医学界研究的难题，是造成心室重构和心脏扩大病理变化的主要原因，并进一步导致心力衰竭、心律失常、猝死。

（2）缺血性脑血管病：病位在脑之脉络。脑络虚滞为缺血性脑血管病发病之本，基本病理环节为脑络瘀阻、脑络绌急、脑络瘀塞。脑络气虚，不能温煦，一遇过劳、寒冷、情志刺激易致脑络绌急，引起短暂性脑缺血发作；脑络气虚可致津血运行障碍，痰浊、血瘀内生，痰瘀阻于脑络，可致脑络瘀阻；脑络绌急、脑络瘀阻日久又可发生脑络瘀塞，引发急性脑梗死。脑梗死后，可出现诸多的问题。

①供血供气障碍：气络失去血的物质基础，丧失其功能，表现出语言、思维及运动障碍；

②津血互换障碍：组织液（津液）不能回流于脉络，形成水湿之邪，造成水肿及颅内压升高；

③营养代谢障碍：代谢废物如兴奋性神经毒、毒性氧自由基等瘀积成毒，损伤脉络及气络形体；

④继发性脑出血：脉络瘀塞后梗死区再灌注损伤可致微血管破坏即络脉损伤引起继发性脑出血。

（3）糖尿病及慢性肾脏病：络病是糖尿病慢性并发症及慢性肾脏病的共性病理基础，我已在诊治糖尿病及慢性肾脏病临床经验体会中加以论述。

（4）肿瘤：脏腑络气虚滞为肿瘤发病之本，基本病机为络气虚滞、瘀血阻络、癌毒内生，瘀毒内蕴，郁瘀化热，热毒壅滞而成。特别是脏腑之络气虚衰，自稳功能低下，一方面组织呈现无序快速破坏性增长，另一方面气之帅血正常运行的功能失常，脉络大量增生，供给癌瘤血液、营养，导致癌瘤迅速破坏性增长。

（5）慢性消化系统疾病：肝硬化、慢性萎缩性胃炎等疾病都有久病多瘀、久病入络的特点，符合由气到血的络病致病特点，属于络病范畴。肝纤维化、肝硬化是由于湿热疫毒、过度饮酒、过食肥甘厚味、药物或毒物等多种原因，导致痰、湿、热、瘀、毒互结，壅阻肝络、毒损肝络所致。基本病理环节为肝络郁滞、肝络瘀阻、毒损肝络、肝络失荣、肝络瘀结。慢性萎缩性胃炎的病机关键在于脾虚、毒损、络阻。脾胃虚弱是发病之本，胃络瘀阻是贯穿本病发生发展过程的基本病机，邪毒壅滞是慢性萎缩性胃炎及癌前病变的重要致病因素。脾胃虚弱、寒热错杂、升降失宜、邪毒瘀滞、损伤胃络，是慢性萎缩性胃炎及癌前病变发生发展的基本病理变化。

（6）慢性呼吸系统疾病：肺间质纤维化、慢性阻塞性肺疾病都有久病多瘀、久病入络的特点，也属于络病范畴。肺间质纤维化基本病机为肺肾气阴亏虚，痰瘀阻于肺络。益气养阴、调补肺肾、化痰祛瘀通络为基本方法。慢性阻塞性肺疾病多由久咳、久喘、久哮、肺痨等慢性肺系疾病迁延失治，逐步发展所致。基本病机是肺、脾、肾三脏虚损，肺络气阴两虚为本，外邪（风、寒、热等）侵袭肺络、痰湿、痰热、瘀血、毒邪阻于肺络，为基本病理变化。基本病理环节为肺络失荣、肺络郁滞、肺络瘀阻、肺络瘀结。

4. 慢病防治必须拓展新策略，通络是治疗慢病的大法

我认为络病是慢病的病理基础，通络是治疗慢病的大法。通络不等于活血化瘀，通络大法包括祛邪通络和扶正通络。

祛邪通络是针对导致络病的病因，采取具有祛湿、活血、祛风、解毒、化浊、化痰、理气、软坚散结等作用的药物，祛邪通络、畅通络道，治疗络气郁滞、络脉瘀阻、络脉绌急、络脉瘀塞、络息成积、热毒滞络等病证。祛邪通络包括祛湿通络、活血利湿通络、活血化瘀通络、祛风通络、凉血和血宁络、解毒化浊通络、化痰通络、理气通络、软坚散结通络等治法。

扶正通络是以补益药为主或配合通络药，滋养络中气血阴阳，畅通络道，治疗络中气血阴阳不足、络虚不荣病证。扶正通络包括益气通络、养血通络、温阳通络、滋阴通络、滋补肝肾通络、益气养阴通络、健脾益肾通络等法。

临床在应用祛邪通络和扶正通络治法时常配合辛味通络药、虫类通络药、藤类通络药，可提高疗效。辛味通络药多辛香走窜、辛香理气、行气通络、辛香畅络，能散能行，可开腠理、透达络邪，适用于络气郁闭、络脉失畅的病证；虫类通络药性善走窜、剔邪搜络、搜风解痉通络、化瘀通络，是中医治疗络病功能独特的一类药物；藤类通络药其藤缠绕蔓延，其

形如络脉，纵横交错，无所不至，对于久病不愈、邪气入络者，可以祛风通络、化瘀通络、散结通络。正如《本草便读》所说："凡藤类之属，皆可通经入络。"慢病多为虚实夹杂，治疗上多为络虚通补。临床上要针对慢病的共性病理基础——络病，结合各种慢病的不同病因的个性，病在气络、血络的不同，病在脏腑不同的络病病机，审因辨证，从络病论治，灵活运用祛邪通络和扶正通络治法，拓展慢病治疗的新思路，可明显提高疗效。

我对医生职业及优秀医生的看法

访谈者：请谈谈您对医生职业及优秀医生的看法？

高彦彬：我认为医生从事的是一种救死扶伤、促进人民健康的职业。对于促进人类健康发展、促进人类社会文明进步，发挥了不可替代的作用。这个行业是非常神圣的，全社会都应该尊重医生。我认为当医生核心是两点：一个是医德在"仁"。医生救人性命，是仁人之术，要有高尚的医德。医德在"仁"，就是敬佑生命，大爱无疆，要有人文关怀精神。没有人文关怀精神，不适合当医生。医生需要有同情心，好多患者很痛苦，医生根本不愿意听患者诉说，对患者的痛苦很冷漠，那么这个职业你就干不了。另一个是医术在"精"。医生要解除患者病痛，促进患者健康，需要对医术精益求精，需要精湛的医术。另外，医生是美的使者，要语言美、仪表美、心灵美，要有和患者进行良好的沟通能力。我常给学生们讲，医生是一个非常神圣的职业，不仅要语言美、心灵美，还要仪表美，你穿着特别邋遢就不合适，人家把生命怎么托付给你啊？医生职业需要我们衣着整洁、仪表庄重，但态度要和蔼，要有人文关怀精神。

我认为中医学是一个科学、技艺和仁术融合的学科。中医学是科学，讲科学要讲真；中医学是仁术，讲仁术就要讲善；中医学是艺术，讲艺术要讲美。中医学是真、善、美的统一。医生与患者沟通时要讲艺术，要尊重患者，要讲文明语言，要衣着整洁。我认为一个优秀的中医师也应该是真、善、美的统一。求真需要严谨的科学作风和无止境的探索精神。当医生有闲的时候，需要看书，需要看患者，需要参加学术会议，你不学就落后。求真需要严谨的科学态度，要有无休止的探索精神。求善需要良好的伦理道德、高尚的情操。求美需要有娴熟的沟通技巧，还要有美的鉴赏能力，让患者看到医生时感到舒服、感到温暖，看到医生的就诊环境比较舒服。什么是美、什么是不美？首先医生要有一个鉴赏的能力，你本身就没这个审美能力，没这个沟通能力，你怎么当个好医生啊？沟通的技巧、就医的环境布置、你的衣着、你的语言都体现出美。严谨求实的科学态度，大爱无疆的高尚医德，精湛娴熟的医术，良好的沟通能力，当然还需要有文化的修养，这就是一个优秀医生应该具备的素质。很多大医，不仅医术精湛、医德高尚，并且善于沟通。如施今墨先生是京城四大名医，施老看到患者来了，都要站起来，以表示对患者的尊重；若看到一些高龄老年人候诊，他就会告诉其他患者说：我们要照顾这个老年人，我先给他（她）看看，大家不要有意见。

学习中医大致有三个阶段

访谈者：您认为学习中医大致有几个阶段？

高彦彬：我认为从事中医事业就是终身学习，学习中医大致有以下三个阶段。

第一阶段为筑基阶段。就是筑牢根基，包括理论基础与临床基础。这一阶段包括大学理论学习、临床实习、研究生学习、住院医师规范化培训。理论学习要学好中基、中药、中诊、四部经典。怎么学？我认为理论学习以教材为主，以老师课堂讲的内容为主，若有精力可以看些参考书。四部经典要读原著，参考注释。理论学习要建立起中医思维模式，要善于理论联系实际，提升分析问题、解决问题的能力。理论学习阶段，要打好中医理论基础。临床学习要学好中西医诊断、内外妇儿各科，临床实习、跟师门诊、独立临床工作，都要善于作笔记，随时记录老师讲的精华东西，包括四诊经验、辨证经验、用药经验等，随时记录，晚上要把白天实习的收获加以整理。临床学习要强化中医四诊技能、中医诊疗思路、中医辨证论治能力培养。

第二阶段为融会贯通阶段。就是将自己学过的中西医基础、中西医临床知识，在临床上融会贯通。这一阶段包括了主治医师、副主任医师阶段，大都经历了中西医临床各科轮转，独立临床工作，指导下级医师工作，基础理论扎实，临床能力较高。此阶段要强化基础理论与临床实践融会贯通，中医经典与临床实践融会贯通，中医与西医融会贯通，中医与西医思维模式融会贯通。

第三阶段为创新阶段。这一阶段大多在主任医师阶段，在中医与西医融会贯通基础上，针对临床难题，按照基于临床、源于经典、深入研究、创新理论、指导临床、提高疗效的思路，坚持中医原创思维，充分利用现代科学技术与方法，重视学科的交叉，开展临床研究或临床基础研究。

此阶段研究中医的方法要注意几点：一是要坚持中医原创思维；二是要围绕临床问题开展研究；三是要充分利用现代科学技术与方法（临床研究中循证研究设计方法、基础研究系统生物学方法、名老中医学术传承道术结合多元方法融合等）；四是要重视学科的交叉；五是研究结果要为临床服务，推动中医理论创新发展。

我对学习中医经典的体会

访谈者：谈谈您对学习中医经典的体会？

高彦彬：中医四大经典是指在中医发展史上起到重要作用、具有里程碑意义的四部经典巨著，对古代乃至现代中医都有着巨大的指导作用与研究价值。我认为学习中医经典的重要价值在于以下几个方面。

1. 学习中医经典是掌握中医药理论体系框架的必由之路

《黄帝内经》是中国传统医学四大经典著作之一，系统论述了人的生理、病理、疾病及"治未病"和疾病治疗的原则及方法，确立了中医学的思维模式，标志着从单纯的临床经验积累发展到了系统理论总结阶段，形成了中医药理论体系框架，奠定了祖国传统医学的理论基础，不学《黄帝内经》就不能掌握中医理论体系框架。

《神农本草经》概括论述了君臣佐使、七情合和、四气五味等药物配伍和药性理论，对于合理处方、安全用药、提高疗效具有十分重要的指导作用，为中药学理论体系的形成与发展奠定了基础，不学《神农本草经》就不能掌握中药理论体系框架。

2. 学习中医经典是培育中医思维的必由之路

《黄帝内经》《伤寒杂病论》确立了中医学的思维模式，中医学的思维模式是整体思维、辩证思维、象数思维、系统思维、直觉体悟，中医学的思维模式都贯穿在中医经典之中，不学中医经典就不能掌握中医思维模式。

3. 学习中医经典是提高临床辨证论治水平的必由之路

《伤寒杂病论》是一部阐述外感及杂病治疗规律的专著，提出了外感病（包括温疫等传染病）的诊治原则和方法，论述了内伤杂病的病因、病证、诊法、治疗、预防等辨证规律和原则，确立了辨证论治的理论和方法体系，在中医发展史上具有划时代的意义和承先启后的作用。要正确掌握中医辨证论治的理论和方法体系，提高辨证论治水平，就必须学习中医经典。

4. 学习中医经典是历代名医成长的必经之路

读经典、做临床、跟名师是古今名医成长必经之重要路经，要成为名医必须学好中医经典。

5. 学习中医经典是中医创新的根基

只有学好经典，在正确把握中医理论体系、坚持中医原创思维基础上，充分利用现代科学技术与方法，才能产出重大原创成果，促进中医创新发展，否则就不能实现中医创新发展，或将中医创新发展引向歧途。

关于学习经典方法，我认为把握以下三个环节十分重要：一是研读经典，融会新知；二是勤于临床，勇于创新；三是多参名师，博采众长。

我对名老中医学术经验传承的体会

访谈者：谈谈您对名老中医学术经验传承的体会？

高彦彬：我对名老中医学术经验传承的体会如下。

1. 名老中医学术经验传承应该是道术结合的全人的传承

名老中医学术经验传承的全人传承要素可归纳为名老中医的"道"和"术"两大方面。

名老中医的"道"包括文化精神、思想品德、价值观念、思维方式、学术观点等方面，可体现在为人之道、为医之道、为师之道、为学之道。"道"偏于思想和理论，是抽象的、隐性的。名老中医的"术"主要指名老中医的医疗技术，具体体现在名老中医的辨证施治方法、诊疗技术、用药特点、核心方药、养生调护等方面。"术"偏于具体行为和实践，是具体的、外显的。

名老中医的"道"和"术"的关系："道"是"术"的升华，"术"是"道"的体现；"道"是体，"术"是用；"道"统"术"，"术"助"道"。两者相互影响，互为转化，有机结合。

名老中医学术经验传承应该是道术结合的全人的传承，要传承名老中医刚健自强、不断创新、天人合一、以人为本、贵和尚中、开放包容、厚德载物的中华文化精神；要传承名老中医热爱祖国、服务人民、大医精诚、传承创新中医药、助力健康中国的人生价值追求；要传承名老中医系统思维、象数思维、整体思维、辩证思维、中和思维等中医思维方式；要传承名老中医独到的学术思想观点；要传承名老中医丰富鲜活有效的诊疗经验。

2. 名老中医学术经验传承需要师徒心心相印，携手并进

做好中医传承，名老中医作为传承的输出端，应做到应传尽传，开放包容，指导点评，不守不传之秘，造福大众；做到心中有爱，育人为本；鼓励为主，循序渐进；启发思维，形象生动；耐心细致，润物无声。做好中医传承，传承者应具备扎实的中医功底、认真的学习态度，勤奋钻研、勇于奉献的精神，具有责任感与使命感，做到能承尽承，开拓创新；诚意尊师，心心相印；充分跟师，时时体悟；挖掘整理，总结升华；得师真传，形神皆似。

名老中医学术经验传承需要师徒志同道合，心心相印，携手并进，为名老中医学术经验和中医药事业的传承创新发展贡献毕生力量。

3. 名老中医学术经验传承需要利用现代科学技术与方法

现代科学技术手段和设计方法均可提高名老中医学术经验传承的效率。如数据挖掘可以实现快速总结、提炼名老中医诊疗经验；循证医学中各种设计方法可以对名老中医治疗某病证进行疗效评价，以实现在有效案例基础上的精确传承，并发现最佳病例，便于总结经验；利用社会学定性研究方法，通过访谈、观察等方法收集信息，总结道、术全人信息；应用扎根理论、病例系列、数据挖掘等定性、定量等多元融合的研究方法，更有利于挖掘名老中医的全人要素，可创新构建名老中医道、术传承方法学新范式。

4. 名老中医学术经验传承要重视成果转化，惠及亿万人民

名老中医学术经验传承的成果不应局限于几名弟子出师，更要重视名老中医学术经验成果转化、依托名老中医学术经验优化重大疑难疾病防治方案，开发新药、养生保健品，强化名老中医学术经验推广应用，实现名老中医学术经验传承创新发展、创造性转化。借助互联网架构，搭建网络化、开

放式的集医疗、科研、传承、推广一体化的"名老中医传承服务平台"，面向基层医务人员、科研工作者及大众用户，提供临床、教学、研究、科普等多种信息化服务，可辅助临床、服务科研、支持教学，惠及亿万人民大众，助力健康中国建设。

5. 名老中医学术经验传承要贯穿于中医药人才培养全过程

国家建立名老中医学术经验传承及中医药师承教育制度，加强名老中医学术经验传承及师承教育，将名老中医学术经验传承贯穿于中医药人才培养全过程，名老中医学术经验传承与学科建设、教育教学、科学研究、人才培养相融合，师承教育与院校教育相融合，将师承教育全面覆盖中医药本科生教育；充分发挥名老中医学术引领指导作用，将师承教育纳入中医药师资队伍建设；将师承教育与中医药研究生教育有机衔接；将师承教育纳入中医医师规范化培训，创新师承教育与院校教育、毕业后教育相结合的人才培养模式。提高中医药传承创新能力。

我对中医药高等教育的看法

访谈者：谈谈您对中医药高等教育的看法？

高彦彬：我对中医药高等教育的看法与建议如下。

1. 立德树人是中医药高等教育的根本任务

我对立德树人的理解：立德树人是教育学生明大德，引导学生热爱祖国和人民，以国家集体利益为重、以民族利益为重，用知识报效祖国、用行动服务人民；立德树人是教育学生守公德，尊重公共关系，遵守公共秩序，爱护公共环境，保护生态环境，助人为乐、遵纪守法。将个人"小我"融入社会"大我"；立德树人是教育学生严私德，将"爱国、敬业、诚信、友善"作为个人价值内涵。严以律己，以诚待人，以信取人，以宽容人，以和处人。

2. 为国育才是中医药高等教育的目标

我认为中医药高等教育必须遵循中医药教育和人才成长规律，必须坚持继承与创新相结合、必须坚持院校教育与师承教育相融合，必须坚持医德医术教育相融合，必须坚持传统文化与国际视野相融合，必须坚持中医原创思维与现代科技方法相融合，必须坚持共性培养与个性发展相结合，培养传承创新并重的卓越中医人才，为中医药传承创新发展提供人才支撑。

3. 我对改革中医药高等教育的建议

一是创新中医药人才培养模式：强化德育为先、能力为重、通专融合的教育理念，坚持继承与创新相结合、理论与实践相结合、共性培养与个性发展相结合，加强中医药思维培养与实践能力、传承创新能力和人文精神的同步提升。推进卓越医生（中医）教育培养计划，推进研究生教育与中医住院医师规范化培训的深度融合。

二是优化中医药课程体系：构建以提升中医药健康服务能力为导向的课程体系。加强基础与临床课程的贯通；完善"科教融通、医教协同、医文融合"课程体系；构建人文通识、学科交叉、科研实践课程；强化中医经典、中医核心课程；整合中医实验、西医基础实验、中医临床实践课程；使中医经典贯通基础与临床，让师承教育贯通基础与临床。

三是加强中医药实践教学：强化附属医院、教学医院临床教学主体职能，建设一批集临床实践教学、住院医师规范化培训、继续教育为一体的高水平的中医药临床教育基地。

四是强化中医药师资队伍建设：建设国家中医药教师发展中心，加强师承导师、学科带头人、中青年骨干教师培养。建立以名老中医药专家、教学名师为核心的教师团队，名老中医药专家"上讲台"，中青年教师"做临床"，临床专家"授经典"。

五是加强师承教育：建立中医药师承教育制度，将师承教育贯穿于中医药人才培养全过程，将师承教育全面覆盖中医药本科生教育；将师承教育纳入中医药师资队伍建设；将师承教育与中医药研究生教育有机衔接；将师承教育纳入中医医师规范化培训，创新师承教育与院校教育、毕业后教育相结合的人才培养模式。提高中医药传承创新能力。

名医寄语

为人：刚健有为，厚德载物。

为医：医德在仁，医术在精。

治学：传承经典，不断创新。

为师：学为人师，行为世范。

这是我毕生的追求，也是对后学的寄语。

学医首先要学会做人、为人：要刚健有为，厚德载物。做人就是做一个堂堂正正的中国人，中国人首先要对中华文化自信，要弘扬中华民族的精神与美德，中华民族的精神就是乾坤精神，就是《周易》讲的"天行健，君子以自强不息""地势坤，君子以厚德载物"。为人要刚健有为，自强不息，开拓进取；要有中华美德，上善若水，厚德载物。像水一样润泽万物而不争，道德高尚者才能承担大任。

为医：医德在仁，医术在精。医德在仁，医者，司人性命，仁人之术也，要求医生要有高尚医德与人文关怀。医术在精，为医需要严谨的科学作风和永无止息的探索精神，要求医生对医术要精益求精。

为学：要传承经典，不断创新。中医治学须传承经典，博采众长，勤于实践，不断创新。

为师：要学为人师，行为世范。启功先生阐释为"所学要为世人之师，所行应为世人之范。""学"是指每位教师应具有的学问、知识和技能，学为人师，就是要使"学"能成为学生的表率。"行"是指每位教师应具有的品行，行为世范就是要方方面面、时时刻刻，能够成为社会中的模范。

（高彦彬名老中医传承工作室　张涛静、孟元、邹大戚整理）